权威 · 前沿 · 原创

皮书系列为

“十二五”“十三五”“十四五”时期国家重点出版物出版专项规划项目

BLUE BOOK

智库成果出版与传播平台

中共中央党校（国家行政学院）国家高端智库皮书

电子政务蓝皮书
BLUE BOOK OF E-GOVERNMENT

中国电子政务发展报告（2021~2022）

ANNUAL REPORT ON CHINA'S E-GOVERNMENT DEVELOPMENT (2021-2022)

主　编／王益民

社会科学文献出版社
SOCIAL SCIENCES ACADEMIC PRESS (CHINA)

图书在版编目(CIP)数据

中国电子政务发展报告.2021-2022 / 王益民主编
.--北京：社会科学文献出版社，2023.8
（电子政务蓝皮书）
ISBN 978-7-5228-1259-5

Ⅰ.①中… Ⅱ.①王… Ⅲ.①电子政务-研究报告-
中国-2021-2022 Ⅳ.①D63-39

中国版本图书馆 CIP 数据核字（2022）第 242113 号

电子政务蓝皮书
中国电子政务发展报告（2021~2022）

主　　编 / 王益民

出 版 人 / 冀祥德
组稿编辑 / 邓泳红
责任编辑 / 桂　芳
责任印制 / 王京美

出　　版 / 社会科学文献出版社 · 皮书出版分社（010）59367127
地址：北京市北三环中路甲 29 号院华龙大厦　邮编：100029
网址：www.ssap.com.cn
发　　行 / 社会科学文献出版社（010）59367028
印　　装 / 天津千鹤文化传播有限公司

规　　格 / 开 本：787mm×1092mm　1/16
印 张：21.25　字 数：316 千字
版　　次 / 2023 年 8 月第 1 版　2023 年 8 月第 1 次印刷
书　　号 / ISBN 978-7-5228-1259-5
定　　价 / 158.00 元

读者服务电话：4008918866

《电子政务蓝皮书》编委会

主要编撰者简介

王益民　中共党员，研究员，博士，中央党校（国家行政学院）信息技术部主任、电子政务研究中心（领导人员考试测评研究中心）主任，国家电子政务专家委员会副主任，《电子政务》学术委员会委员，《行政管理改革》《中国党政干部论坛》编委会委员，中国应急管理学会、中国行政体制改革研究会常务理事。

摘　要

电子政务蓝皮书——《中国电子政务发展报告（2021～2022）》是由中央党校（国家行政学院）信息技术部主任、电子政务研究中心（领导人员考试测评研究中心）主任王益民主编的反映我国电子政务发展进程和最新进展、研究和分析电子政务领域重要理论和实践问题的第15部年度报告。

报告在分析总结我国电子政务发展十年来具有里程碑意义的重大政策文件、发展成效、面临挑战和发展建议的基础上，深入剖析国际电子政务和全国一体化政务服务平台发展现状，从政策解读、技术应用、实践创新等视角切入，详细地介绍了十年来电子政务发展的优秀实践案例、未来发展趋势和建议举措。本书回顾了新时代十年我国电子政务发展具有里程碑意义的十大事件，总结新时代十年我国电子政务建设主要进展和成效，探讨新征程中我国电子政务建设面临的挑战并提出了建议举措，而且着重从技术应用和创新实践出发，重点关注技术赋能对国家治理体系和治理能力现代化，特别是一体化政务服务能力和政务服务高质量发展的重要作用。通过对"皖事通""鄂汇办""津心办""苏服办""i武汉"等App或小程序提升企业和群众指尖服务体验的特色做法和改革措施，以及江西省、南京市、河北省、湖南省、哈尔滨市、沈阳市、珠海市等地利用政务服务App、小程序等移动端提升政务服务能力和水平的创新实践经验进行重点介绍，详细阐释了当前我国移动政务服务建设运营的成效、问题和经验总结，从理论层面剖析了当前国内移动政务服务的不足和成因，并结合实践经验提出了相应的解决方案。

综上，经研究发现：①党的十八大以来，职责明确、纵向联动、横向协同、整体推进的电子政务发展新格局正在加速形成。②党的十八大以来，极具中国特色的一体化政务服务平台体系正在加速形成，一体化政务服务能力显著提升已经成为我国现阶段数字政府建设的典型特征。③政务服务平台移动端已成为各级政府服务企业和群众的重要渠道，移动政务服务发展取得了显著成效。④随着数字政府的发展，全球公共行政部门和机构均发生了不可逆转的改变。⑤在全球电子政务发展行列中，中国电子政务发展正逐渐从“追赶者”进入“领跑者”行列。⑥要始终坚持应用便民导向，全面提升移动政务服务能力、水平，大力推行城市运行“一网统管”，让百姓早早享受数字文明的便利。⑦要注重以统促建，强化服务创新，打造规范有序便利高效的一体化移动政务服务体系。⑧要以建设指南为引领聚焦关键领域和薄弱环节，持续提升移动政务服务能力和水平。⑨要依托全国一体化政务服务平台，打造统一高效便捷的移动政务服务体系。

当前国内电子政务发展面临的挑战主要包括：①对数字政府建设的改革属性和作用认识不足。②与数字化发展相匹配的行政管理体制建设相对滞后。③区域发展不平衡、法律法规标准规范不健全、信息资源共享难、缺乏相关专业人才等瓶颈问题仍然存在。④与一体化发展相匹配的政务服务行政体制建设相对滞后。⑤一体化统筹建设仍需加强，跨越“数字鸿沟”仍需持续努力。⑥多渠道服务无缝衔接仍需大力推动。⑦政务服务数据共享还不能满足普遍需求。⑧一体化政务服务平台移动端标准规范体系尚未形成、建设管理水平有待提升、服务功能尚需持续优化、安全保密风险仍需防范。

本书对未来中国电子政务发展的主要建议包括：①以数字政府建设构建数字规则体系，营造良好数字生态，引领数字社会发展，助力做强做优做大我国数字经济，固化行政体制改革成果，以数字化监管推进现代监管有效性，以数字化服务提升人民群众的获得感，以数字化协同提升政府运行效率。②抓住关键少数，提升领导干部数字素养和数字治理能力。③以战略顶层设计规划部署电子政务系统性发展，以优质数字治理牢固夯实电子政务稳定性发展，以创新服务模式驱动推进电子政务均衡性发展，以加强新技术应用辅助增强电子政务智能性发展，以融合包容全面加速电子政务全局性发展，以坚守安全发展保障维护电子政务持续性发展。④以效能提升为方向，持续提升一体化政务服务能力，以数据驱动为核心，创新行政管理和服务方式，以场景服务为重点，全面优化提升用户体验。⑤统筹协同推进电子政务一体化发展，促进数据开发利用，释放数据要素价值，强化新技术应用，支撑治理现代化，弥合数字鸿沟，助力共同富裕，坚守底线思维，保障安全发展。

关键词： 数字政府 电子政务 移动政务 创新驱动 技术赋能

Abstract

Blue book of e-government: *Annual Report on China's E – Government Development* (*2021–2022*), edited by Wang Yiming, director of IT Department of the C. P. C (National Academy of Governance), director of the E-government Research Center (Leadership Examination Test & Research Center), is the 15th annual report reflecting development process, latest advances, researches and analysis of China's e-government important theoretical and practical issues.

Based on analyzing and summarizingkey landmark policy documents, development performance, challenges and suggestions in the past ten years since the development of e-government, this book provides an in-depth analysis on the status-quo of international e-government and China's integrated e-government service platform and elaborates good practices, development trends and suggestions from the perspective of policy interpretation, technology application, practice, innovation, etc. It also reviews top ten landmark events, summarizes major progress and performance, discusses challenges, puts forward suggestions, and focuses on the role of technology empowerment in the process of building national governance system and modernizing governance capacity, especially building integrated government service capacity and making government service high-quality development for the development of e-government in the past decade. By introducing Apps or Applets like Wan's app (Anhui Province's e-government app), E's app (Hubei Province), Jin's app (Tianjin City), Su's app (Jiangsu Province), I Wuhan app (Wuhan City) on their practices and reforms to improve user experience, and presenting innovative practices made by places like Jiangxi Province, Nanjing City, Hebei Province, Hunan Province, Harbin City, Shengyang City, Zhuhai City, which utilize e-government service apps, applets and other mobile terminals to enhance service capacity and level, this book elaborates current performance, problems, experiences of China's mobile government construction and operation, points out weaknesses and causes theoretically and puts forward corresponding solutions combined with practices.

In short, the above researches find: (1) Since the 18th CPC National Congress, a new pattern with clear responsibilities, comprehensive cooperation and integrated approach has been developed. (2) Since the 18th CPC National Congress, an integrated government service platform system with Chinese characteristics has been formed at a faster pace and integrated government service capacity, which was obviously enhanced, has become a typical feature in the process of digital government construction. (3) The Mobile terminal of government service platform has become an important channel for governments at all levels to serve enterprises and the public; Mobile government service has witnessed great progress. (4) As digital governments develop, irreversible changes have been seen among global public administrations. (5) Among global e-governments, China's e-government has changed from a pursuer to a leader. (6) Government should insist that apps are convenient for people to use, comprehensively improve the capacity and level of mobile government service platforms, and actively help cities to operate a "one network for all" system. In that case, all people can enjoy the convenience of digital civilization as early as possible. (7) Government should speed up its construction based on a unified principle, improve service innovation and build a regulatory, orderly, convenient and efficient integrated mobile government service system. (8) Government should focus on key areas and weaknesses under the leadership of *the Guide* and promote mobile government capacity and level in a sustainable way. (9) Government should build a unified, efficient, and convenient mobile government service system based on a national integrated government service platform.

Currently, China's e-government has faced the following challenges: (1) There is an obstacle to clearly understanding the essence and function of digital government construction reform. (2) System construction of administrative management, which should keep pace with digital development, is lagging behind. (3) Problems like unbalanced regional development, weak laws and regulations, difficulties in sharing information, and lack of related professional talents persist. (4) System construction of government service administration, which should keep pace with integrated development, is lagging behind. (5) Integrated construction still needs to be enhanced, and crossing digital barriers needs more continuous hard work. (6) Services on different channels need to function seamlessly. (7) Data sharing of government services still can't meet people's needs. (8) A standard and regulatory system for integrated government service platforms for mobile terminals is still not formed, construction management needs to be enhanced, service function needs to be optimized and security and secret-involved risks need to be prevented.

Therefore, this book puts forward the following suggestions for China's e-government development in the future: (1) Building digital governance rules and system based on digital government, nurturing a friendly business environment, leading the development of a digital society, making our digital economy stronger, better and bigger, consolidating the gains of administrative system reforms, promoting modern supervision to be more effective with digital supervision methods, enhancing people's sense of gain with digital service and improving governments' efficiency with digital integration (2) Grasping key characters and enhancing leaders' digital literacy and digital governance capacity (3) Deploying a systematic e-government through top-level design of development strategies, consolidating the stable growth of e-government with high-quality digital governance, assisting an intellectual development of e-government with promoting new technology application, systematically accelerating e-government development with integrated, inclusive and comprehensive methods, and guaranteeing and maintaining sustainable growth by persisting safe development (4) Continuously enhancing integrated e-government service capacity with promoting efficiency as the goal, making innovations on administrative management and service with data utilization as its core, and comprehensively perfecting user experience by focusing on users' backgrounds (5) Systematically pushing integrated e-government forward, promoting data development and utilization, unlocking value of data, strengthening new technology application, supporting governance modernization, bridging digital gap, facilitating the achievement of common prosperity, adhering to the bottom-line thinking and guaranteeing safe development.

Keywords: Digital Government; E-government; Mobile Government; Innovation-driven; Technology Empowerment

目 录

Ⅰ 总报告

Ⅱ 形势篇

Ⅲ 国际篇

Ⅳ 专题篇——《全国一体化政务服务平台移动端建设指南》解读

Ⅴ 技术应用篇

Ⅵ 案例分析篇

CONTENTS

I General Report

Ⅱ Reports on the Status Quo

Ⅲ Reports on the International Situation

Ⅳ Thematic Reports—Interpretations on *the Guides for the Construction of National Integrated Government Service Platform for Mobile Terminals*

V Reports on Technology Application

VI Reports on Case Studies

总 报 告

General Report

B.1

中国电子政务发展报告

——十年回顾与展望（2012~2022）

中央党校（国家行政学院）电子政务研究中心课题组*

摘　要： 电子政务在我国的发展已经走过约40年的历程，从“办公自动化”、“三金工程”到“两网四库十二金”再到“最多跑一次”、“一网通办、一网统管”，电子政务的不断优化发展之路，是我国推进政府职能转变、构建服务型政府的建设之路，更是不断推进国家治理现代化的过程。本文主要回顾新时代十年我国电子政务发展的十个具有里程碑意义的十大事件：网络强国建设、数字中国建设、数字政府建设、电子政务国际排名进入全球第一梯队、实施国家大数据战略、数据成为生产要素、全国一体化政务服务平台基本建成、《中华人民共和国网络安全法》实施、《关于建立

* 课题组组长：王益民，博士，研究员，中央党校（国家行政学院）信息技术部主任、电子政务研究中心主任，国家电子政务专家委员会副主任。课题组成员：丁艺、刘密霞、陶勇、魏华、王平、隋心、梅澎、刘彬芳、王琦、朱嫱。

健全政务数据共享协调机制加快推进数据有序共享的意见》印发、大力推动政务信息系统整合共享，并总结新时代十年我国电子政务建设主要进展与成效，电子政务发展体制机制逐步健全、政策供给持续加强、政务数据整合共享和开发利用取得积极进展、全国一体化政务服务平台基本建成并不断发挥作用。最后探讨新征程我国电子政务建设面临的挑战并提出对策建议。

关键词： 中国电子政务　网络强国　数字中国　数字政府

党的十八大以来，党中央、国务院高度重视电子政务发展，强调要以信息化推进国家治理体系和治理能力现代化，统筹发展电子政务，构建一体化在线服务平台。电子政务由业务办公的支撑工具，转变为促进重大改革措施贯彻落实、支撑重大问题决策研判、提高服务人民群众水平的有效抓手和提升政府治理能力的创新手段。

一　新时代十年我国电子政务发展具有里程碑意义的十大事件

（一）网络强国建设

2014 年 2 月 27 日，中央网络安全和信息化领导小组第一次会议召开，习近平总书记首次提出“努力把我国建设成为网络强国”的目标愿景。建设网络强国的战略部署要与“两个一百年”奋斗目标同步推进，向着网络基础设施基本普及、自主创新能力显著增强、信息经济全面发展、网络安全保障有力的目标不断前进；2015 年 10 月 29 日，党的十八届五中全会通过的《中共中央关于制定国民经济和社会发展第十三个五年规划的建议》中，明确提出实施网络强国战略，标志着从“网络大国”到“网络强国”进军号角的吹响；2016 年，《国家信息化发展战略纲要》正式公布，提出了网络强国建设的“三步走”战略目标，同时从能力、应用、环境三个方面提出打造国家信息化发展的“战略三角形”，是建设网络强国的时间表和路线图（见图 1）。

在以习近平同志为核心的党中央的坚强领导下，我国网络强国战略蹄疾步稳，互联网基础设施加快建设，自主创新能力不断增强，信息经济蓬勃发展，网络空间日渐清朗，互联网成为国家发展的重要驱动力，一幅五彩斑斓的网络强国画卷正在徐徐展开（见表 1）。

（二）数字中国建设

2015 年 12 月 16 日，习近平总书记出席第二届世界互联网大会开幕式并发表主旨演讲，首次提出“数字中国”；2017 年 10 月，习近平总书记在党的十九大报告中明确提出建设网络强国、数字中国、智慧社会，“数字中国”被首次写入党和国家的纲领性文件；2022 年，中共中央、国务院印发了《数字中国建设整体布局规划》，首次提出新时代数字中国建设的整体布局，该规划明确，数字中国建设按照“2522”的整体框架进行布局，即夯实数字基础设施和数据资源体系“两大基础”，推进数字技术与经济、政治、文化、社会、生态文明建设“五位一体”深度融合，强化数字技术创新体系和数字安全屏障“两大能力”，优化数字化发展国内国际“两个环境”（见图 2）。这标志着数字中国建设上升到“是数字时代推进中国式现代化的重要引擎，是构筑国家竞争新优势的有力支撑”的战略高度。

（三）数字政府建设

2019 年 10 月，党的十九届四中全会审议通过的《中共中央关于坚持和完善中国特色社会主义制度　推进国家治理体系和治理能力现代化若干重大问题的决定》中明确指出，要“推进数字政府建设，加强数据有序共享”，这是我国首次在国家层面的文件中明确了“数字政府”的建设要求。2020 年 1 月，党的十九届五中全会审议通过的《中共中央关于制定国民经济和社会发展第十四个五年规划和二〇三五年远景目标的建议》再次提出，要加强数字社会、数字政府建设，提升公共服务、社会治理等数字化智能化水平；2021 年 3 月，《中华人民共和国国民经济和社会发展第十四个五年规划

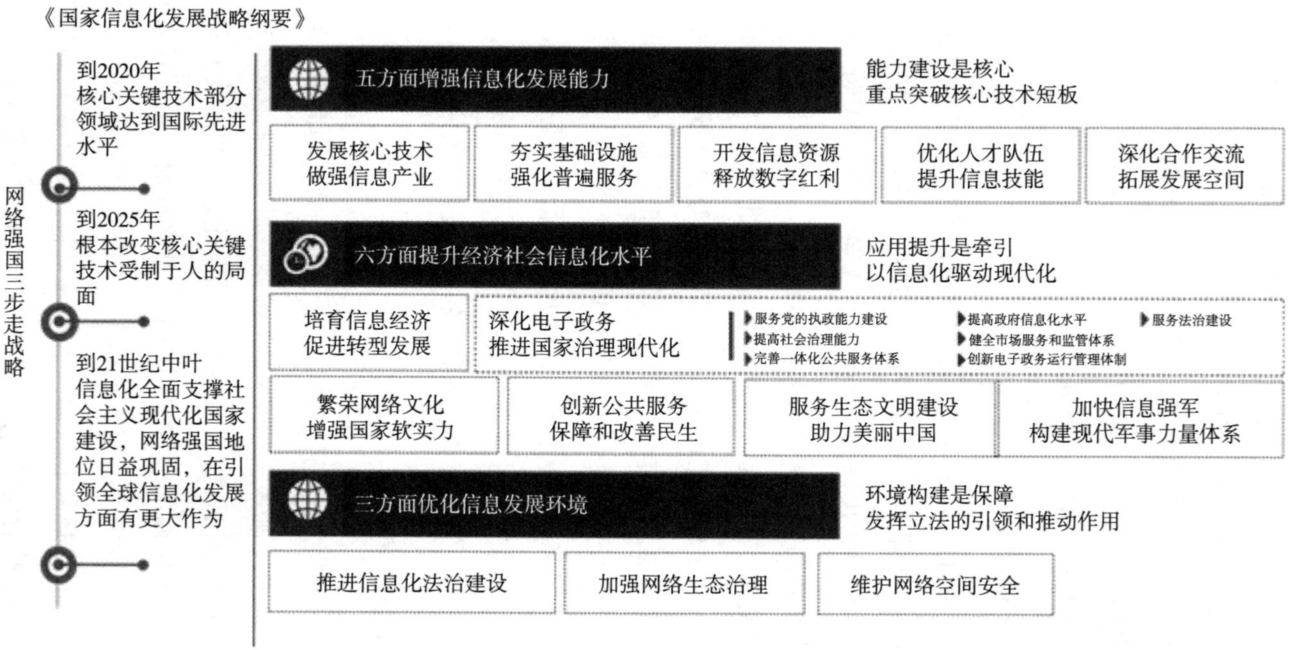

图 1　网络强国“三步走”战略示意

表1　习近平总书记关于网络强国的重要论述汇总

时间	习近平总书记关于网络强国的重要论述
2014年2月27日	习近平总书记主持召开中央网络安全和信息化领导小组第一次会议时指出:没有网络安全就没有国家安全,没有信息化就没有现代化。建设网络强国的战略部署要与“两个一百年”奋斗目标同步推进,向着网络基础设施基本普及、自主创新能力显著增强、信息经济全面发展、网络安全保障有力的目标不断前进
2015年12月16日	习近平总书记出席第二届世界互联网大会开幕式并发表主旨演讲时指出:中国正处在信息化快速发展的历史进程之中。“十三五”时期,中国将大力实施网络强国战略,让互联网发展成果惠及13亿多中国人民,更好地造福各国人民
2016年4月19日	习近平总书记主持召开网络安全和信息化工作座谈会时强调:按照创新、协调、绿色、开放、共享的发展理念推动我国经济社会发展,是当前和今后一个时期我国发展的总要求和大趋势,我国网信事业发展要适应这个大趋势,在践行新发展理念上先行一步,推进网络强国建设,推动我国网信事业发展,让互联网更好地造福国家和人民
2016年10月9日	中共中央政治局就实施网络强国战略进行第三十六次集体学习。习近平总书记在主持学习时强调:加快推进网络信息技术自主创新,加快数字经济对经济发展的推动,加快提高网络管理水平,加快增强网络空间安全防御能力,加快用网络信息技术推进社会治理,加快提升我国对网络空间的国际话语权和规则制定权,朝着建设网络强国目标不懈努力
2017年10月18日	习近平总书记在党的十九大报告中提出:加强应用基础研究,拓展实施国家重大科技项目,突出关键共性技术、前沿引领技术、现代工程技术、颠覆性技术创新,为建设科技强国、质量强国、航天强国、网络强国、交通强国、数字中国、智慧社会提供有力支撑
2017年12月3日	习近平总书记在对第四届世界互联网大会的贺信中强调,中共十九大制定了新时代中国特色社会主义的行动纲领和发展蓝图,提出要建设网络强国、数字中国、智慧社会,推动互联网、大数据、人工智能和实体经济深度融合,发展数字经济、共享经济,培育新增长点、形成新动能
2017年12月8日	中共中央政治局就实施国家大数据战略进行第二次集体学习。中共中央总书记习近平在主持学习时强调:大数据发展日新月异,我们应该审时度势、精心谋划、超前布局、力争主动,深入了解大数据发展现状和趋势及其对经济社会发展的影响,分析我国大数据发展取得的成绩和存在的问题,推动实施国家大数据战略,加快完善数字基础设施,推进数据资源整合和开放共享,保障数据安全,加快建设数字中国,更好地服务我国经济社会发展和人民生活改善

续表

时间	习近平总书记关于网络强国的重要论述
2018 年 4 月 21 日	习近平总书记在全国网络安全和信息化工作会议上强调:信息化为中华民族带来了千载难逢的机遇。我们必须敏锐抓住信息化发展的历史机遇,加强网上正面宣传,维护网络安全,推动信息领域核心技术突破,发挥信息化对经济社会发展的引领作用,加强网信领域军民融合,主动参与网络空间国际治理进程,自主创新推进网络强国建设,为决胜全面建成小康社会、夺取新时代中国特色社会主义伟大胜利、实现中华民族伟大复兴的中国梦做出新的贡献
2018 年 4 月 22 日	习近平总书记在首届数字中国建设峰会贺信中强调,党的十九大描绘了决胜全面建成小康社会、开启全面建设社会主义现代化国家新征程、实现中华民族伟大复兴的宏伟蓝图,对建设网络强国、数字中国、智慧社会作出战略部署。加快数字中国建设,就是要适应我国发展新的历史方位,全面贯彻新发展理念,以信息化培育新动能,用新动能推动新发展,以新发展创造新辉煌
2018 年 5 月 26 日	习近平总书记在 2018 中国国际大数据产业博览会贺信中强调,中国高度重视大数据发展。我们秉持创新、协调、绿色、开放、共享的发展理念,围绕建设网络强国、数字中国、智慧社会,全面实施国家大数据战略,助力中国经济从高速增长转向高质量发展
2018 年 8 月 21 日	习近平总书记在全国宣传思想工作会议上强调:我们必须科学认识网络传播规律,提高用网治网水平,使互联网这个最大变量变成事业发展的最大增量
2019 年 10 月 24 日	中共中央政治局就区块链技术发展现状和趋势进行第十八次集体学习。习近平总书记在主持学习时指出,相关部门及其负责领导同志要注意区块链技术发展现状和趋势,提高运用和管理区块链技术能力,使区块链技术在建设网络强国、发展数字经济、助力经济社会发展等方面发挥更大作用
2020 年 3 月 31 日	习近平总书记在视察浙江杭州城市大脑运营指挥中心时指出:运用大数据、云计算、区块链、人工智能等前沿技术推动城市管理手段、管理模式、管理理念创新,从数字化到智能化再到智慧化,让城市更聪明一些、更智慧一些,是推动城市治理体系和治理能力现代化的必由之路,前景广阔
2020 年 11 月 20 日	习近平总书记在亚太经合组织第二十七次领导人非正式会议上强调:数字经济是全球未来的发展方向,创新是亚太经济腾飞的翅膀。我们要全面落实亚太经合组织互联网和数字经济路线图,促进新技术传播和运用,加强数字基础设施建设,消除数字鸿沟

续表

时间	习近平总书记关于网络强国的重要论述
2020 年 11 月 20 日	习近平总书记在 2020 中国 5G+工业互联网大会贺信中强调：当前，全球新一轮科技革命和产业变革深入推进，信息技术日新月异。5G 与工业互联网的融合将加速数字中国、智慧社会建设，加速中国新型工业化进程，为中国经济发展注入新动能，为疫情阴霾笼罩下的世界经济创造新的发展机遇
2020 年 11 月 23 日	习近平总书记在世界互联网大会 · 互联网发展论坛贺信中强调：中国愿同世界各国一道，把握信息革命历史机遇，培育创新发展新动能，开创数字合作新局面，打造网络安全新格局，构建网络空间命运共同体，携手创造人类更加美好的未来
2021 年 10 月 18 日	中共中央政治局就推动我国数字经济健康发展进行第三十四次集体学习。习近平在主持学习时强调，近年来，互联网、大数据、云计算、人工智能、区块链等技术加速创新，日益融入经济社会发展各领域全过程，数字经济发展速度之快、辐射范围之广、影响程度之深前所未有，正在成为重组全球要素资源、重塑全球经济结构、改变全球竞争格局的关键力量。要站在统筹中华民族伟大复兴战略全局和世界百年未有之大变局的高度，统筹国内国际两个大局、发展安全两件大事，充分发挥海量数据和丰富应用场景优势，促进数字技术与实体经济深度融合，赋能传统产业转型升级，催生新产业新业态新模式，不断做强做优做大我国数字经济
2021 年 11 月 19 日	习近平总书记在对首届中国网络文明大会的贺信中强调：网络文明是新形势下社会文明的重要内容，是建设网络强国的重要领域。近年来，我国积极推进互联网内容建设，弘扬新风正气，深化网络生态治理，网络文明建设取得明显成效
2022 年 4 月 19 日	习近平总书记主持召开中央全面深化改革委员会第二十五次会议，审议通过了《关于加强数字政府建设的指导意见》。在主持会议时强调，要全面贯彻网络强国战略，把数字技术广泛应用于政府管理服务，推动政府数字化、智能化运行，为推进国家治理体系和治理能力现代化提供有力支撑
2022 年 10 月 16 日	习近平总书记在党的二十大报告中提出：坚持把发展经济的着力点放在实体经济上，推进新型工业化，加快建设制造强国、质量强国、航天强国、交通强国、网络强国、数字中国

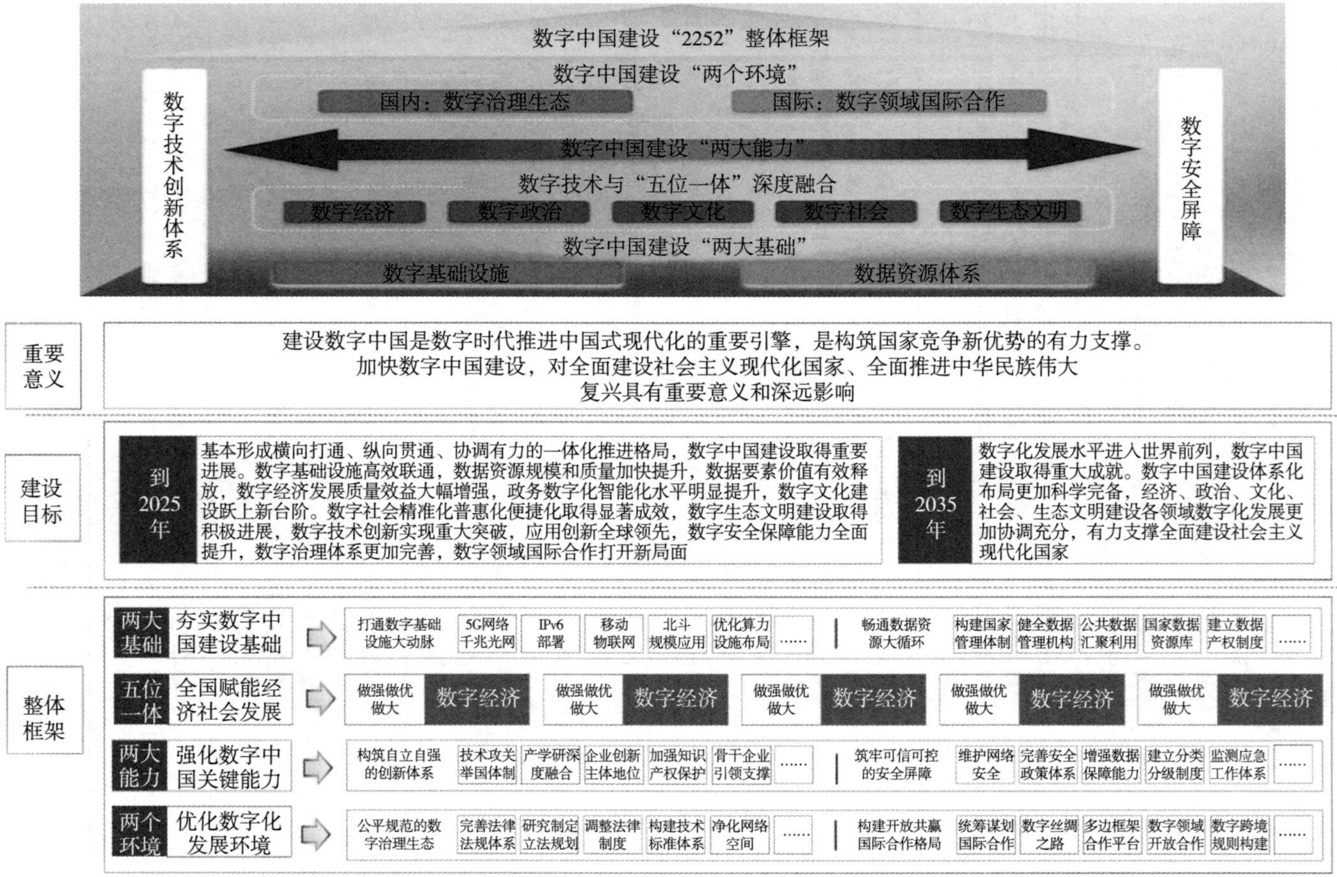

图 2　数字中国建设“2252”框架

和2035年远景目标纲要》进一步明确了数字政府建设的任务，单独设立"提高数字政府建设水平"章节；2022年4月19日，习近平总书记主持召开了中央深改委第二十五次会议，审议通过《国务院关于加强数字政府建设的指导意见》，2022年6月，该指导意见由国务院正式印发。这标志着电子政务建设迈进了数字政府建设阶段，数字政府建设将成为"十四五"时期乃至2035年之前国家治理的重要内容。

（四）电子政务国际排名进入全球第一梯队

《2022联合国电子政务调查报告》显示，我国电子政务排名在193个联合国成员国中从2012年的第78位上升到了2022年的第43位，成为全球增幅最高的国家之一。特别是作为衡量国家电子政务发展水平核心指标的在线服务指数从0.5294上升到0.8876，排名从第62位上升到第15位，持续稳定在世界第一梯队。我国电子政务排名持续提升，标志着我国电子政务发展逐渐从"追赶者"进入"领跑者"行列。

（五）实施国家大数据战略

2014年3月，大数据被首次写入《政府工作报告》；2015年8月31日，国务院印发《促进大数据发展行动纲要》，系统部署了大数据发展工作（见图3）；2015年10月，党的十八届五中全会通过了《中共中央关于制定国民经济和社会发展第十三个五年规划的建议》，首次提出实施国家大数据战略，提出要把大数据作为基础性战略资源，全面实施促进大数据发展行动，加快推动数据资源共享开放和开发应用，助力产业转型升级和社会治理创新。这是大数据第一次被写入党的全会决议，标志着大数据战略正式成为国家战略。

（六）数据成为生产要素

2020年4月9日，中共中央、国务院印发《关于构建更加完善的要素市场化配置体制机制的意见》，数据作为一种新的生产要素类型，被首次正式写入中央文件，与土地、劳动力、资本、技术等传统要素并列，标志

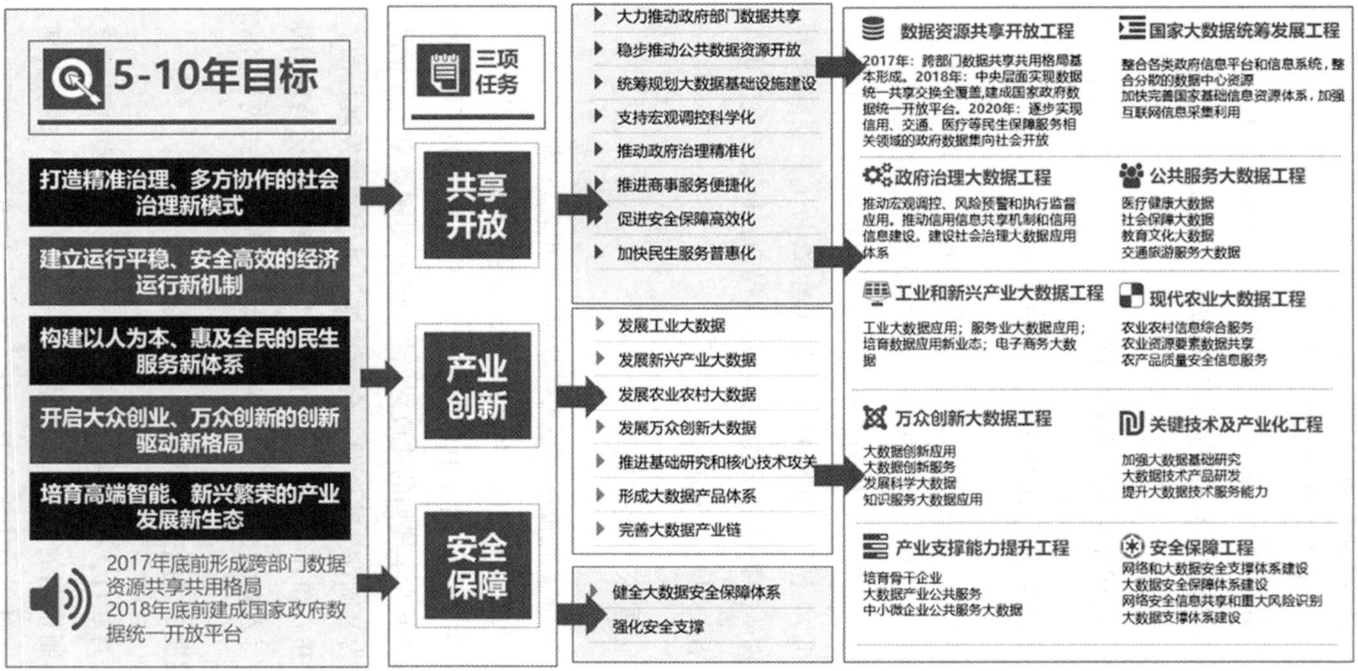

图 3 《促进大数据发展行动纲要》主要内容

着我国成为第一个明确将数据作为独立生产要素纳入国家发展战略的国家。2022 年 12 月 2 日，中共中央、国务院印发《关于构建数据基础制度更好发挥数据要素作用的意见》，该意见以数据产权、流通交易、收益分配、安全治理为重点，对加快构建数据基础制度提出具体要求，标志着我国数字经济发展将从技术引领进入数据驱动的新阶段。

（七）全国一体化政务服务平台基本建成

2018 年 7 月，《国务院关于加快推进全国一体化在线政务服务平台建设的指导意见》印发，就深入推进“互联网+政务服务”、加快建设全国一体化政务服务平台、全面推进政务服务“一网通办”作出重要部署。该指导意见的印发实施，标志着全国一体化政务服务平台建设进入加速期。按照部署，国家政务服务平台于 2018 年 4 月启动建设，经过一年多的紧张建设，2019 年 5 月 31 日，国家政务服务平台（含 PC 端、移动端和小程序）正式上线试运行。经过多年努力，以国家政务服务平台为总枢纽，全国一体化政务服务平台联通了 31 个省（区、市）及新疆生产建设兵团、46 个国务院部门的政务服务平台，形成全国政务服务“一张网”，构建了国家、省、市、县多级覆盖的政务服务体系，推动 90.5%的省级行政许可事项实现网上受理和“最多跑一次”，平均承诺时限压缩 51%。各地区依托全国一体化政务服务平台，聚焦群众办事“急难愁盼”问题，为群众施公平之策、开便利之门，得到了广大群众的认可和赞许。典型示范的“头雁效应”全面激发了“群雁活力”，统筹协调和基层创新的互促互动，营造了互联网环境下各方面勇于持续迭代创新的良好氛围，数字化改革创新举措不断涌现，为全面推进数字政府建设积累了丰富经验（见图 4）。

（八）《中华人民共和国网络安全法》实施

2016 年 11 月 7 日，《中华人民共和国网络安全法》由中华人民共和国第十二届全国人民代表大会常务委员会第二十四次会议通过，《中华人民共和国网络安全法》作为我国第一部全面规范网络空间安全管理的基础性法律，是我国网络空间法治建设的重要里程碑，是依法治网、化解

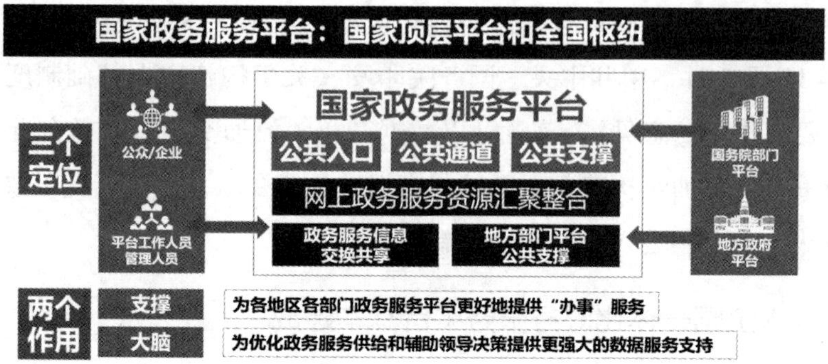

图4 国家政务服务平台的“三个定位”和“两个作用”

网络风险的法律重器，是推动互联网在法治轨道上健康运行的重要保障。

（九）《关于建立健全政务数据共享协调机制加快推进数据有序共享的意见》印发

2020年12月30日，习近平总书记主持召开中央全面深化改革委员会第十七次会议，审议通过《关于建立健全政务数据共享协调机制加快推进数据有序共享的意见》。会议强调，建立健全政务数据共享协调机制、加快推进数据有序共享，要坚持统筹协调、应用牵引、安全可控、依法依规，以业务协同为重点，加强技术创新、应用创新、模式创新，全面构建政务数据共享安全制度体系、管理体系、技术防护体系，打破部门信息壁垒，推动数据共享对接更加精准顺畅，提升法治化、制度化、标准化水平。

（十）大力推动政务信息系统整合共享

2017年5月，按照党中央、国务院决策部署，国务院办公厅印发《政务信息系统整合共享实施方案》，围绕政府治理和公共服务的紧迫需要，以最大程度利企便民，让企业和群众少跑腿、好办事、不添堵为目标，提出了加快推进政务信息系统整合共享、促进国务院部门和地方政府信息系统互联互通的重点任务和实施路径。《实施方案》针对政务信息系统存在的系统数量多、分布散，建设管理缺乏统一规划和标准规范，信息资源纵横联通共享难等问题，提出了推进整合共享的初步考虑。《实施方案》的印发实施，对于加快转变政府职能、提高政务服务水平、便利群众办事创业、进一步激发市场活力和社会创造力具有重要意义。

二　新时代十年我国电子政务建设主要进展与成效

党的十八大以来，我国政府主动顺应数字化时代的发展趋势，从夯基垒台到积厚成势，电子政务在提升党的执政能力、改善公共服务、优化营商环境、提高公共治理水平等方面发挥着越来越重要的作用，电子政务管理体制与推进机制进一步健全，职责明确、纵向联动、横向协同、整体推进的电子政务发展新格局正在加速形成。电子政务由业务办公的支撑工具，逐步转变为促进重大改革措施的贯彻落实、支撑重大问题决策研判、提高服务人民群众水平和提升政府治理能力的有效抓手和创新手段。

（一）电子政务发展体制机制逐步健全

中央层面，2014 年，电子政务统筹协调职能由工业和信息化部划入中央网络安全和信息化领导小组办公室，全国电子政务建设迎来新的发展时期。2016 年，中央网信办牵头，成立了由中办、国办、国家发改委等有关部门参与的国家电子政务统筹协调机制，明确了中央有关部门在电子政务建设、管理、运行和标准化方面的职能和职责，建立了国家电子政务工作统筹协调会议制度、重大事项会商和重大事项报告制度等，提高了国家电子政务重大政策的一致性和协调性。2018 年 3 月，国家电子政务专家委员会由中央网信办会同国家发展改革委、工信部、国家标准委等部门联合成立，作为国家电子政务工作统筹协调机制的重要组成部分，专家委的成立有力地推动了我国电子政务建设和管理工作的专业化、科学化、民主化和规范化。

地方层面，各地区主动顺应政府数字化转型的发展趋势，注重顶层设计与地方创新良性互动，形成了各具特色、职责明确、纵向联动、横向协同、共同推进的电子政务和数字政府建设和管理格局。2017 年 2 月，贵州省成立全国首个大数据管理机构——贵州省大数据发展管理局。2018 年新一轮机构改革启动后，数据管理机构作为政府职能部门中的“新机构”，像雨后春笋般在各地挂牌并开始运转，数据管理成为省级机构改革亮点（见表 2）。截至 2022 年底，31 个省（自治区、直辖市）中，29 个地区共成立了 40 余个副厅级及以上的数据管理机构或政务服务机构（部分地区相关机构分设）。

（二）政策供给持续加强

制度是行动的保障。新时代十年是我国电子政务相关制度出台最为密集的阶段，党中央、国务院从推进国家治理体系和治理能力现代化全局出发，加强电子政务新理念引领和顶层设计，持续完善电子政务治理主体、治理结构、运行机制等重要方面的制度安排，电子政务政策、法规、制度、标准和管理体系不断健全完善。

在顶层设计方面，《国家信息化发展战略纲要》《“十三五”国家信息化规划》《“十三五”国家政务信息化工程建设规划》《“十四五”国家信息化规划》《“十四五”推进国家政务信息化规划》等重大战略规划相继颁布，《“十四五”数字经济发展规划》《国务院关于加强数字政府建设的指导意见》《法治政府建设实施纲要（2021—2025 年）》《数字乡村发展战略纲要》一系列创新性制度陆续出台，有力地推动了数字政府、数字经济、数字社会建设进入“快车道”，电子政务制度规则体系更加健全，为政府数字化转型提供了制度与政策保障。

在重点领域方面，党中央、国务院先后印发电子政务协调发展、推进审批服务便民化、一体化政务服务平台、加强有效监管等一系列重要文件，颁布实施国务院关于网上政务服务若干规定等一系列行政法规和部门规章，推进数字政府建设的法律制度环境不断健全完善（见表 3）。

在标准规范方面，为加强电子政务领域标准化顶层设计，推动电子政务标准体系建设，支撑电子政务实施应用，国家市场监管总局办公厅、中共中央办公厅机要局、国务院办公厅电子政务办公室、中央网信办秘书局、国家发展改革委办公厅、工业和信息化部办公厅等六部门联合印发了《国家电子政务标准体系建设指南》。

表 2　各地区数据管理机构或政务服务机构

序号	地区	数据管理机构			政务服务管理机构		
		机构名称	级别性质	机构规格	机构名称	级别性质	机构规格
1	北京	北京市大数据管理局	政府组成部门，在市经济和信息化局加挂牌子	正厅级	北京市政务服务管理局	市政府直属单位	正厅级
		北京市大数据中心	市经济和信息化局管理事业单位	副厅级			
2	天津	天津市大数据管理中心	市委网信办管理事业单位	正厅级	天津市政务服务办公室（市营商环境办公室）	市政府直属单位	正厅级
3	河北	—	—	—	河北省政务服务管理办公室	省政府直属机构	正厅级
4	山西	山西省行政审批服务管理局(省政务信息管理局)	省政府直属机构	正厅级	山西省行政审批服务管理局(省政务信息管理局)	省政府直属机构	正厅级
5	内蒙古	内蒙古自治区大数据中心	自治区政府直属事业单位	正厅级	内蒙古自治区政务服务局	自治区政府办公厅部门管理机构	副厅级
6	辽宁	辽宁省营商环境建设局（省大数据管理局）	省政府直属机构	正厅级	辽宁省营商环境建设局（省大数据管理局）	在辽宁省营商环境建设局加挂政务服务管理办公室牌子	正厅级
7	吉林	吉林省政务服务和数字化建设管理局	省政府直属机构	正厅级	吉林省政务服务和数字化建设管理局	省政府直属机构	正厅级
8	黑龙江	黑龙江省政务大数据中心	隶属黑龙江省营商环境建设监督局管理的事业单位	副厅级	黑龙江省营商环境建设监督局	省政府直属机构	正厅级

续表

序号	地区	数据管理机构			政务服务管理机构		
		机构名称	级别性质	机构规格	机构名称	级别性质	机构规格
9	上海	上海大数据中心	市政府办公厅所属事业单位	副厅级	—	—	—
10	江苏	江苏省大数据管理中心	隶属江苏省政务服务管理办公室管理的事业单位	副厅级	江苏省政务服务管理办公室	省政府直属机构	正厅级
11	浙江	浙江省大数据发展管理局	省政府办公厅管理机构	副厅级	浙江省大数据发展管理局	省政府办公厅管理机构	副厅级
12	安徽	安徽省数据资源管理局（省政务服务管理局）	省政府直属机构	正厅级	安徽省数据资源管理局（省政务服务管理局）	省政府直属机构，加挂省政务服务管理局牌子	正厅级
		安徽省大数据中心	安徽省数据资源管理局所属事业单位	正处级	—	—	—
13	福建	福建省数字福建建设领导小组办公室（省大数据管理局）	省发改委管理机构，加挂省大数据管理局牌子	副厅级	福建省数字福建建设领导小组办公室（省大数据管理局）	省发改委管理机构，加挂省大数据管理局牌子	副厅级
14	江西	江西省信息中心（省大数据中心）	省发改委管理的事业单位，加挂省大数据中心牌子	副厅级	江西省政务服务管理办公室	省政府办公厅管理机构	副厅级
15	山东	山东省大数据局	省政府直属机构	正厅级	山东省政务服务管理办公室	省政府办公厅内设机构	副厅级
		山东省大数据中心	山东省大数据局所属事业单位	正处级	—	—	—

续表

序号	地区	数据管理机构			政务服务管理机构		
		机构名称	级别性质	机构规格	机构名称	级别性质	机构规格
16	河南	河南省行政审批和政务信息管理局	省政府办公厅管理机构	副厅级	河南省行政审批和政务信息管理局	省政府办公厅管理机构	副厅级
		河南省政务大数据中心	省直事业单位	副厅级	—	—	—
17	湖北	湖北省政务管理办公室	省政府办公厅管理机构	副厅级	湖北省政务管理办公室	省政府办公厅管理机构	副厅级
		湖北省大数据中心	为湖北省政务管理办公室所属事业单位	正处级	—	—	—
18	湖南	湖南省政务服务和大数据中心	省政府办公厅管理事业单位	副厅级	湖南省政务管理服务局	省政府办公厅管理机构	副厅级
19	广东	广东省政务服务数据管理局	省政府直属机构	正厅级	广东省政务服务数据管理局	省政府直属机构	正厅级
20	广西	广西壮族自治区大数据发展局（政务服务监督管理办公室）	省政府直属机构	正厅级	广西壮族自治区大数据发展局（政务服务监督管理办公室）	省政府直属机构，加挂自治区政务服务监督管理办公室牌子	正厅级
21	海南	海南省营商环境建设厅	省政府组成部门	正厅级	海南省营商环境建设厅	省政府组成部门	正厅级
		海南省大数据管理局	法定机构	—	—	—	—
22	重庆	重庆市大数据应用发展管理局	市政府直属机构	正厅级	—	—	—
23	四川	四川省大数据中心	省政府直属事业单位	正厅级	四川省大数据中心	省政府直属事业单位	正厅级
		—	—	—	四川省政府政务服务和公共资源交易服务中心	省政府直属事业单位	正厅级

续表

序号	地区	数据管理机构			政务服务管理机构		
		机构名称	级别性质	机构规格	机构名称	级别性质	机构规格
24	贵州	贵州省大数据发展管理局	省政府直属机构	正厅级	贵州省政府政务服务中心	省政府办公厅管理事业单位	副厅级
25	云南	—	—	—	云南省政务服务管理局	省政府直属部门	副厅级
26	陕西	陕西省政务大数据局	省政府办公厅加挂省政务大数据局牌子	正厅级	—	—	—
		陕西省政务大数据服务中心	省政府直属事业单位，由省政府办公厅（省政务大数据局）代管	正厅级	—	—	—
27	甘肃	甘肃省大数据管理局	在省政府办公厅加挂省大数据管理局牌子	正厅级	—	—	—
		甘肃省大数据中心	省政府直属事业单位	正厅级	—	—	—
28	青海	—	—	—	青海省政务服务监督管理局	省政府办公厅管理机构	副厅级
29	新疆	—	—	—	新疆维吾尔自治区政务服务和公共资源交易中心	自治区政府直属事业单位	正厅级

表 3　党中央、国务院电子政务领域相关重要文件

时间	文件名称	重点内容
2014 年 11 月	《国务院办公厅关于促进电子政务协调发展的指导意见》	该指导意见提出未来 5 年在网络建设、安全保障、信息资源、辅助决策、公共服务、发展环境 6 个方面的发展目标。围绕顶层设计、深化应用、保障措施提出了未来几年的重点工作任务
2014 年 12 月	《中央网信办印发〈关于加强党政部门云计算服务网络安全管理的意见〉》	《意见》指出党政部门要参照《信息安全技术　云计算服务安全指南》等国家标准，对数据的敏感程度、业务的重要性进行分类，全面分析、综合平衡采用云计算服务后的安全风险和效益，科学规划和确定采用云计算服务的数据、业务范围和进度安排
2015 年 6 月	《国务院办公厅印发〈关于运用大数据加强对市场主体服务和监管的若干意见〉》	《意见》提出四项主要目标。一是提高政府运用大数据能力，增强政府服务和监管的有效性；二是推动简政放权和政府职能转变，促进市场主体依法诚信经营；三是提高政府服务水平和监管效率，降低服务和监管成本；四是实现政府监管和社会监督有机结合，构建全方位的市场监管体系
2015 年 8 月	国务院《促进大数据发展行动纲要》	《纲要》部署三方面主要任务。一要加快政府数据开放共享，推动资源整合，提升治理能力。二要推动产业创新发展，培育新兴业态，助力经济转型。三要强化安全保障，提高管理水平，促进健康发展
2016 年 7 月	《国土资源部印发〈关于促进国土资源大数据应用发展的实施意见〉》	《意见》提出立足国土资源工作发展的需要，健全国土资源数据资源体系，实现国土资源数据的充分共享和适度开放，深化国土资源大数据的创新应用，不断提高国土资源参与宏观调控、市场监管、社会治理和公共服务的精准性和有效性，促进国土资源大数据应用新业态发展，形成国土资源大数据应用发展新格局
2016 年 12 月	《“十三五”国家信息化规划》	《规划》作为“十三五”国家规划体系的重要组成部分，顺应时代发展需要和广大人民群众的期盼，明确了 6 大主攻方向、10 大任务、16 项工程、12 项优先行动和 6 大政策措施
2017 年 7 月	《“十三五”国家政务信息化工程建设规划》	《规划》按照“大平台、大数据、大系统”总体框架，明确“十三五”时期重点统筹建设“两网、一平台、四库、六系统”等国家重大政务信息化工程

续表

时间	文件名称	重点内容
2019 年 12 月	《国务院办公厅印发〈国家政务信息化项目建设管理的办法〉》	《办法》在简化优化项目申报和审批流程的基础上，要求将中央本级政务信息系统全口径纳入管理平台进行统一管理。各部门所有新建政务信息化项目，均应当在全国投资项目在线审批监管平台政务信息化项目管理子平台报批或者备案。各部门应当在管理平台及时更新本部门政务信息系统目录。管理平台汇总形成国家政务信息系统总目录
2021 年 5 月	《国家发展改革委等四部门联合印发〈全国一体化大数据中心协同创新体系算力枢纽实施方案〉》	《实施方案》明确提出布局全国算力网络国家枢纽节点，启动实施“东数西算”工程，构建国家算力网络体系
2021 年 11 月	《工业和信息化部发布〈“十四五”大数据产业发展规划〉》	《规划》部署了数据治理能力提升、重点标准研制及应用推广、工业大数据价值提升、行业大数据开发利用、企业主体发展能级跃升、数据安全铸盾等六大重点行动
2021 年 12 月	《“十四五”国家信息化规划》	《规划》围绕确定的发展目标，部署了数字基础设施、数据要素、数字生产力、数字产业体系、数字社会治理、数字政府服务等 10 项重大任务，明确了 5G 创新应用工程等 17 项重点工程，确定了全民数字素养与技能提升等 10 项优先行动
2021 年 12 月	《“十四五”推进国家政务信息化规划》	《规划》提出了三大任务 11 项具体工程。一是深度开发利用政务大数据。二是发展壮大融合创新大平台。三是统筹建设协同治理大系统。围绕政府核心职能，着力建设好执政能力提升信息化工程、依法治国强基工程、经济治理协同工程、市场监管提质工程、公共安全保障工程、生态环境优化工程等六大工程
2022 年 9 月	《国务院办公厅印发〈全国一体化政务大数据体系建设指南〉》	《指南》立足政务数据在调节经济运行、提升政务服务水平、促进营商环境优化、创新社会治理模式等方面的现实需求，研判政务数据体系建设中的统筹管理、供需对接、共享应用、标准规范、安全保障等方面问题，提出全国一体化政务大数据体系建设的总体要求

（三）政务数据整合共享和开发利用取得积极进展

党的十八大以来，党中央、国务院高度重视政务数据的整合共享和开发利用。从夯基垒台到积厚成势，政务数据在调节经济运行、改进政务服务、优化营商环境、支撑疫情防控等方面发挥了重要作用。

一是发展和政策环境持续优化。国民经济和社会发展“十四五”规划、《“十四五”国家信息化规划》、《关于建立健全政务数据共享协调机制加快推进数据有序共享的意见》等一系列政策文件，都将政务数据列为重点工作并进行工作部署。目前，全国 31 个省份均已结合政务数据管理和发展要求明确政务数据主管部门。国务院办公厅印发《全国一体化政务大数据体系建设指南》，就整合构建全国一体化政务大数据体系作出了部署，为营造良好数字生态、提高政府管理服务效能、推进国家治理体系和治理能力现代化提供了有力支撑。

二是数据成为经济社会发展新动能。2020 年 4 月，中共中央、国务院印发《关于构建更加完善的要素市场化配置体制机制的意见》，我国成为第一个明确将数据作为独立生产要素纳入国家发展战略的国家。数据要素作为“要素的要素”，在推动新技术、新产业、新模式发展等方面发挥着越来越重要的作用，数据要素与传统生产要素深度融合，催生出人工智能等“新技术”、金融科技等“新资本”、机器人等“新劳动力”、元宇宙等“新土地”，正日益释放出驱动经济社会发展的强大力量。

三是基础支撑能力大幅提升。覆盖国家、省、市、县等层级的政务数据目录体系初步形成，全国已建设 26 个省级政务数据平台、257 个市级政务数据平台、355 个县级政务数据平台，初步实现了政务数据目录统一管理、数据资源统一发布、共享需求统一受理、数据供需统一对接、数据异议统一处理、数据应用和服务统一推广。国务院部门近 3000 项数据共享责任被公布，推动数据供需有效对接和共享应用。

四是政务数据应用场景不断拓展。数字化已经深刻融入经济、社会、政务、民生等各个领域。经济调节方面，经济运行“形”和“势”的数字化研判能力不断提高。市场监管方面，全方位、多层次的数字化协同化监管水平持续提升。社会管理方面，数字化治理模式创新不断涌现。公共服务方面，利企便民数字化服务能力大幅提升。生态环保方面，山水林田湖草沙等各种生态要素数字化治理模式逐步完善。

（四）全国一体化政务服务平台基本建成并不断发挥作用

政务服务作为政府职能转变的前沿阵地和神经末梢，一头连着经济社会发展，一头连着民生福祉。从 2017 年开始，按照党中央、国务院工作部署，全国一体化政务服务平台建设进入加速期，全国一体化政务服务平台作为政府数字化转型的“重中之重”，肩负着推进国家治理体系和治理能力现代化的重任，发挥了重要作用，平台运行平稳，成效超出预期。

一是全国政务服务“一张网”基本建成。按照党中央、国务院部署要求，国务院办公厅会同各地区各部门加快推进全国一体化政务服务平台建设。国家政务服务平台于 2018 年启动建设，2019 年上线运行，经过多年努力，形成了以国家政务服务平台为总枢纽、面向 14 亿多人口和 1 亿多市场主体的全国政务服务“一张网”，构建了国家、省、市、县多级覆盖的政务服务体系。全国一体化政务服务平台从夯基垒台到积厚成势，实现由局部探索、破冰突围到系统推进、全面深化的历史性转变。平台村村通，服务掌上办，全国一体化政务服务平台在推进国家治理体系和治理能力现代化的进程中发挥了重要作用，成为我国政务服务迈向以跨区域、跨部门、跨层级一体化政务服务为特征的整体服务阶段的重要标志。

二是政务服务改革全面深化。2014 年，浙江省率先在全国实施“四张清单一张网”改革，这项改革是首次将审批制度改革与行政权力整体改革结合起来的一次政府自身改革，是全国第一个省、市、县一体化的网上政务服务平台，被国务院办公厅等列为改革试点，在全国形成了示范效应。2017 年 6 月，江苏政务服务网上线，创造性地提出“不见面审批”改革，成为江苏深化改革、优化营商环境的金字招牌，成为全国行政审批制度改革的重要范本，推动“不见面审批”成为一项制度性安排。2018 年，上海以“一网通办”“一网统管”建设应用为抓手，牵引带动超大城市治理现代化。上海市一网通办、一网统管并举，以数字化改革牵引带动超大城市治理现代化，对于优化营商环境、引领上海城市发展发挥了积极作用、积累了宝贵经验，成为推进政府数字化转型、推动治理能力现代化的典范。从“四张清单一张网”到“最多跑一次、不见面审批”，再到“一网通办、一网统管”，改革目标指向一以贯之，重大部署接续递进，改革成效螺旋提升，完整系统地诠释了以数字化改革助力政府职能转变与制度规则重塑的实现路径。

三是企业和群众的认可度不断提升。全国各地持续深入推动政务服务改革，为企业和群众提供了更多触手可及的政务服务，涌现出了一批好经验、好做法，出台了一批好制度、好政策，打造了一批服务品牌，大幅降低了制度性交易成本，有力地提升了发展软环境。典型示范的“头雁效应”全面激发了“群雁活力”，统筹协调和基层创新的互促互动，营造了互联网环境下各方勇于持续迭代创新的良好氛围，数字化改革创新举措不断涌现，为全面推进数字政府建设积累了丰富经验。截至 2022 年底，全国一体化政务服务平台实名用户超过 10 亿人，其中国家政务服务平台注册用户 8.08 亿人，总使用量超过 850 亿人次，服务应用不断创新，企业和群众满意度和获得感不断增强。超过 90%的省级行政许可事项实现网上受理和“最多跑一次”，政务服务“一网通办”能力显著增强。

四是公共支撑能力不断提升。作为全国政务服务的总枢纽，国家政务服务平台充分发挥公共入口、公共通道、公共支撑作用，面向用户提供统一身份认证、统一证照服务、统一事项服务、统一政务服务投诉建议、统一好差评、统一用户服务、统一搜索服务等“七个统一”服务，国家平台为地方部门平台提供电子证照共享服务 79.5 亿次、身份认证核验服务 67.4 亿次，为企业提供政策查询、匹配自测、服务精准推送、在线办理等 160 万次，“跨省通办”服务专区累计访问量超过 200 亿人次，归集汇聚 32 个地区和 26 个国务院部门 900 余种电子证照，目录信息达 56.72 亿条，累计提供电子证照共享应用服务 79 亿次，有效支撑减证明、减材料、减跑动。

三　新征程上我国电子政务发展面临的挑战

“十四五”时期，全面建设社会主义现代化国家新征程的历史使命对加强数字政府建设提出了新的要求。从近几年实践看，数字政府建设是一项复杂的系统工程，还存在不少堵点难点问题亟待破解，最突出的是“四个不充分”：政府数字化转型统筹协调和业务协同不充分，数字政府建设基础支撑不充分，数据治理体系和共享机制建设不充分，网络和信息安全保障不充分。具体表现如下。

（一）对数字政府建设的改革属性和作用认识不足

数字政府建设是对传统的政务流程、运行机制乃至机构设置等的重大改革和重构。但实际情况是，一些地区和部门口头上重视数字化转型，在思维理念和工作模式上仍习惯于传统的观念和方式方法，推动数字化改革的内生动力严重不足。数字政府建设既是技术变革，更是流程再造的制度变革。当前，数字技术在政府治理中的作用已经越过技术支撑工具阶段，数字政府的改革属性和作用全面彰显，已经成为深化行政体制改革、提升政府治理能力的一场全方位、系统性、协同式的深刻变革。在这场变革中，需要把数字政府建设放到现代化全局中，与时代同频共振，不断加深对政府数字化改革本质的理解和把握。

（二）与数字化发展相匹配的行政管理体制建设相对滞后

打造高标准的数字政府是一项系统工程，需要在管理体制、运行机制、建设运维模式等方面持续探索创新，推动构建与互联网时代政府管理和服务相适应的组织架构、数据管理、标准规范、业务发展和政策法规等体系。现实中，多头规划、多头管理、重复建设、“信息孤岛”、“数据烟囱”等现象在一些行业领域仍大量存在。统筹协调力度不强、机制不顺，严重制约了数字政府的健康发展。目前制约政府数字化改革的业务协同、数据共享、线上线下融合等堵点问题，大部分与体制机制不健全、体系不统一等相关，单纯依靠数字技术推进政府治理能力提升的“天花板”效应已经显现，亟须通过深化行政体制改革、建立健全适应数字化发展的职责体系、破除影响数字化发展的体制机制障碍，为数字政府建设深入推进提供保障。

（三）瓶颈问题仍然存在，需要循序渐进、稳步推动

人民日益增长的美好生活需要、加快构建现代化治理体系的美好愿景对数字政府建设提出了更高的要求。数字政府建设既是一片前景广阔的“蓝海”，也是一片需要攻坚克难的“无人区”。要应对种种新问题、新形势所带来的变革阵痛，需要一个长期的基础建设和成效累积过程，更需要一个技术变革与行政管理改革不断融合、相互促进的过程。比如区域发展不平衡问题。我国地域辽阔，各地区经济发展基础、信息技术发展水平参差不齐，数字政府建设水平存在较大差距，有的地区数字政府建设已经进入巩固提升阶段，有的地区数字政府建设发展相对滞后，尚处于萌芽和起步阶段。比如法律法规标准规范不健全问题。国家层面数字政府建设的相关法规、政策还不完善。数据治理立法相对滞后，数据管理的权责边界不够明晰，数据归属权、数据使用权和数据管理权的权属机制尚未完全建立，仍然有很多“模糊地带”，“数据山头”的观念还没有完全破除。比如存在信息资源共享难问题。不同时期、不同部门形成的信息系统建设管理标准不统一，整合难度大，行业垂管部门与各地方之间资源共享难度大，部门间业务协同难等问题还普遍存在，跨部门跨地域信息资源共享还不通畅。再比如缺乏相关专业人才问题。信息化领域专业型复合型人才储备不足，领导干部信息化能力仍需提升，人才引进与交流渠道不畅通，同时，全民数字素养提升对数字政府建设也至关重要。

四　新发展阶段促进我国电子政务健康持续发展的对策

当今世界正经历百年未有之大变局，我国正处于中华民族伟大复兴的关

键时期。当前，我们正向着全面建成社会主义现代化强国的目标迈进。我国进入新发展阶段，发展环境深刻变化，面临新的机遇和挑战，百年变局与世纪疫情交织叠加，世界进入动荡变革期，经济社会发展不确定因素日益增多，但数字化恰恰是当前大变局视野下的最大确定性。数字政府建设发挥着带动数字经济、数字社会等健康可持续发展的火车头作用，以数字政府建设全面引领驱动数字化发展是党中央、国务院主动顺应经济社会数字化转型趋势，激活数据潜能，充分释放数字化发展红利而作出的整体部署。要推动数字政府建设各项重点任务落地见效，下一步工作中，可以在以下八个方面重点发力。

（一）以数字政府建设构建数字规则体系，营造良好数字生态

在国家政策层面，“十四五”规划第一次提出了“数字生态”的概念，其重点是坚持放管并重，促进发展与规范管理相统一，构建数字规则体系，营造开放、健康、安全的数字生态。一是推动建立健全数据要素市场规则。2022 年 6 月，中央深改委第二十六次会议上审议通过了《关于构建数据基础制度更好发挥数据要素作用的意见》，习近平总书记强调，数据基础制度建设事关国家发展和安全大局，要加快构建数据基础制度体系。释放数据要素价值，强化数据安全治理，迫切需要构建符合生产要素特点的数据要素治理体系。未来数字政府建设的一个重点就是以数据赋能实现技术、业务与数据要素的深度融合，充分发挥数据的基础资源作用和创新引擎作用，建立健全数据要素市场规则，规范培育数据交易市场主体，促进数据依法有序流动，强化数据资源全生命周期安全保护，解决数据治理中长期存在的制度体系缺失、市场培育不充分、监管治理薄弱、安全保障不牢等问题，提升各行业各领域运用公共数据推动经济社会发展的能力，提高数据治理整体效能。二是营造规范有序的政策环境。信息技术应用场景的深度商业化和广泛市场化，一方面为数字经济社会发展注入强大动能，而另一方面，大数据杀熟、用户沉迷网络等技术的过度运用也为市场竞争和社会管理秩序带来了诸多挑战。

政府需要构建与数字经济发展相适应的政策法规体系，打击垄断和不正当竞争行为，健全共享经济、平台经济和新个体经济管理规范，在法治轨道上推动我国数字经济健康发展，营造规范有序的政策环境。三是构建数字生态合作新格局。数字生态具有高度全球化的特征，开放合作、互利共赢是营造良好数字生态的重要内涵。要积极参与数字化发展国际规则制定，促进跨境信息共享和数字技术合作。加强国家间数字生态领域政策协调，积极参与数据安全、数字货币等国际规则和数字技术标准制定，推动建立更加公正合理的互联网基础资源分配机制，实现网络空间资源共享、责任共担、合作共治。

（二）以数字政府建设引领数字社会发展，书写“中国之治”新篇章

在新一轮科技革命推动下，人类正在加速迈向数字社会。习近平总书记指出：“随着互联网特别是移动互联网发展，社会治理模式正在从单向管理转向双向互动，从线下转向线上线下融合，从单纯的政府监管向更加注重社会协同治理转变。”这一重要论述深刻揭示了信息技术对社会治理的重要影响。截至 2021 年底，我国网民规模已超过 10 亿人，数字化逐渐成为人们生活、工作的常态，数字化在为社会发展带来契机的同时，也给社会治理带来冲击与影响。面对数字化发展新趋势，需要更好地发挥数字政府的主导作用，运用现代信息技术为社会治理引入新范式、创造新工具、构建新模式。一是以数字政府建设打造共建共治共享的社会治理新模式。经济社会的迅速发展对社会治理提出了新的要求，亟须通过数字政府建设，创新数字化社会治理模式，提高社会治理社会化、法治化、智能化、专业化水平，推动构建人人有责、人人尽责、人人享有的社会治理共同体。二是以数字政府建设构建基层社会治理新格局。依托数字技术，完善网格化管理模式，持续提升基层智慧治理精准化能力和水平，推动社会治理和服务重心向基层下移，实现全民畅享的数字生活，促进全社会运行方式创新变革。三是以数字政府建设提升防范化解重大社会风险能力。推进社会治安防控体系智能化，深化数字

化手段在国家安全、社会稳定、打击犯罪等方面的应用，切实提升风险预警、灾害预测、危机处置等重大社会风险防范化解能力，不断增强城市发展势能。

（三）以数字政府建设助力做强做优做大我国数字经济

习近平总书记在主持中共中央政治局第三十四次集体学习时强调，要站在统筹中华民族伟大复兴战略全局和世界百年未有之大变局的高度，统筹国内国际两个大局、发展安全两件大事，充分发挥海量数据和丰富应用场景优势，促进数字技术与实体经济深度融合。

数字经济汇聚着新消费力，孕育着新生产力，是我国经济结构转型的动力之源。经过多年的高速发展，数字经济对经济增长的贡献度不断提升，已成为经济高质量发展的新引擎和引领全球经济活动创新的重要策源地。但同时我们也要看到，同世界数字经济大国、强国相比，我国数字经济大而不强、快而不优，快速发展中也出现了一些不健康、不规范的苗头和趋势，因此我们迫切需要转变发展方式，加快补齐短板，提高我国数字经济治理水平，走出一条高质量发展道路。要促进数字经济健康发展，核心问题是处理好政府和市场的关系，使市场在资源配置中起决定性作用，更好地发挥政府作用，数字政府不仅是数字经济的治理者，也是重要参与者。一是以数字政府建设推动有效市场和有为政府更好结合，充分激活经济发展新动能。数字政府建设有利于充分发挥数据的基础资源作用和创新引擎作用，推动各类资源要素快速流动，加速各类市场主体融合发展，畅通国内外经济循环，催生经济社会发展新动能。其在助力形成市场作用和政府作用有机统一、相互补充的新局面，推动全国统一大市场建设，构建国内国际双循环新发展格局等方面作用显著。二是以数字政府建设提高宏观调控和科学管理水平。科学的宏观调控，有效的政府治理，是发挥社会主义市场经济体制优势的内在要求。《指导意见》提出要强化经济运行大数据监测分析，提升经济调节能力。数字技术是辅助经济治理和决策的重要手段。在数字经济快速发展的过程中，大数据可以充分发挥“显微镜”

“望远镜”“指南针”作用，推动政府经济调节从“经验决策”向“数据决策”转变。在经济监测方面，发挥大数据实时海量特有优势，加强政府数据与企业、社会数据的关联分析和融合利用，精准显现宏观经济发展中的微观联系，实现对经济运行状态的准确研判，确保宏观经济正常运行。在经济预测方面，运用数字技术搭建经济运行分析模型，及时发现苗头性、倾向性、潜在性问题，提高经济预测的科学性、可靠性、有效性。在经济政策支撑方面，找准宏观经济政策的支持方向和切入点，推动数据分析与经验判断紧密结合，提升经济政策制定的科学性。三是以数字政府建设规范数字经济发展，营造公平有序的市场环境。针对数字经济发展过程中出现的数据滥用、算法歧视、无序扩张等问题，需要通过数字政府建设完善数字经济治理。在持续优化营商环境的同时，坚持促进发展和监管规范两手抓、两手硬，建立全方位、多层次、立体化监管体系，实现事前事中事后全链条全领域监管，形成政府主导、多元参与、法治保障的数字经济治理格局，为各类市场主体公平竞争提供更加广阔的市场空间和更加规范的市场环境。

（四）以数字化固化行政体制改革成果

行政体制是构成国家治理体系的重要单元。数字政府建设与深化行政体制改革相辅相成，需要充分发挥数字政府建设的基础性和先导性作用，统筹设计，协调推进。一方面要通过数字政府建设推动改革举措落地。通过数字政府建设，加快破除体制机制障碍和利益固化藩篱。用信息技术固化优化政务流程，优化“最多跑一次”、“不见面审批”、“双随机、一公开”、财政资金直达等改革措施，建立信息化、智能化创新应用快速复制推广机制，将业务流程、运行规则、管理措施等嵌入信息化系统，固化到平台运行，通过数字政府建设推动改革举措落地，实现“一地创新、全国推广”，降低制度创新成本，推动政府部门转变职能方式，实现数据共享、流程再造和协同办公，助力形成公平竞争的市场环境。另一方面以深化行政体制改革为数字政府建设奠定重要基础和支撑。健全完善与数字化发展相适应的政府职责体系，构建数字政府建设协调机制和推进机构，修订和清理现行法律法规中与数字化发展不相适应的条款，依法依规推进技术应用、流程再造、模式优化和制度创新，破除影响数字化发展的体制机制障碍，为数字政府建设深入推进提供保障。最为重要的是发挥数字政府建设和行政体制改革双轮驱动作用，共同推动国家治理体系和治理能力现代化。

（五）以数字化监管提升现代监管有效性

数字化监管是以信息化手段推动政府监管现代化的有效手段。构建高效、完善、智能的数字化监管体系，才能增强政府公信力和执行力，激发各类市场主体活力，推进经济社会高质量发展。在构建数字化监管体系方面，依托全国一体化监管平台建设，推进各地区各部门数字化监管系统互联互通、功能不断完善提升，增强监测预警能力，提升事中事后监管水平，实现精准化、规范化监管。实现科技监管、数据监管、智慧监管。在推进监管数据创新应用方面，提升各地区、各领域、各行业监管数据汇聚能力，充分利用大数据优势，进行风险预警、非现场监管等，确保满足监管业务的需要。在提升协同联动监管能力方面，建立跨地区、跨部门、跨层级的监管工作协同联动机制，促进从职能部门“单打独斗”向综合监管、智慧监管的转变，提升联合执法、跨域执法效率与效能，破解监管力量不足与监管手段滞后问题。

（六）以数字化服务提升人民群众的获得感

近年来，我国网上政务服务发展已经开始由单向服务阶段迈向整体服务阶段。下一步要按照《指导意见》提出的打造泛在可及、智慧便捷、公平普惠的数字化服务体系的任务要求，把满足人民对美好生活的向往作为数字政府建设的出发点和落脚点，以服务能力提升为重点，全面提升公共服务数字化、智能化水平。在提升整体服务能力方面，要持续强化泛在可及的一体化建设思路。以国家政务服务平台为总枢纽，推动依托国家平台整合对接各级、各类线上线下政务服务系统，在提升各地区各部门政务服务“独唱”

能力的基础上，全面提升标准统一、服务同质的“合唱”能力，变群众“来回跑”为政府“一网办”。在提升精准服务能力方面，要持续推动智慧便捷的服务模式创新。聚焦网上办事的堵点难点问题，围绕提升政务服务质量，开展个性化、有特色的服务模式创新，以民生服务高频事项为重点，搭建群众“点菜”、平台“配菜”、部门“炒菜”的“中央厨房”式政务服务样板，全面推进政务流程优化再造，推动服务模式从“事项服务”向“场景服务”转变。在提升服务供给能力方面，要持续推进公平普惠。既要持续深化面向“少数人”服务的行政审批事项网上办理，更要提升惠及“大多数人”的公共服务供给能力，推动数字化服务普惠应用，提升公共服务基础性、兜底性服务能力，推动破解发展不平衡问题，让数字红利最大限度地惠及社会大众。在全面推进政务服务标准化、规范化、便利化的同时，要兼顾老年人和残障等特殊人员使用习惯和办事需求，提升平台适老化和无障碍服务水平，推动就近服务、主动服务、代办服务、优先服务，推动政务服务向基层、向乡村延伸。

（七）以数字化协同提升政府运行效率

数字政府建设需要深化数字技术应用，提高政府的数字协同能力，逐步实现跨层级、跨地域、跨系统、跨部门、跨业务的协同联动，形成整体型政府，提升政府的运行效率。在“数字机关”建设方面，依托一体化协同办公体系建设，实现政府履职能力系统性数字化重塑，推进政府机关高效协同，实现机关内部及部门间“一件事”高效办理。在辅助决策方面，推动数字技术与治理、决策机制的融合发展，促进政府决策理念、资源、机制、行动等方面系统性创新。在推行移动办公方面，加快实现各类办文办会办事、督查督办、信息报送、工作交流、应急处置等政务工作移动化办理，构建政务办公组织在线、沟通在线、协同在线、业务在线的高效办公生态。在机关运行保障方面，推动政府机关保障方式的智慧升级和数字转型，提升保障水平和管理效能，实现资源统筹、服务共享、监管到位。

（八）抓关键少数，提升领导干部数字素养和数字治理能力

习近平总书记提出，领导干部“要善于运用互联网技术和信息化手段开展工作”“要学网、懂网、用网”“要学会通过网络走群众路线”“要主动适应信息化要求、强化互联网思维，不断提高对互联网规律的把握能力、对网络舆论的引导能力、对信息化发展的驾驭能力、对网络安全的保障能力”。党的十九大报告指出，建设高素质专业化干部队伍，要注重培养专业能力、专业精神，增强干部队伍适应新时代中国特色社会主义发展要求的能力，善于运用互联网技术和信息化手段开展工作。建设高质量的数字政府，干部是决定性因素，能力是关键性保证，迫切需要提升领导干部数字素养和数字治理能力，着力解决信息社会“本领恐慌”问题，提高领导干部运用互联网技术和信息化手段开展工作的能力。

形势篇

Reports on the Status Quo

B.2
全国一体化政务服务平台建设调研报告

中央党校（国家行政学院）电子政务研究中心课题组*

摘　要： 党的十八大以来，随着全国一体化政务服务平台建设的深入推进，一体化政务服务能力显著提升已经成为我国现阶段数字政府建设的典型特征。现阶段，全国一体化政务服务的统筹协调力度不断加大，为全面推进数字政府建设提供了体制机制保障；一体化支撑能力显著提升，为全面推进数字政府建设形成了平台保障；用户服务体验持续优化，为全面推进数字政府建设积累了丰富经验。然而，与一体化发展相匹配的政务服务行政体制建设相对滞后、一体化统筹建设仍需加强，跨越“数字鸿沟”仍需努力、多渠道服务无缝衔接仍需大力推动、政务服务数据共享还不能满足普遍需求等问题亟待解决。这就需要我们以效能提升为方向，持续提升一体化政务服务能力；以数据驱动为核心，创新行

* 课题组组长：王益民，博士，研究员，中央党校（国家行政学院）信息技术部主任、电子政务研究中心主任，国家电子政务专家委员会副主任。课题组成员：丁艺、刘密霞、陶勇、魏华、王平、隋心、梅澎、刘彬芳、王琦、朱嫱。

政管理和服务方式；以场景服务为重点，全面优化提升用户体验。

关键词： 一体化政务服务 数字政府 政务服务平台建设

一 发展成效

2021年是“十四五”的开局之年，也是两个百年目标交汇与转换之年，随着我国进入新发展阶段，发展基础更加坚实，发展条件深刻变化，面临新的机遇和挑战，百年变局与世纪疫情交织叠加，经济社会发展不确定因素日益增多，数字化作为当前环境下最具确定性的发展趋势，迎来高速发展期，以数字政府建设推动经济社会数字化转型已成为普遍共识。深化“互联网+政务服务”，是一项关系政府职能重塑、释放改革红利、切实便民利企的重要改革，各地区以互联网思维促进信息技术与政府管理深度融合，积极将政府数字化改革作为推动各领域数字化转型的重要引擎，一体化政务服务能力的显著提升已经成为我国现阶段数字政府建设的典型特征。

（一）统筹协调力度不断加大，为全面推进数字政府建设提供了体制机制保障

得益于党中央、国务院对网络强国、数字中国战略布局的指引，以国家政务服务平台为总枢纽的全国一体化政务服务平台建设逐步发挥成效，我国网上政务服务发展已由以信息服务为主的单向服务阶段，开始迈向以跨区域、跨部门、跨层级一体化政务服务为特征的整体服务阶段。全国一体化政务服务平台正在成为创新行政管理、优化营商环境的重要手段，成为服务人民群众的重要渠道。

一是发展环境持续优化。党中央、国务院高度重视政务服务和数字政府发展，强调要以信息化推进国家治理体系和治理能力现代化，统筹发展电子

政务，构建一体化在线服务平台。从十九届四中全会提出“推进数字政府建设”到十九届五中全会提出“加强数字政府建设”，短期内两次党的全会都强调数字政府建设，深刻反映我国政府对数据赋能国家治理的认识在不断深化，对以数字化引领国家治理现代化的重视程度日益加深。国民经济和社会发展“十四五”规划、“十四五”国家信息化规划、“十四五”推进国家政务信息化规划等一系列重大规划，都将全国一体化政务服务平台列为重点工作并进行工作部署，为深入推进一体化政务服务发展提供了基础性和系统性支撑。

二是体制机制不断完善。各地区各部门主动顺应政府数字化转型发展趋势，注重顶层设计与地方创新良性互动，形成了各具特色、职责明确、纵向联动、横向协同、共同推进的数字政府建设和管理格局。截至 2021 年底，31 个省（自治区、直辖市）中，29 个地区成立了厅局级的政务服务或数据管理机构，20 余个地区印发了数字政府或数字化转型相关规划文件。总体来看，与数字政府建设相适应的管理体制正在逐步健全，协调推进有力、技术体系完备、安全管理有序、制度规范健全的发展格局正在逐步建立，形成了政府主导、企业参与、社会协同推进的良好氛围。各地区围绕规范行政权力运行、优化政务服务供给、创新服务方式等方面，以行政权力清单为基础，以数据共享为重点，以一体化平台为支撑，以全面实现“一网通办”为目标，形成了全国一体、各具特色的发展路径。

三是政策法规逐步健全。全国一体化政务服务平台建设的政策法规、标准规范体系不断健全完善，在跨地域办事、帮助老年人跨过“数字鸿沟”、让服务在指尖办理、推进电子证照扩大应用领域等方面做出了系列工作部署。2021 年 2 月，国务院办公厅印发《关于建立健全政务数据共享协调机制加快推进数据有序共享的意见》，强调要建立健全政务数据共享协调机制、加快推进数据有序共享，以业务协同为重点，全面构建政务数据共享安全制度体系、管理体系、技术防护体系，打破部门信息壁垒，推动数据共享对接更加精准顺畅。国务院办公厅印发《全国一体化政务服务平台移动端建设指南》，就进一步加强和规范全国一体化政务服务平台移动端建设，促进各地区各部门政务服务平台移动端标准化、规范化建设和互联互通，推动更多政务服务事项网上办、掌上办作出部署。国务院办公厅印发《关于进一步优化地方政务服务便民热线的指导意见》，提出要以一个号码服务企业和群众为目标，推动地方政务服务便民热线归并优化，进一步畅通政府与企业和群众的互动渠道。国务院办公厅先后制定发布了 4 批国务院部门近 4000 项数据共享的责任清单，推动政务数据供需有效对接和共享应用。

（二）一体化支撑能力显著提升，为全面推进数字政府建设建立了平台保障

得益于连续多年的信息化建设，经过多年持续建设和不懈努力，各地区各部门基础设施建设集约化、高效化水平不断提高。

一是深化“联”，公共入口作用成效显著。通过国家政务服务平台，国家部委、各省份之间的平台实现了互联互通，构建了政务服务“全国一张网”，推动了全国范围内政务服务事项的标准化供给，多年困扰企业和群众办事的“上多站、满网跑”问题得到有效破解。全国 31 个省（自治区、直辖市）通过构建省市县乡村五级网上政务服务体系，有效补齐政务服务区域发展不均、基层服务能力不足等短板，实现政务服务从“线下 8 小时”到“线上全天候”的跨越。

二是强化“用”，公共通道作用持续发挥。百姓的痛点就是改革的着力点，不少地区从群众反映强烈的办事“环节多、跑动多、收费多、材料多”问题着手，依托全国一体化政务服务平台，突出简审批、优服务、便利企业群众办事，大力推动“一网通办”“全程网办”“跨省通办”，推动行政管理和服务提质增效，变“群众跑腿”为“数据跑路”。截至 2021 年底，在省级行政许可事项中，90.5% 的事项实现网上受理和“最多跑一次”，56.36%的事项实现了网上审批和“零跑动”。国家政务服务平台“跨省通办”服务专区已接入近 100 个可网上办理的高频“跨省通办”事项和近 200 项可跨省办理的便民服务，累计浏览量超 83 亿人次。全国一体化政务服务平台已发布 53 个国务院部门 9000 余项数据资源，支撑各地区各部门共享调

用超过2000亿次。

三是持续“优”，公共支撑作用全面体现。全国一体化政务服务平台的基础支撑能力，有力保障了地方和部门政务服务平台运行，支撑了跨地区、跨部门、跨层级业务办理，推动破解了数据共享共用难问题，更多政务服务事项从“线下跑”转向“网上办”。一体化平台正在成为优化政务服务新方式、提升行政效能新工具、推进管理创新新动力、改善营商环境新手段、完善社会治理新支撑。特别是疫情防控期间，各地依托政务服务平台大力推进服务网上办、不打烊，主动推出疫情防控相关信息服务，在助力打赢疫情防控阻击战中发挥了重要作用。在政务数据共享协调机制领导下，建立全国一体化平台政务数据共享服务体系，累计接入各级政务部门5951个，支撑政务数据共享调用超过3000亿次，全国一体化政务服务平台成为我国政务数据共享的主渠道。建立国家政务服务平台统一电子证照系统，对接31个省（自治区、直辖市）和有关国务院部门，支撑电子证照跨地区、跨部门共享，目前已汇聚地方部门电子证照近900种，提供电子证照共享服务50亿余次，有力地支撑企业和群众办事“减证明、减材料”。

（三）用户服务体验持续优化，为全面推进数字政府建设积累了丰富经验

习近平总书记在2016年网信工作座谈会上提出，要统筹发展电子政务，构建一体化在线服务平台。以此为指引，全国一体化政务服务平台加速构建，五年来，各地区各部门按照统筹推进、集约建设的原则，将政务服务平台建设作为区域发展“软环境”的重要标杆，以网上服务打造利企便民、贴心服务的新名片，平台运行平稳，成效超出预期。

一是全国政务服务“一张网”的覆盖程度不断提升。全国一体化政务服务平台以国家政务服务平台为总枢纽，联通31个省（自治区、直辖市）及新疆生产建设兵团、46个国务院部门平台，面向14亿多人口和1亿多市场主体打造覆盖全国的一体化政务服务“一张网”，平台村村通，服务掌上办，全国一体化政务服务平台在推进国家治理体系和治理能力现代化的进程

中发挥了重要作用，成为我国政务服务迈向以跨区域、跨部门、跨层级一体化政务服务为特征的整体服务阶段的重要标志。

二是企业和群众的认可度不断提升。通过构建普惠均等、便民高效、智能精准的全国政务服务“一张网”，政务服务平台的认知度、体验度持续提升。在疫情防控中，全力投入“数字抗疫”，平台经受住了“压力测试”，为疫情精准防控、推进复工复产提供了有力支撑。截至2021年底，全国一体化政务服务平台实名用户超过10亿人，其中，国家政务服务平台注册用户超过5亿人，总使用量超过620亿次。各地区纷纷探索为老年人“定制”服务场景，建设“老年人服务专区”，支持“语音找服务”“亲情服务”代办代查，更大的字号让政务服务“掌上办”更有温度。数据显示，截至2021年底，老年人使用手机上网的比例达99.5%，通过手机购买生活用品的比例为52.1%、查找信息的比例为46.2%。

三是服务创新应用能力不断提升。各地区依托全国一体化政务服务平台，聚焦群众办事“急难愁盼”问题，聚焦短板弱项，大胆探索，因地施策，从“最多跑一次”到“一次不用跑”，从“不见面审批”到“秒报秒批”，为群众施公平之策、开便利之门，得到了广大群众的认可和赞许。典型示范的“头雁效应”全面激发了“群雁活力”，统筹协调和基层创新的互促互动，营造了互联网环境下各方面勇于持续迭代创新的良好氛围，数字化改革创新举措不断涌现，为全面推进数字政府建设积累了丰富经验。

二　面临的问题

“十四五”时期，全面建设社会主义现代化国家新征程的历史使命对全面提升政务服务能力提出了新的要求。在看到一体化政务服务能力提升工作取得积极成效的同时，也要清醒地看到，各地区推进政务服务工作中还面临不少难点堵点，经过对各项评估数据进行综合分析，发现目前各地区政务服务能力提升面临以下突出问题。

（一）与一体化发展相匹配的政务服务行政体制建设相对滞后

“互联网+政务服务”是一项复杂的系统工程，涉及业务和技术深度融合，涉及深化改革和制度创新，涉及理念变革和利益调整，调研发现，各地成立数字政府建设统筹管理机构已成为普遍趋势，它有力地推动了各地数字政府建设工作，但存在机构性质不一、职责分工不一等问题。部分地区大数据管理机构与其他综合管理部门、行业管理部门的职责分工不够明确，在统筹信息化建设、数据共享利用、网络和信息安全等方面还存在界限不清、分工不明的问题。现实中，多头规划、多头管理、重复建设、“信息孤岛”、“数据烟囱”等在一些区域仍大量存在，还未形成信息化条件下各部门高效协作格局。调研发现，制约发展的业务协同、数据共享、线上线下融合等难点问题，大部分与体制机制不健全、体系不统一等相关，统筹协调力度不强、机制不顺，严重制约了一体化政务服务能力的持续提升。总体来看，全面实现“一网通办”，亟须进一步强化制度改革与技术创新的双轮驱动，建立健全适应数字化发展的职责体系，全面支撑业务协同与高效服务，破除体制机制障碍，为一体化政务服务能力提升注入新动力。

（二）一体化统筹建设仍需加强，跨越“数字鸿沟”仍需持续努力

我国地域辽阔，各地区经济发展基础、信息技术发展水平参差不齐，一体化政务服务水平存在较大差距，有的地区一体化政务服务平台建设已经进入巩固提升阶段，有的地区一体化政务服务平台建设发展相对滞后，尚处于萌芽和起步阶段，各地区各部门政务信息化发展水平和基础设施支撑不平衡，极大影响了信息平台和系统整体效能充分发挥。不同渠道、不同群体办事要求不统一、事项数量不一致、信息更新不同步的现象仍然存在，在大多数人可以享受科技创新带来的智慧生活便利之时，老年人、残障人士等弱势群体面对的却是“数字鸿沟”，还不能便利地使用相关智能化服务。总体来看，受区位环境和发展基础等因素影响，政务服务能力提升所需要的基础条件存在巨大差异，政务服务能力“东强西弱、南强北弱”的情况仍然存在，

与政务服务均等化、普惠化的目标相比仍有距离，确保不同地区和不同群体能够均等获取网上政务服务，将是下一步一体化政务服务能力提升必须完成的任务。

（三）多渠道服务无缝衔接仍需大力推动

目前，从全国范围看，线上线下政务服务融合程度不高，不少地方存在信息系统建设各自为政、管理各行其道、标准各不相同、信息互不相通等现象。一些地区网上政务服务平台和实体政务服务大厅业务系统各自部署、尚未互通，造成线上线下服务进度无法同步、业务系统数据重复录入、资料无法复用，既让企业和群众办事不能方便地在线上和线下“无缝切换”，同时也增加了政务服务工作人员的工作量，影响了服务效率。总体来看，当前和今后一段时间内，实体政务服务大厅还将长期存在，但网上服务是要坚定不移推进的方向，两者应该相辅相成、相互融合、相互促进，方便老百姓从线上线下不同渠道获取无差别、便捷化、一体化的政务服务。

（四）政务服务数据共享还不能满足普遍需求

由于系统与数据标准不统一，跨地区、跨部门、跨层级和跨业务的数据共享和业务协同问题仍然突出，数据共享“部门主导”现象仍然存在，没有体现“需求导向”，地方政务服务急需的数据“拿不到”或“拿不全”、部门提供的数据“无人问津”的矛盾比较突出，数据共享供需总体不匹配，“不愿共享”“不敢共享”“不能共享”的难题仍需进一步解决。数据归属权成为制约政务数据共享的重要因素，尽管不少地方已经明确政务数据归政府所有，但政务数据管理和服务中政企不分的现象还一定程度上存在，部门利益仍然是阻碍数据共享的羁绊。亟须加快推动消除“信息孤岛”，让政府部门“深藏闺中”的信息资源实现整合共享。总体来看，在思维理念、体制机制、管理方式等诸多方面，各地区各部门数据治理的应用导向不够深入，与加快构建全国一体化政务大数据体系、有力支撑数字政府建设的迫切需要相比，还很不适应。

深化“互联网+政务服务”，是对政府职能的一次再造，是对政务流程的一次再造，也是对已建各类政务平台的一次再造，是政府管理和服务模式的重大创新。政府数字化转型之路不可能一蹴而就，全国一体化政务服务平台建设已经具备坚实基础，但与人民群众的新需求相比，制约发展的瓶颈问题依然存在。从近年电子政务发展经验可知，诸如区域发展不平衡、法律法规标准规范不健全、信息资源共享难、缺乏相关专业人才等这些目前的难点痛点问题，最终还是要依靠改革创新在不断发展的过程中加以解决。

三　发展建议

（一）以效能提升为方向，持续提升一体化政务服务能力

一是在提升整体服务能力方面，持续强化泛在可及的一体化建设思路。以国家政务服务平台为总枢纽，推动依托国家平台整合对接各级、各类线上线下政务服务系统，在提升各地区各部门政务服务“独唱”能力的基础上，全面提升标准统一、服务同质的“合唱”能力，变群众“来回跑”为政府“一网办”。

二是在提升精准服务能力方面，持续推动智慧便捷的服务模式创新。聚焦网上办事的堵点难点问题，围绕提升政务服务质量，开展个性化、有特色的服务模式创新，以民生服务高频事项为重点，搭建群众“点菜”、平台“配菜”、部门“炒菜”的“中央厨房”式政务服务样板，全面推进政务流程优化再造，推动服务模式从“事项服务”向“场景服务”转变。

三是在提升服务供给能力方面，持续提升公平普惠的服务水平。既要持续深化面向“少数人”服务的审批事项网上办理，更要丰富惠及“大多数人”的公共服务供给能力，推动数字化服务普惠应用，提升公共服务基础性、兜底性服务能力，积极发展就近服务、主动服务、代办服务、优先服务，推动政务服务向基层、向乡村延伸，有效破解发展不平衡问题，让数字红利最大限度地惠及社会大众。

（二）以数据驱动为核心，创新行政管理和服务方式

一是加快健全权责清晰的政务数据高效共享协调机制。明确各地区各部门政务数据管理职责，形成各方面职责清晰、分工有序、协调有力的政务大数据治理、共享、开发、应用工作格局，推动数据精准高效共享。

二是加快推进全国一体化政务大数据体系建设。推进技术融合、业务融合、数据融合，实现跨层级、跨地域、跨系统、跨部门、跨业务的协同管理和服务，整合构建标准统一、布局合理、管理协同、安全可靠的全国一体化政务大数据体系，切实提升数据治理和安全保障水平。

三是推进面向应用和服务的信息资源整合优化。信息资源共享是手段，应用是目的，业务协同是信息共享的目标。对信息资源的整合优化是实现信息资源共享的一个重要环节，要以应用场景为牵引，建立健全政务数据供需对接机制，满足不同部门对信息的不同层次的需要。

（三）以场景服务为重点，全面优化提升用户体验

一要聚焦群众关切。依托全国一体化政务服务平台，围绕企业和群众办事难、办事慢、办事繁等问题，深入了解服务需求，精准配置服务资源，以民生“小切口”撬动政务服务“大变革”，推动“场景化服务”“指尖式服务”“智慧化服务”“个性化服务”“精准化服务”，促进政务服务从“能办”向“好办”“愿办”的转型升级。

二要聚焦高频刚需。围绕优化营商环境和提升服务效能等方面，鼓励各地区在建设管理、服务模式、流程优化等方面积极探索，开展个性化、有特色的服务创新，促进互联网创新成果与政务服务深度融合，持续提升一体化政务服务平台对深化“放管服”改革和优化营商环境的支撑能力。

三要聚焦弱势群体。充分考虑老年人和残障等弱势群体使用习惯和办事需求，持续开展各级政务服务平台适老化及无障碍改造，全面提升政务服务平台适老化和无障碍服务水平，为弱势群体提供方便快捷的政务服务。聚焦日常生活涉及的出行、就医、消费、文娱等高频事项和服务场景，梳理涉及

老年人和残障等弱势群体的高频服务事项，实现社会保险待遇资格认证、津贴补贴领取等老年人高频服务事项便捷办理。充分考虑各类弱势群体的实际情况，在加强智能技术建设和应用的同时，保留传统服务手段和方式。

四要聚焦跨区域服务。充分依托全国一体化政务服务平台，在强化国务院部门与地方政府工作协同、切实提升政务服务跨区域服务能力的基础上，推动各地区各部门横向数据共享和业务协同，大力推动“全程网办”“异地代收代办”“多地联办”，有效满足各类市场主体和广大人民群众异地办事需求。聚焦保障改善民生、助力惠企利企，推动个人服务和企业生产经营高频事项“跨省通办”。鼓励区域“跨省通办”先行探索和“省内通办”拓展深化，便利群众跨省办、就近办。

B.3
2021年全国一体化政务服务平台移动端建设报告

中央党校（国家行政学院）电子政务研究中心课题组*

摘　要： 党的十八大以来，随着全国一体化政务服务平台建设的深入推进，各地区、各部门积极利用移动互联网技术，大力推进覆盖范围广、应用频率高的政务服务事项向移动端延伸，进一步加强政务服务平台移动端标准化、规范化建设和互联互通，创新服务方式，增强服务能力，推动更多政务服务事项网上办、掌上办，政务服务平台移动端已成为各级政府服务企业和群众的重要渠道，移动政务服务发展取得了显著成效。但是，目前政务服务平台移动端建设管理分散、标准规范不统一、数据共享不充分、技术支撑和安全保障体系不完备等突出问题仍旧存在，需要持续强化政务服务平台支撑能力，优化政务服务平台移动端服务功能和方式，不断推动移动政务服务规范管理和协同服务，为企业和群众提供更加便利高效的移动政务服务。

关键词： 全国一体化政务服务平台移动端　移动政务服务　电子政务

随着信息技术的飞速发展和移动互联网的迅速普及，我国移动政务服务已经整体进入广泛建设阶段，全国一体化政务服务平台移动端建设发展取得

* 课题组组长：王益民，博士，研究员，中央党校（国家行政学院）信息技术部主任、电子政务研究中心主任，国家电子政务专家委员会副主任。课题组成员：丁艺、刘密霞、陶勇、魏华、王平、隋心、梅澎、刘彬芳、王琦、朱嫱。

显著成效，移动政务服务成为互联网时代政府部门提供便民利企服务、优化政民互动方式、提高行政效率和服务质量的重要渠道，同时，也是一体化政务服务平台建设的重要方向。

一　发展成效

（一）顶层设计日趋完善，政策环境持续优化

党的十八大以来，以习近平同志为核心的党中央高度重视网络安全和信息化工作，作出了一系列重大决策部署，有力地推动了网信事业特别是移动互联网健康发展。习近平总书记在第十八届中央政治局第三十六次集体学习时强调，随着互联网特别是移动互联网发展，社会治理模式正在从单向管理转向双向互动，从线下转向线上线下融合，从单纯的政府监管向更加注重社会协同治理转变。习近平总书记在第十九届中央政治局第二次集体学习时强调，要加快构建高速、移动、安全、泛在的新一代信息基础设施，统筹规划政务数据资源和社会数据资源。时任总理李克强在 2019 年全国深化“放管服”改革优化营商环境电视电话会议上指出，要加快打造全国政务服务“一张网”，在更大范围实现“一网通办”、异地可办。供电、供水、供气、供暖等公用事业单位及医院、银行等服务机构要从方便市场主体和人民群众出发，大力推行 App 办事、移动支付。时任总理李克强在 2021 年政府工作报告中指出，要实现更多政务服务事项网上办、掌上办、一次办。

移动政务服务作为新阶段“互联网+政务服务”的重要发展方向，对优化营商环境、进一步提升一体化政务服务平台能力和水平具有重要意义。党中央、国务院出台的一系列文件都将移动政务服务作为重要内容。

2016 年，国务院印发《关于加快推进“互联网+政务服务”工作的指导意见》，提出要利用统一的政务服务资源，积极推进平台服务向移动端、自助终端、热线电话等延伸，为企业和群众提供多样便捷的办事渠道。

2017 年 1 月，国务院办公厅印发《“互联网+政务服务”技术体系建设

指南》，指南从顶层设计层面出发，以服务驱动和技术支撑为主线，围绕“互联网+政务服务”业务支撑体系、基础平台体系、关键保障技术、评价考核体系等方面，提出了优化政务服务供给的信息化解决路径和操作方法，为构建统一、规范、多级联动的“互联网+政务服务”技术和服务体系提供保障。指出要适应移动互联网趋势，做好网上政务服务平台在手机端的效果展示优化及手机适配，提高百姓用手机登录政务服务平台及政府门户网站的使用舒适度。通过网上大厅、办事窗口、移动客户端、自助终端等多种形式，结合第三方平台，为企业群众提供一站式办理的政务服务。

2017 年 1 月，中共中央办公厅、国务院办公厅印发《关于促进移动互联网健康有序发展的意见》，从推动移动互联网创新发展、强化移动互联网驱动引领作用、防范移动互联网安全风险、深化移动互联网国际交流合作等角度作出了一系列决策部署，为全方位推进移动互联网健康有序发展、更好地服务企业和群众指明了方向。

2018 年 7 月，国务院印发《关于加快推进全国一体化在线政务服务平台建设的指导意见》，明确提出推广移动政务服务，以公安、人力资源社会保障、教育、卫生健康、民政、住房城乡建设等领域为重点，积极推进覆盖范围广、应用频率高的政务服务事项向移动端延伸，推动实现更多政务服务事项“掌上办”“指尖办”。

2021 年 11 月，国务院办公厅印发《全国一体化政务服务平台移动端建设指南》，明确指出 2022 年底前，各省（自治区、直辖市）和国务院部门移动政务服务应用与国家政务服务平台移动端“应接尽接”“应上尽上”，移动政务服务能力显著提升，形成以国家政务服务平台移动端为总枢纽的全国一体化平台移动端服务体系。编制形成全国一体化平台移动端高频政务服务事项清单，推动实现清单内的事项“掌上可办”。在京津冀、长三角、川渝等区域开展试点，率先实现试点区域内高频政务服务事项在移动端“区域通办”“无感漫游”。在此基础上，不断健全全国一体化平台移动端服务体系，实现各级移动政务服务应用标准统一、整体联动、业务协同。

2022 年 3 月，国务院印发《关于加快推进政务服务标准化规范化便利化的指导意见》，明确提出推进政务服务便利化，推动更多政务服务事项“网上办、掌上办”。加快全国一体化政务服务平台移动端建设，推动企业和群众经常办理的政务服务事项“掌上办、指尖办”，推进身份证电子证照、电子社保卡、电子驾驶证、电子行驶证、电子营业执照等高频电子证照在政务服务平台移动端汇聚，并在日常生产生活各领域中应用。并在确保安全可控的前提下，发挥第三方平台渠道优势，拓展政务服务移动应用。

2022 年 6 月，国务院印发《关于加强数字政府建设的指导意见》，提出要推广“免申即享”“民生直达”等服务方式，打造掌上办事服务新模式，提高主动服务、精准服务、协同服务、智慧服务能力。

（二）标准规范不断健全，建设路径日渐清晰

《全国一体化政务服务平台移动端建设指南》（国办函〔2021〕105 号）的印发恰逢其时，意义重大，既体现了国家层面对全国一体化政务服务平台移动端建设的高度重视与充分肯定，为新阶段移动政务服务发展确立了新目标和新任务，又为推动全国一体化政务服务平台移动端建设提供了重要的制度保障和政策支持，明确了全国一体化政务服务平台移动端的建设路径，为系统构建“十四五”移动政务服务发展格局指明了方向，为各地区各部门开展政务服务移动端建设提供了基本遵循。

一是明确了全国一体化政务服务平台移动端的总体架构。全国一体化政务服务平台移动端由国家政务服务平台移动端、国务院部门政务服务平台移动端和各省级政务服务平台移动端组成，各组成部分有了科学、清晰的定位。国家政务服务平台移动端是全国移动政务服务的总枢纽；国务院部门按需建设本部门移动政务服务应用管理系统，与国家政务服务平台移动政务服务应用管理系统对接联通，原则上不再新建独立对外服务的政务服务平台移动端；各省级政务服务平台移动端是本地区移动政务服务的主要提供渠道和总入口，原则上由省级政务服务平台移动端统一对外提供服务。

二是统一了各地区各部门政务服务平台移动端的建设标准。《全国一体

化政务服务平台移动端建设指南》的出台为全国一体化政务服务平台移动端建设提供了清晰的思路、明确的方向、具体的要求。通过统一标准规范、统一清单管理、统一身份认证、统一数据共享、统一应用管理的“五个统一”，以“统”促建，破解了政务服务平台移动端标准规范不统一、数据共享不充分、技术支撑和安全保障体系不完备等问题。各地区、各部门按照文件的部署要求，因地制宜积极推动本地区政务服务移动端标准化、规范化建设，相继出台本地区移动端建设方案，如 2021 年 12 月，河北省人民政府办公厅印发《河北省一体化政务服务平台移动端建设方案》，2022 年 1 月，天津市人民政府办公厅印发《天津市一体化政务服务平台移动端建设工作方案（2022—2023 年）》，从制度层面推动政务服务资源整合和政务服务平台移动端集约化建设，各地区政务服务平台移动端建设逐步走向标准化、规范化。

三是提出了优化政务服务移动端建设的新要求。围绕企业和群众办事需求，提出进一步优化政务服务平台移动端功能，不断丰富集成套餐式服务和“扫码亮证”“一证通办”“无感通办”等应用场景，充分利用移动互联网新技术，持续提升移动政务服务便利化水平。在优化服务功能方面，聚焦企业和群众的个性化需求提供“定制化”服务，精准匹配用户需求，提高主动服务、精准服务、协同服务、智慧服务能力；在丰富应用场景方面，围绕企业和个人全生命周期办事服务，聚焦多部门联办、跨地区通办的政务服务事项，充分发挥移动端“掌上办、指尖办”优势，拓展“扫码亮证”“一证通办”“无感通办”等应用场景；在提升服务便利化水平方面，积极运用大数据、人工智能、5G、区块链等技术，综合利用数据挖掘、智能学习等方法，创新移动政务服务方式，进一步提升移动政务服务效能。

（三）移动网络发展迅速，服务效能显著提升

移动互联网的全面发展能够满足企业群众个性化、多元化的用户体验，适应全天候、移动化的服务场景，实现快捷化、便利化的办事需求，移动端成为“一网通办”的重要渠道。中国互联网络信息中心第 50 次《中国互联

网络发展状况统计报告》数据显示，截至 2022 年 6 月，我国已累计建成 5G 基站 185. 4 万个，5G 移动电话用户达到 4. 55 亿户。网民规模达到 10. 51 亿人，其中手机网民规模为 10. 47 亿人，占比高达 99. 6%，移动端建设成为当前提升服务水平和服务效能的重要阵地。

一是移动政务服务形式日渐丰富，“App+小程序”成为政务服务新标配。各地区各部门以需求为导向，主动适应企业群众政务服务从“网上办”向“指尖办”“掌上办”转变的变化趋势，大力推进移动端 App 投入审批服务应用，取得了良好成效。32 个省级政务服务平台全部建设了移动端 App，31 个地区推出了政务服务小程序。目前，推出 2 种以上移动服务方式的地区占 96. 88%，推出 3 种以上移动服务方式的地区超过 70%，有效满足了不同群体的移动政务服务需求。

二是移动政务服务网上应用大幅增长。各地区从民生角度切入，以公安、人社、教育、卫健、民政、住建等领域为重点，依托一体化政务服务平台移动端提供了 16362 项应用服务，其中查询类占比 89. 22%、办理类占比 10. 78%。一大批覆盖范围广、应用频率高的政务服务事项向移动端延伸。国家政务服务平台小程序接入了 46 个国务院部门、31 个省（自治区、直辖市）和新疆生产建设兵团的百万项政务服务办事指南，足不出户即可掌上办理从前需要跨地区、跨部门、跨层级办理的事项。

三是移动政务服务成为网上服务重要渠道。移动端以其“小而精”的特点备受企业、群众青睐。从用户使用习惯来看，企业和群众更倾向于通过政务服务移动端使用浏览、查询和缴费等服务。全国一体化政务服务平台数据显示，移动端注册人数约占总注册人数的 82%，访问量占 90%以上，其中政务服务小程序广受企业和群众欢迎，访问量占比超过 70%，轻量级移动政务服务逐渐成为重要办事渠道。

四是移动政务服务助力破解“数字鸿沟”困境。2021 年 2 月，工业和信息化部发布《关于切实解决老年人运用智能技术困难　便利老年人使用智能化产品和服务的通知》，2021 年 4 月，《关于进一步抓好互联网应用适老化及无障碍改造专项行动实施工作的通知》发布，同时发布的《互联网网站适老化通用设计规范》、《移动互联网应用（App）适老化通用设计规范》和《互联网应用适老化及无障碍水平评测体系》，进一步推动解决老年人等弱势群体在运用智能技术方面遇到的突出困难，助力老年人等弱势群体迈过“数字鸿沟”，更好地共享信息化发展成果。截至2021年底，我国60岁及以上老年网民规模达1.19亿人，占网民整体的11.5%，其中使用手机上网的老年网民比例达99.5%，让老年人等弱势群体在信息化发展中有更多获得感、幸福感、安全感，实现“数字红利”全民共享是一项需要持续推动的重点任务。全国一体化政务服务平台移动端通过推出“关怀模式”“长辈模式”“敬老模式”等，用大字体、大图标、大按钮、大音量，解决老年群体看不清、听不见、找不到、学不会等问题，简化界面、简化结构、简化功能、简化操作，为老年人融入智能生活提供多途径、多维度、多功能便利化服务。

（四）创新应用不断涌现，特色实践精彩纷呈

移动政务服务开启了移动互联网时代政府治理的新途径，以政务服务App、小程序、公众号为代表的移动政务服务渠道不断扩展，各地区各部门以“移动办事”为牵引，构建全渠道、全方位、全区域的“无处不在”政务服务，陆续推出“一证通办”“无感通办”等移动创新实践，满足了企业群众多元化、个性化、便利化、快捷化的办事需求，进一步提升了企业群众办事的满意度、获得感。

一是国家政务服务平台移动端率先垂范，以优质服务强化枢纽功能。国家政务服务平台移动端是全国移动政务服务的总枢纽，为各地区、各部门移动端提供公共入口、公共通道、公共支撑，为企业和群众提供查询、预约、办理、投诉建议和评价反馈等一体化服务。国家政务服务平台于2019年5月31日上线试运行，面向互联网全面开放服务门户、移动端App和小程序，形成了“1个App+3个小程序+1个快应用”的移动端服务体系，建设了助企纾困服务专区、跨省通办服务专区、老年人办事服务专区、弱有所扶服务专区、教育考试服务专区、异地就医服务专区等主题专区。其中，“跨

省通办服务专区”已接入近100个可网上办理的高频“跨省通办”事项和近200项可跨省办理的便民服务，便利群众异地办事；“老年人服务专区”汇聚了老年人常用的社保、医保、防疫等20余项高频服务，为老年人办事提供更加便利、贴心的服务，还推出了“关怀模式”，支持“语音找服务”“亲情服务”代办代查等。此外，新冠疫情突发以来，国家政务服务平台及时推出“防疫健康信息码”，截至2021年底，全国健康码累计使用人数超9亿人，累计访问量超600亿次，有效助力疫情精准防控。

二是各地区各部门政务服务移动端积极响应，以创新应用提升服务水平。移动互联网的迅猛发展和智能手机的全面普及促使移动政务服务成为各地区各部门提高服务水平、优化服务方式、提升服务效能的重要途径。各地区各部门依托全国一体化政务服务平台移动端，积极推进移动客户端、小程序、公众号建设应用，全流程一体化的“掌上政务服务”平台亮点纷呈，企业群众可通过政务服务App或者扫描微信、支付宝小程序，快捷体验政务服务掌上查、移动办，各具特色的移动应用获得企业群众的一致好评。

“随申办”是上海市“一网通办”移动端政务服务品牌，集合了各种方便企业和群众办事的服务，是全国首个突破千万用户的政府服务移动平台。2021年“随申办”App、“随申办”微信小程序、支付宝小程序三端服务人次超过80.05亿人次，“随申办”月活峰值超过1858.8万人次。特色“申边”服务以企业和群众的“衣食住行”为切入点，接入“沪惠保”、“上海花博会”、“红途”、核酸检测、早餐地图等热门高频服务并上线“进博随申”服务专栏，拓展服务覆盖范围，力争为企业、群众打造最好、最全、最优的移动办事体验，提供有温度的政务服务。

“浙里办”是浙江作为掌上办事之省的核心载体，囊括“掌上办事”“掌上咨询”“掌上投诉”三大核心功能板块，以及查缴社保、提取公积金、交通违法处理和缴罚、缴学费等数百项便民服务应用。“掌上办事”审批申报、便民服务全汇集，个人、法人可在线办理各类审批服务、政务服务，并根据定位提供个性化掌上办事服务；“掌上咨询”政务办事在线咨询、有问必答，帮助群众了解政务办事细则、提供线上线下办事导引和办事指南自助咨询；“掌上投诉”反馈办事难题、服务态度、改进建议，所有问题直达部门、件件有回复。

“粤省事”是我国首个依托微信推出的集成高频民生服务的移动政务服务平台，也是广东省“数字政府”改革建设的重要成果。截至目前，“粤省事”用户数突破 1.5 亿户，累计上线 2230 项服务及 91 种个人证照，其中 1137 项实现“零跑动”，成为人民群众的掌上办事利器。此外“粤商通”“粤政易”“粤监管”“粤政图”等“粤系列”移动政务服务品牌各施所长，让更多事项实现在线办理、不见面审批、不出门办事。

国务院各部门也积极推动政务服务移动端功能升级和应用创新，企业群众办事的获得感、体验感显著提升。科技部 2021 年正式上线政务服务平台移动互联网应用程序，面向企业和群众提供政务服务事项办理、查询、评价等服务，全面提升一体化服务能力；公安部推出公安“一网通办”App 和百度小程序、支付宝小程序，上线民航临时乘机证明、重名查询、规范汉字查询等高频应用，方便群众掌上办事；民政部 2021 年 9 月正式开通上线“民政通”App、微信小程序、百度小程序和支付宝小程序，首批上线河北、吉林、黑龙江等 7 省婚姻登记在线预约服务，同步完成社会组织查询、社会工作查询等在线查询服务应用上架，初步实现民政政务服务掌上查、指尖办；海关总署在“掌上海关”App 及微信小程序增设“老年人服务专区”，集成“进出境邮包查询”、“行邮税率查询”和“进出境邮包常见问题查询”等与老年人息息相关的服务功能，并可通过使用超大字体、语音录入等便捷功能操作。

二　面临的挑战

近年来，各地区各部门为推动政务服务从“可办”向“好办”“易办”转变，积极推动政务服务移动端建设，取得了积极成效，政务服务移动端已经成为企业和群众办事的重要渠道。但是，目前政务服务移动端建设管理低效、服务入口分散、支撑能力不强、用户体验不佳、安全保障不足等难点、痛点、堵点问题依旧不同程度存在，制约着政务服务移动端效能的发挥。

（一）标准规范体系尚未形成

各地区各部门政务服务移动端的建设标准规范不统一，不利于推动政务服务移动端的标准化、规范化建设和协同化、一体化服务。一是配套政策标准不统一。很多地区暂未制定实施与《全国一体化政务服务平台移动端建设指南》相配套的政务服务平台移动端建设方案，各地区政务服务移动端建设在顶层设计上缺乏总体指导和整体部署，各地区各部门的职责、任务没有得到细化落实。二是技术研发标准不统一。各地区各部门对于制定完善政务服务移动端建设和接入标准，规范技术架构、接入组件、界面交互，明确访问入口和服务应用接入等要求尚未完成统一管理。三是应用管理不统一。目前，各地区各部门还未实现对各个渠道的政务服务应用进行统一管理和监测，对第三方平台推广移动政务服务应用的行为还需要进行系统性能、运行监测、应用管理的规范，确保相关政务服务应用安全可靠运行。

（二）建设管理水平有待提升

我国政务服务移动端建设的发端是各地区各部门根据业务需求的自行建设，在探索发展的过程中，建设分散、多头管理、重复投入、水平参差、标准不一等问题逐渐显现。一方面，政务服务出现“多个入口”，企业群众难以在各类移动端中快速找到所需服务，移动端的重复建设不仅造成了政府财政资源的浪费，也给后续的服务推广、升级、运维、更新增加了难度。另一方面，各地信息化发展水平不均、移动端建设标准不一、支撑能力架构不同，出现信息孤岛，造成跨地域、跨层级、跨部门、跨业务的信息共享难和业务协同难，服务应用内容不同源、不同质、不更新，业务办理不顺利，降低了用户的使用意向。

（三）服务功能尚需持续优化

政务服务移动端克服了时间和空间的限制，并因其体积小、重量轻、易携带、操作简单而备受青睐，成为政务服务的重要渠道。但是，伴随着移动政务服务进入加速发展期，一些问题也逐渐显露出来。一方面，“好用性”需要不断强化。目前，政务服务移动端的服务内容大部分是对政务网站内容的复制粘贴，没有突出掌上服务“轻”“快”“易”的特点，服务功能主要集中在查询咨询、生活缴费、预约办理等方面，未能实现所有政务服务的线上办理，造成企业群众办事从“盖不完的公章”变成了“下载不完的App”，降低了企业群众办事的体验感、获得感和满意度。另一方面，“易用性”需要不断提升。无论男女老少、文化水平高低都可以通过移动端方便快捷地获取所需服务是移动政务服务备受推崇的重要原因，但是目前政务服务移动端系统设计不佳、操作步骤复杂、操作界面混乱、下载渠道受限、存在技术漏洞等问题依旧不同程度存在，造成用户“想要的服务找不到”“找到的服务办不了”，使用起来十分不便，极大地降低了政务服务移动端的易用性和用户黏性。

（四）安全保密风险仍需防范

数据安全是底线法则，移动政务服务平台运维保障不足、服务应用分散、运行不稳定、数据安全保障能力弱等诸多难点问题仍亟待解决。一是数据安全和个人信息保护仍需加强。在传输用户数据时，用户信息被非法截取和篡改，泄露关键信息和用户隐私等问题依旧存在，需要不断建立健全政务服务移动端安全保障体系。二是安全防范技术手段仍需持续升级。虽然运用大数据、区块链、人工智能、5G 等新一代信息技术和密码技术、安全审计等手段进行安全管理很大程度上提高了数据的安全可靠水平，能够更好地确保各项服务及数据安全，但是也要警惕“技术陷阱”和“技术依靠”，及时进行检查、检测、更新、运维。三是安全制度管理仍需完善。一方面因风险应急预案不完善，日常防护、监测预警和应急处置存在漏洞等情况导致的数据安全问题和信息泄露丢失依旧不同程度存在，需要定期组织开展网络安全监测分析，查找潜在安全风险，优化安全防范功能。另一方面开发运维单位及相关人员保密协议缺位也是保障安全的短板，需要加强网络安全保障专业化的队伍建设。

三 发展建议

（一）落实“五个统一”，强化支撑能力

为充分发挥全国一体化政务服务平台的支撑作用，《全国一体化政务服务平台移动端建设指南》提出从“统一标准规范、统一清单管理、统一身份认证、统一数据共享、统一应用管理”几个方面重点发力，逐步推进。贯彻落实“五个统一”，是推动移动政务服务规范管理和协同服务，强化政务服务平台支撑能力的重要渠道和主要抓手。一是统一标准规范。加快制定建设和接入标准、质量管理标准、安全防护和管理标准，形成覆盖建立、运行、管理、维护的全生命周期质量标准规范，为移动端建设各环节设置“达标要求”。二是统一清单管理。聚焦与企业和群众生产生活密切相关的高频事项，分批编制、梳理、发布全国一体化政务服务平台移动端应用清单，推动实现服务应用在多端同源发布、统一管理。三是统一身份认证。要建立健全全国统一身份认证体系，通过统一身份认证标准、规范身份认证渠道、建立身份认证结果纠错机制，为全国一体化政务服务平台移动端提供统一身份认证基础支撑，推动实现用户身份信息跨地区、跨部门互信互认，实现“无感通办”。四是统一数据共享。将互认电子证照接入移动办事平台，推动身份证、驾驶证、行驶证、社保卡、医保电子凭证、营业执照等高频次电子证照在全国一体化政务服务平台移动端汇聚使用，实现跨地区、跨部门共享，有力支撑政务服务移动端“扫码亮证”。五是统一应用管理。对各地区、各部门、第三方平台的移动政务服务应用进行统一管理和监测，在确保移动政务服务应用安全稳定运行的基础上，

整合各地区各部门移动政务服务资源，依托国家政务服务平台移动端对外提供服务。

（二）坚持用户导向，优化服务功能

从需求侧出发，变“政府端菜”为“群众点菜”，以“群众需求”为出发点，以“群众满意”为落脚点，紧贴不同用户的需求特点和关注重点，通过智能分析、精准画像，为用户打造个性化、差异化、精准化的专属服务。充分利用移动互联网新技术，优化政务服务平台移动端智能客服、精准匹配、个性推送功能，并通过企业和群众的评价反馈变被动服务为主动服务，切实解决群众困难，服务群众生活，优化服务功能，提升办事体验。一是打造用户专属服务空间。建设完善政务服务平台移动端用户专属服务空间，与 PC 端用户空间实现无缝对接，集中汇聚展示用户信息、证照、办件、建议等数据，推动各项利企便民政策和办事服务直达直享、一站办理。二是提升智能服务水平。运用人工智能等技术优化政务服务平台移动端搜索服务功能，实现对移动政务服务事项和应用的统一检索，提升搜索服务便捷度和智慧化水平。优化集智能搜索、智能问答、智能导航于一体的智能客服，方便企业和群众快捷精准获取相关服务信息。三是畅通评价渠道。不断丰富移动政务服务“好差评”评价渠道，通过页面评分、二维码扫描、消息推送等方式，让企业和群众能够随时随地对服务进行评价反馈，促进移动政务服务由政府供给导向向企业和群众需求导向转变。

（三）聚焦高频需求，深耕服务场景

不断拓展服务领域，丰富服务场景，围绕企业和个人全生命周期的办事需求，聚焦与企业、群众日常生活密切相关的高频政务服务事项服务场景，提供多样化的场景服务，推动更多便民服务事项“掌上办、指尖办”，切实解决群众困难，服务群众生活，优化服务功能，提升办事体验。一是推广“一件事一次办”。通过事项关联、表单整合和流程再造，在移动端

开展集成套餐式服务，满足企业群众多部门联办、跨地区通办的办事需求。二是推广“扫码亮证”。推动高频电子证照在移动端的签发、汇聚和应用，在户政、社保、住房、医疗等相关事项办理中推广“扫码亮证”服务，打造实名认证、实人核验、实证共享的服务模式。三是推广“一证通办”。以身份证号码或统一社会信用代码为依托，通过电子材料数据共享和互信互认，推动关联事项表单、材料的“自动填写”“无感办理”，实现移动政务服务事项“一证通办”。四是推广便民应用掌上办理。积极推动与企业群众日常生活密切相关的预约挂号、公共交通、水电气热、电信等便民服务应用向移动端汇聚延伸，从日常生活的点滴小事着手，切实为企业群众办事提供便利。

（四）谋求普惠发展，弥合数字鸿沟

一方面，要着力解决区域发展不平衡、不充分的问题。推广复制移动政务服务的典型做法和成功经验，鼓励中西部经济欠发达地区探索研究适合本地区的移动政务服务发展模式，解决好信息化建设的机制、资金、人才、技术和政策保障等方面的问题，逐步弥合区域间数字鸿沟。同时，扩大跨省通办“生态圈”，拓展异地代收代办、优化多地联办等工作机制，让用户可以随时随地查看与跨省通办服务相关的办事指南，也可以在线发起申请，体验到跨省通办的“马上办、网上办、指尖办”。另一方面，要确保弱势群体共享数字化发展成果。要积极打造普惠化、均等化、便捷化的移动政务服务，让老年人、残障人士等特殊群体共享数字化发展成果，变“数字鸿沟”为“数字红利”，进一步缩小数字应用在不同群体间的差距，让移动政务服务更有“温度”。针对老年群体进行适老化改造，推出“关怀模式”“长辈模式”，简化服务界面、简化办理流程、简化操作步骤，提供大号字体、高对比度，让老年人也能足不出户、动动手指头就解决问题、办好事情。针对残障群体开发无障碍服务模式，开展帮办代办服务，开发语音播报、语音识别等人性化功能，体现信息时代的“数字关怀”，让每个人都能感受到移动政务服务带来的高效便捷。

（五）深化新技术应用，加强安全保障

一是要建立健全相关法律法规。做好移动政务服务相关法律法规、部门规章和规范性文件的立改废释工作，完善相关政策配套，坚决破除阻碍移动政务服务发展的制度政策障碍和利益固化藩篱。二是要建立统一的安全防控体系。综合运用密钥登录、防火墙、安全审计、安全验签、生物信息识别等安全保障措施，防止用户信息被非法截取和篡改，确保各项服务及数据安全，提升安全保障能力和风险防控能力。加强数据安全管理，规范用户信息采集，保护用户的知情权、隐私权和选择权，为公民在互联网上的信息交流活动保驾护航。同时，要优化完善安全管理制度，加强网络安全保障队伍建设，定期开展监测预警、制定完善应急预案，加强安全人员保密培训，构建全方位、多层次、一致性的安全屏障，让企业和群众在政务服务移动端办事安心、放心、省心。三是积极运用大数据、人工智能、区块链、第五代移动通信（5G）等技术，综合利用数据挖掘、智能学习等方法，创新移动政务服务。发挥新一代信息技术在促进数据共享、优化业务流程、提升协同效率、强化安全保障等方面的作用，准确掌握用户访问行为和规律，科学合理配置服务资源、优化服务方式，为进一步提升移动政务服务效能提供有力支撑。

参考文献

《国务院办公厅关于印发全国一体化政务服务平台移动端建设指南的通知》，国办函〔2021〕105号，2021年9月29日。

李季主编《中国电子政务发展报告（2017）》，社会科学文献出版社，2017。

《国务院关于加快推进政务服务标准化规范化便利化的指导意见》，国发〔2022〕5号，2022年2月7日。

《国务院办公厅关于印发“互联网+政务服务”技术体系建设指南的通知》，国办函〔2016〕108号，2016年12月20日。

B.4
2022年省级政府和重点城市一体化政务服务能力（政务服务“好差评”）调查评估报告

中央党校（国家行政学院）电子政务研究中心课题组*

摘　要： 本次开展的2021年度省级政府和重点城市一体化政务服务能力（政务服务“好差评”）第三方调查评估工作以持续发挥全国一体化政务服务平台建设成效，全面推进政务服务标准化、规范化、便利化建设，推动服务模式从“事项供给”到“场景服务”转变，推动更多服务事项网上办、掌上办、一次办和“跨省通办”，让市场主体和群众依规办事不求人为调查评估的重点导向。评估结果表明，极具中国特色的一体化政务服务平台体系正在加速形成，全国一体化政务服务平台作为政府数字化转型的基础性引领工程，在提升人民群众获得感、推进国家治理体系和治理能力现代化进程中发挥了重要作用，一体化政务服务能力的显著提升成为我国现阶段数字政府建设的典型特征。总体来看，2021年七大区域一体化政务服务能力总体指数均有不同程度提升，呈现东部地区领跑、各区域持续均衡提升的发展态势，极具中国特色的一体化政务服务能力“东强西弱、南强北弱”的情况仍然存在，与政务服务均等化、普惠化的目标比仍有距离。

---

* 课题组组长：王益民，博士，研究员，中央党校（国家行政学院）信息技术部主任、电子政务研究中心主任，国家电子政务专家委员会副主任。课题组成员：丁艺、刘密霞、陶勇、魏华、王平、隋心、梅澎、刘彬芳、王琦、朱嫱。

关键词： 一体化政务服务能力　省级政府评估　重点城市评估　政务服务“好差评”

《中华人民共和国国民经济和社会发展第十四个五年规划和2035年远景目标纲要》提出，“全面推进政府运行方式、业务流程和服务模式数字化智能化。深化‘互联网+政务服务’，提升全流程一体化在线服务平台功能”。2021年《政府工作报告》要求，“加强数字政府建设，建立健全政务数据共享协调机制，推动电子证照扩大应用领域和全国互通互认，实现更多政务服务事项网上办、掌上办、一次办”。为贯彻落实党中央、国务院关于深入推进“互联网+政务服务”的部署要求，落实《政府工作报告》中提出的“建立政务服务‘好差评’制度，服务绩效由企业和群众来评判”有关要求，国务院办公厅电子政务办公室继续委托中央党校（国家行政学院）电子政务研究中心，面向全国31个省（自治区、直辖市）和新疆生产建设兵团以及计划单列市、省会城市，开展了2021年度省级政府和重点城市一体化政务服务能力（政务服务“好差评”）第三方调查评估工作。

一　评估概况

（一）调查评估对象

省级政府：31个省（自治区、直辖市）和新疆生产建设兵团。

重点城市：广州、武汉、哈尔滨、沈阳、成都、南京、西安、长春、济南、杭州、大连、青岛、深圳、厦门、宁波、石家庄、太原、呼和浩特、合肥、福州、南昌、郑州、长沙、南宁、海口、贵阳、昆明、拉萨、兰州、西宁、银川、乌鲁木齐共32个重点城市。

（二）调查评估原则

客观性。坚持第三方的视角，按照政务服务供给侧和需求侧两个维度，采用定量与定性相结合的分析方法，对政务服务平台的内容供给、用户体验、服务效能等方面数据进行采集，科学和客观地反映各地区一体化政务服务发展水平。

导向性。按照《政府工作报告》中提出的“建立政务服务‘好差评’制度，服务绩效由企业和群众来评判”有关要求，从充分发挥全国一体化政务服务平台建设成效，持续提升一体化政务服务对深化“放管服”改革和优化营商环境的支撑能力等方面，聚焦企业和群众办事的难点、痛点、堵点问题，建立面向用户的指标体系，以“好差评”推动政务服务提质增效，推进政务服务的标准化、规范化、便利化。

实效性。从提升政务服务能力和水平的目标出发，以企业和群众“获得感”为第一评价标准，通过“用户感知”实际体验办事对象在获取政务服务过程中的便捷度和满意度，发现各地区在政务服务工作中存在的问题，推动形成以评估推执行、以反馈促改进的良性发展模式。

（三）调查评估思路

在评估方法上注重三个坚持。一是坚持无感评估。评估工作不需要地方填报数据和提供材料，主要依托全国一体化平台运行数据和第三方采集数据，切实减轻基层负担。二是坚持目标导向。以评促建、以评促优，推动政务服务从政府供给导向向群众需求导向转变。三是坚持综合分析。采用定量与定性相结合的分析方法，科学和客观地反映各地区一体化政务服务发展水平。

评估思路上突出四个强化。一是强化用户感知。关注企业和群众在获取政务服务过程中的便捷度和满意度。二是强化数据应用。用数据说话，运用真实客观的数据反映地方发展水平、质量和速度。三是强化过程公开。过程全记录、数据全留痕，实现全部评估数据的可查询、可比较、可追溯。四是强化结果运用。报告发布以后，针对各地区存在的突出问题，编制各省（自治区、直辖市）和重点城市一体化政务服务能力专项调查评估数据分析报告，提出相应的改进和提升建议，推动将评估工作切实转化为提升各地区政务服务能力的重要抓手。

（四）调查评估过程

一是制定工作方案。按照委托评估的工作要求，中央党校（国家行政学院）电子政务研究中心组织相关专家成立了评估工作组，工作组与国办电子政务办、国家电子政务专家委员会、国家政务服务平台建设工作组及地方政府的相关专家进行了多次沟通讨论，充分听取了意见建议。形成指标体系初稿后，广泛征求各地区书面意见建议，多次召开专家论证会、座谈会、征求意见会，根据反馈的意见建议，先后进行了多次修改完善。最后通过第十二届全国政协副主席、国家电子政务专家委员会主任王钦敏同志为组长的专家组评审论证后，正式发布《2021 年度省级政府和重点城市一体化政务服务能力（政务服务“好差评”）第三方调查评估工作方案》。

二是建立指标体系。本年度评估工作在参照联合国电子政务调查评估指标体系基础上，重点围绕服务成效度（“好差评”制度建设）、办理成熟度、方式完备度、事项覆盖度、指南准确度 5 个方面，建立面向用户的评估指标体系，推动政务服务从政府供给导向向群众需求导向转变。

2021 年度省级政府调查评估指标体系共包含 5 项一级指标、21 项二级指标（比 2020 年度减少 1 项）、55 项三级指标（比 2020 年度减少 11 项）。重点城市调查评估指标体系共包含 5 项一级指标、17 项二级指标、41 项三级指标（比 2020 年度减少 9 项）。

三是组织开展实施。在评估实施阶段，评估组采用“用户体验”的方式，按照由群众来评判政务服务水平的导向，对评估对象在国家政务服务平台和省级政务服务平台提供的相关服务进行了动态跟踪，采集相关数据共计超过 260 万项。同时还整理分析了 64 个评估对象在一体化政务服务平台规划、建设、运维等方面的有关材料。在此基础上，评估组依据评估指标，建立数据评估模型，对采集的数据进行了全方位分析和研判，并形成了评估结果。

（五）调查评估重点

近年来，一体化政务服务能力第三方评估的方法和指标体系始终保持相对稳定，但每年评估指标导向会有所优化调整，以反映年度工作重点和发展方向。2021年度第三方调查评估的导向是：持续发挥全国一体化政务服务平台建设成效，全面推进政务服务标准化、规范化、便利化建设，推动服务模式从“事项供给”到“场景服务”转变，推动更多服务事项网上办、掌上办、一次办和“跨省通办”，让市场主体和群众依规办事不求人。2021年度评估重点如下。

一是聚焦党中央、国务院重点工作任务。深入贯彻党的十九大和十九届历次全会精神，围绕重点工作部署和全国一体化政务服务平台年度工作任务，聚焦改革重点，把握数字化转型趋势，结合基层智慧治理能力建设、提升政务数据共享管理服务水平、便利老年人使用智能化服务应用等方面，不断提升一体化政务服务平台服务能力，推动党中央、国务院决策部署落地生效。

二是聚焦一体化政务服务效能提升。按照推进政务服务标准化、规范化、便利化的任务要求，以持续提升一体化政务服务平台对政府职能转变和优化营商环境的支撑能力为目标，围绕“一网通办”、主题集成服务、移动服务等内容，通过梳理营商环境、民生服务等高频事项，提升网上政务服务的供给精准化和服务精准化水平，推动全国一体化政务服务平台服务模式从“事项供给”向“场景服务”转变。

三是聚焦实践创新。开展省级政府一体化政务服务创新实践案例评选，从提升企业和群众办事“获得感”的角度出发，围绕解决办事难、办事慢、办事繁等问题，鼓励各地区在建设管理、服务模式、流程优化等方面积极探索，开展个性化、有特色的服务创新。

四是聚焦发挥国家政务服务平台总枢纽作用。在持续关注省级平台“独唱”能力的基础上，从全国一体化角度出发，更好地发挥国家政务服务平台作为全国政务服务公共入口、公共通道、公共支撑的总枢纽作用，推动政务服务全国一体化的“合唱”能力提升。数据采集方面，在继续采集省级政务服务平台数据的基础上，加大国家政务服务平台数据采集的范围和数量，提升国家政务服务平台服务的可用性、易用性和友好性。采集周期方面，为继续强化各地区为国家政务服务平台汇聚数据的及时性和常态化，数据采集周期改为按月度进行采集和统计。指标设置方面，在继续评估国家政务服务平台系统对接、数据汇聚、事项标准等支撑能力的基础上，围绕办事指南、用户登录、材料提交等用户体验内容，设置相关国家平台评估指标，实际体验国家政务服务平台服务的可用性、易用性和友好性。

需要特别指出的是，一体化政务服务能力各项指数是基于对原始采集数据的统计分析和标准化处理，表示相对关系和综合情况。调查评估的目的是通过对各地区一体化政务服务能力的全面跟踪和梳理分析，力图通过数据，科学和客观地反映各地区一体化政务服务发展水平，发现推进一体化政务服务工作中存在的问题，形成推进工作的良性机制，促进各地区政务服务水平不断提升。

二　评估结果

评估结果表明，得益于党中央、国务院对网络强国、数字中国战略布局的指引，形成了政府主导、企业参与、社会协同的“全国一盘棋”良好格局，为全面推进数字政府建设提供了强有力的体制机制保障。得益于连续多年的信息化建设，一体化政务服务公共支撑能力显著提升，为全面推进数字政府建设筑牢了基础保障。得益于以人民为中心的价值导向，全国一体化政务服务平台功能不断完善，用户体验不断提升，为全面推进数字政府建设夯实了平台支撑。得益于统筹协调和基层创新互促互动，数字化改革举措不断涌现，为全面推进数字政府建设积累了丰富经验。总体来看，极具中国特色的一体化政务服务平台体系正在加速形成，全国一体化政务服务平台作为政府数字化转型的基础性引领工程，在提升人民群众获得感、推进国家治理体系和治理能力现代化进程中发挥了重要作用，一体化政务服务能力的显著提升成为我国现阶段数字政府建设的典型特征。

（一）总体指数

省级政府层面，如表1所示，16个省级政府的一体化政务服务能力总体指数为非常高（≥90），占比50.00%。12个省级政府的一体化政务服务能力总体指数为高（90~80），占比37.50%。4个省级政府的一体化政务服务能力总体指数为中，占比12.50%。

数据显示，北京、上海、江苏、浙江、广东、贵州等地区（按照行政区划排序），近年来持续保持全国领先水平，发挥了很好的引领和示范作用。

表1　省级政府一体化政务服务能力水平分布

能力水平	省级政府
非常高（≥90）	北京　河北（+）　吉林（+）　上海　江苏　浙江 安徽　福建（+）　山东（+）　河南（+）　湖北（+） 广东　重庆（+）　四川　贵州　宁夏（+）
高（90~80）	天津　内蒙古　辽宁　黑龙江　江西　湖南　广西 海南　云南　西藏（+）　陕西（+）　甘肃（+）
中（80~65）	山西　青海　新疆　新疆生产建设兵团
低（≤65）	—

注：按照行政区划排序，地名后的（+）标记代表从较低的组别升至更高的组别。

重点城市层面，如表2所示，12个重点城市的一体化政务服务能力总体指数为非常高（≥90），占比37.50%。17个重点城市的一体化政务服务能力总体指数为高（90~80），占比53.13%。3个重点城市的一体化政务服务能力总体指数为中，占比9.38%。

广州、南京、杭州、深圳等重点城市（按照行政区划排序），近年来持续保持全国领先水平，发挥了很好的引领和示范作用。

表 2　重点城市一体化政务服务能力水平分布

能力水平	重点城市
非常高(≥90)	广州　武汉(+)　哈尔滨(+)　成都(+)　南京　杭州 青岛　深圳　宁波　合肥　贵阳(+)　昆明(+)
高(90~80)	沈阳　西安(+)　长春　济南　大连　厦门　太原(+) 呼和浩特(+)　福州　南昌　郑州　长沙　南宁(+) 海口　拉萨(+)　兰州(+)　银川
中(80~65)	石家庄　西宁　乌鲁木齐
低(≤65)	

注：按照行政区划排序，地名后的（+）标记代表从较低的组别升至更高的组别。

（二）分项指数

服务成效度重点从“效能线上可评”的角度，衡量政务服务平台的用户使用、网办效率、服务质量等方面的效果。数据显示，省级政府服务成效度指数领先（前 10 名）地区为（按照行政区划排序，下同）：北京、上海、江苏、浙江、安徽、福建、湖北、广东、四川、贵州。重点城市服务成效度指数领先（前 10 名）地区为（按照行政区划排序，下同）：广州、武汉、哈尔滨、南京、杭州、青岛、深圳、厦门、宁波、合肥。

办理成熟度重点从“服务一网通办”的角度，衡量政务服务一体化办理程度。数据显示，省级政府办理成熟度指数领先（前 10 名）地区为：北京、上海、江苏、浙江、安徽、福建、河南、广东、四川、贵州。重点城市办理成熟度指数领先（前 10 名）地区为：广州、哈尔滨、成都、南京、杭州、青岛、深圳、宁波、郑州、昆明。

方式完备度重点从“渠道一网通达”的角度，衡量公众和企业是否可以方便、快捷和准确地找到所需服务。数据显示，省级政府方式完备度指数领先（前 10 名）地区为：北京、河北、上海、江苏、浙江、湖南、广东、重庆、四川、宁夏。重点城市方式完备度指数领先（前 10 名）地区为：广州、武汉、沈阳、南京、济南、杭州、青岛、深圳、海口、昆明。

事项覆盖度重点从“事项应上尽上”的角度，衡量行政权力事项和公共服务事项通过一体化政务服务平台对外提供服务的情况。数据显示，省级政府事项覆盖度指数领先（前 10 名）地区为：北京、内蒙古、吉林、上海、江苏、浙江、安徽、江西、广东、贵州。重点城市事项覆盖度指数领先（前 10 名）地区为：广州、武汉、成都、南京、西安、杭州、深圳、合肥、福州、长沙。

指南准确度重点从“指南精准实用”的角度，衡量办事指南公布相关要素信息的准确性、翔实性和易用性。数据显示，省级政府指南准确度指数领先（前 10 名）地区为：北京、河北、上海、江苏、浙江、安徽、山东、广东、四川、贵州。重点城市指南准确度指数排名领先（前 10 名）地区为：广州、南京、长春、杭州、大连、深圳、宁波、合肥、贵阳、银川。具体详见表 3、表 4。

表 3 省级政府各分项指数领先（前 10 名）地区

指标项	省级政府
服务成效度	北京 上海 江苏 浙江 安徽 福建 湖北 广东 四川 贵州
办理成熟度	北京 上海 江苏 浙江 安徽 福建 河南 广东 四川 贵州
方式完备度	北京 河北 上海 江苏 浙江 湖南 广东 重庆 四川 宁夏
事项覆盖度	北京 内蒙古 吉林 上海 江苏 浙江 安徽 江西 广东 贵州
指南准确度	北京 河北 上海 江苏 浙江 安徽 山东 广东 四川 贵州

注：按照行政区划排序。

表 4 重点城市各分项指数领先（前 10 名）地区

指标项	重点城市
服务成效度	广州 武汉 哈尔滨 南京 杭州 青岛 深圳 厦门 宁波 合肥
办理成熟度	广州 哈尔滨 成都 南京 杭州 青岛 深圳 宁波 郑州 昆明
方式完备度	广州 武汉 沈阳 南京 济南 杭州 青岛 深圳 海口 昆明
事项覆盖度	广州 武汉 成都 南京 西安 杭州 深圳 合肥 福州 长沙
指南准确度	广州 南京 长春 杭州 大连 深圳 宁波 合肥 贵阳 银川

注：按照行政区划排序。

（三）典型示范

近年来，各地区深入贯彻党中央、国务院关于深入推进“互联网+政务服务”的决策部署，立足本地实际，推动顶层设计和基层探索良性互动、有机结合，营造了良好的创新发展氛围，形成了许多具有鲜明特色的体制机制创新和治理模式改革探索。通过发挥先行先进地区示范、突破、带动的“头雁效应”，全面激发了政务服务发展的“群雁活力”，形成了百花齐放、你追我赶之势。

北京市围绕政府数字化转型，以提升企业群众获得感为目标，加快推动以数字服务、数字监管、数字营商为核心的数字政务建设，将区块链、人工智能、大数据等各类数字技术广泛应用于政务服务、公共服务、监管执法、营商环境、接诉即办等领域，线上用户总数达 3970 余万户，97.98%的事项实现“全程网办”，1100 余项事项可在 4 个移动端渠道实现“掌上办”，230 余项服务可在 2832 台自助终端上就近办理，116 项事项和 142 项高频服务线上全国通办，242 项事项“京津冀+雄安”四地通办，引导式办事指南、在线导办、用户空间等个性化服务不断完善，以“网上办、掌上办、自助办、智能办、跨省办”为代表的一体化服务体验持续优化，便民利企的服务能力和服务效率显著提高，为符合首都城市“四个中心”战略定位和“四个服务”要求奠定了基础，极大地提高了首都治理体系和治理能力现代化水平。

上海市持续探索以政务服务“一网通办”、城市运行“一网统管”为代表的城市治理新路径，织密政务服务“一网通办”和城市运行“一网统管”两张网，推动城市治理模式、治理体系的变革。“一网通办”上线全程网办事项超 3000 项，累计办件达 2.26 亿件，较 2018 年增长 26 倍，个人用户达 6700 万个以上，企业用户超过 267 万个，成为政府服务市民、企业的“第一门户”。“一网统管”侧重管理，依托分布在全市的上亿个智能物联终端，每天汇聚、共享、交换超过 10 亿条数据，支撑全市 70 多个部门、200 多个系统、1200 多个应用。

江苏省围绕“审批速度更快捷一点、办事流程更方便一点、解决问题更靠前一点”，持续深化“不见面审批”改革和“一件事”办理模式，推动政务服务“跨省通办”、线上线下融合发展，在全国率先出台促进政务服务便利化条例，打造12345政务服务热线“总客服”，构建全省政务服务一张网，已开设省市县三级161个综合服务旗舰店，设立1311个镇级站点、20963个村级站点，市县乡村政务服务体系实现全覆盖。“苏服办”App已经上线3466个应用，92.5%的审批服务事项网上可办，自然人用户1.3亿个，移动端平均月活跃用户4903.5万个。省内五大银行上线网点数量达到4622个，已上线的240项服务涉及人社、民政、公安等行业部门20个。省政务服务网开通以来，以一项项富有创新性、针对性的改革举措，带来“数据多跑路、群众少跑腿”的喜人变化以及经济韧性和发展动力的不断增强。

浙江省围绕打造“整体智治，唯实惟先”现代政府的总体目标，在基本建成“掌上办事之省”“掌上办公之省”“掌上治理之省”的基础上，坚持“数字浙江”一张蓝图绘到底，率先启动实施数字化改革，推动全面深化改革向广度和深度进军，为高质量发展、建设共同富裕示范区提供强劲动力。推动以“浙里办”为企业和群众办事服务总入口，构建线上线下全面融合的政务服务体系，打通国家部委、省市县319套业务系统，集成1500项便民惠企服务，全省3638个政务服务事项实现无差别受理、同标准办理。充分发挥社会力量，创新政银合作，推动“一网通办”改革成效向偏远地区辐射，向乡镇（街道）、村（社区）延伸，实现“办事不出镇（村）”。通过简表单、减材料、流程再造，优化服务体验，推出100个高频“智能秒办”事项，范围覆盖公积金、医保社保、教育就业、企业开办变更等8大领域。聚焦多部门联办的“一件事”，通过多表合一、串联改并联等流程再造，系统集成、数据共享，推出56个“一件事联办”全流程“最多跑一次”。

广东省以全面深化改革开放为发展主动力，将数字政府建设作为全省创造型引领型改革的首项任务，依托一体化政务服务平台，全省一盘棋推进，打造独具广东特色的系列应用。以优化政务服务助力数字化流程再造，全面推动政务服务能力实现跨越式发展，形成整体联动的数字化治理新格局，提升政府治理能力现代化水平，经过多年发展，广东数字政府改革已经从打基础、优服务的 1.0 阶段进入全面优化提升的 2.0 新阶段。省级政务服务平台集成各地各部门 2400 余项高频事项，200 项高频政务服务实现泛珠九省区“跨省通办”，56 项广东政务服务在港澳地区实现“跨境通办”。实名注册用户超 1.7 亿人，日均访问量 2.9 亿次、业务量 1.3 亿次，在政务服务创新、省域数字化治理、数据开发利用、政府协同运行等方面形成了一批具有示范意义的成果，利企便民服务水平显著提升，为深入推进广东数字政府 2.0 建设奠定了坚实基础。

贵州省作为全国首个国家大数据综合试验区，在西部大开发新格局下，围绕省委、省政府确定的“四新”主攻“四化”主战略，充分发挥数字化驱动引擎作用，依托“一网通办”改革成效，从解决企业群众“办事难、办事慢”等问题出发，秉承“以人为贵、人民至上、百姓为先”的“贵人服务”理念，大力度推进政务数据汇聚应用，深化“一窗通办‘2+2’模式改革”，以数字化能力体系建设为基础，推动政府治理全方位、系统性流程再造和模式优化，推进政府治理体系和治理能力现代化，服务经济社会高质量发展。贵州政务服务平台打通融合国家部委垂管系统平台 14 个，累计完成 41 个；打通省内自建系统 18 个，累计打通自建系统 87 个、数据接口 763 个；实名注册用户 3095 万个，354 种、1.60 亿本证照信息入库，营业执照、身份证等 48 类电子证照共享应用，全年群众办事免交证照 2309 万份。

广州市围绕建设人民满意的服务型政府总目标，高标准统筹数字政府建设，强化全市“一盘棋”布局，构建“整体智治、高效协同”的运行模式，按照“一图统揽、一网共治”的总体治理构想，将数字技术广泛应用于政府决策和管理服务，全面推进城市运行全要素数字化和虚拟化，创新超大城市管理和社会治理模式，在数字政府支撑引领政务服务优化、营商环境升级、超大城市治理等方面不断取得新进展、新突破。

南京市以一体化政务服务平台为抓手，大力推动实施“宁满意”工程，建立权责一致、分工合理、决策科学、执行顺畅、监督有力的管理运行机制，通过“一张清单”亮事项、“一个池子”聚数据、“一套系统”做政务、“一个空间”汇证照、“一个标准”办政务，构建了市、区、镇街三级政务服务网络平台，让企业和群众“登录一张网、查办所有事”。通过深入推动减证便民、建设“宁企通”惠企政策平台，推进“热线整合”，“宁满意”成为社会认可、全国有影响力的政务服务品牌。

杭州市以深化数字化改革为着力点，锚定“最优”目标，积极巩固和拓展“最多跑一次”改革成果，打造更多务实好用的多跨应用场景，切实提升营商环境数字化水平，让市场主体的潜力和活力不断得到释放。全年总办件 728.5 万件，线上办件 653.8 万件，占总办件量的 89.75%，比上年增加 24.87%。电子证照领域，率先实现 21 个部门的 251 项企业办事事项凭营业执照“一照通办”，共计减少企业申报材料 753 件、精简率达 41.57%。

深圳市充分发挥“双区”驱动、“双区”叠加、“双改”示范效应，紧紧围绕“打造国际新型智慧城市标杆和数字中国城市典范”的目标，陆续推出“秒批”“免证办”“全市域通办”等改革措施，不断提升主动、精准、整体式、智能化服务水平。累计实现“秒批”改革事项 350 项，高龄津贴认证等 539 个事项“无感申办”服务。优化电子证照系统和业务系统，大力打造“无实体卡证”城市。“免证办”政务服务模式覆盖企业和群众日常生产生活需用证照 90%以上。

（四）进步较大地区

满足人民对美好生活的向往，是全国一体化政务服务平台建设的出发点和落脚点，让数字化成果惠及全体人民，是政务服务能力提升的题中应有之义。长期以来，受区位环境和发展基础等因素影响，一体化政务服务能力“东强西弱、南强北弱”的情况仍然客观存在。近年来，中西部和经济欠发达地区，积极克服资金不足、人才短缺、基础设施薄弱等不利因素，依托全国一体化政务服务平台的基础和公共支撑能力，以一体化平台放大集约建设效应，有力地提升了平台建设集约化、管理规范化、服务便利化水平。数据显示，2021 年，一体化政务服务能力得到显著提升的地区基本为中西部和经济欠发达地区。

省级政府层面，河北、吉林、福建、山东、河南、湖北、重庆和宁夏 8 个地区由“高”组别升至“非常高”组别，西藏、陕西和甘肃 3 个地区由“中”组别升至“高”组别。重点城市层面，武汉、哈尔滨、成都、贵阳和昆明 5 个地区由“高”组别升至“非常高”组别，西安、太原、呼和浩特、南宁、拉萨和兰州 6 个地区由“中”组别升至“高”组别。

河北省始终坚持以数字化引领政务服务改革，扎实稳步构建省、市、县、乡、村五级贯通，线上线下深度融合的政务服务体系，打造“河北政务服务网”“冀时办”等政务服务河北品牌，开发上线“一件事一次办”“社会主体电子印章”等一批典型数字应用，一体化政务服务水平得到持续提升。

吉林省加强顶层设计，对全省政务服务、数字化建设、营商环境建设等职能进行深度整合，按照“小步快跑、分期实施、持续升级”的理念，坚持打“歼灭战”“攻坚战”，运用数字化思维和信息化手段，构建“全省统筹、省建市用”数字政府建设新模式，一体化政务服务能力持续实现大幅提升。

福建省部署实施“提高效率、提升效能、提增效益”行动，打造“马上就办”政务服务品牌，推进政务服务标准化、规范化、便利化，加快数字政府建设，推行政务服务“一网通办、一窗通办、省内通办、跨省通办”，全力落实减税降费、降本减负等惠企政策，让市场主体在福建投资兴业更快捷、更方便、更易成功，企业和群众的获得感和满意度不断提升。

山东省牢固树立以“人民为中心”的发展思想，坚持整体性思维、数字化引领，全面推进政务服务体系建设，建成省市一体化在线政务服务平台，塑强“爱山东”政务服务品牌，以“一次办好”改革为抓手，聚焦企业和个人“两个全生命周期”，大力推进“一窗受理、一网通办”，深化“双全双百”工程，建设“无证明之省”，努力闯出一条覆盖面广、融合度深、效益效率高、具有山东特点的数字赋能之路。

河南省大力推动系统性重塑行政审批制度、整体性优化政务服务环境，坚持以政务服务“一网通办”、社会治理“一网通管”、政务数据“一网通享”、融资服务“一网通贷”为核心，打造了一系列“豫事一网通”政务服务品牌，推动构建“审批最少、流程最优、体制最顺、机制最活、效率最高、服务最好”的政务服务环境，为企业和群众提供更便捷、高效的服务。

湖北省围绕企业群众高频办事场景，全面梳理切口小、办理频率高的民生事项，推动“关键小事”业务流程再造、并联审批。按照“市州试点、省级定标、全省推广”的模式和标准，2021 年实现 12 项“一事联办”事项全省推广。全省“一事联办”事项上线总数 3467 个，办件量达 94.3 万件，平均办理环节由 4 个减至 1 个、时限由法定的 43 天缩减至 9 天、材料由 16 份减至 8 份、跑动次数由 6 次减至 1 次。

重庆市依托国家政务服务平台服务集成、数据集成优势，充分利用“渝快办”政务服务平台信息资源，围绕群众生产生活，整合市级各部门发放的各类卡码证，以居民身份证号码、统一社会信用代码为索引，关联身份信息、健康信息、社保信息、医保信息、办事信息、个人信息以及电子证照等 7 大类信息，整合证照类型 37 项，实现“多码合一、一码核验”。

宁夏回族自治区以数字政府建设统揽政务服务改革，坚持全区统一规划、统筹建设，强力推进系统打通、业务整合、流程再造，建成区市县乡村五级贯通的宁夏政务服务“一张网”，贯通区市县乡村五级网上政务服务，持续推进政务服务事项标准化和流程最优化，以“我的宁夏”App 为突破口，全面提升宁夏网上政务服务水平。“一张网”已与全区 40 多个行政审批业务系统、1040 个县级以上审批服务机构实现全链接，基本实现“一次认证、全网通办”。

三　区域分析

如图 1 所示，通过对华北、东北、华东、华中、华南、西南、西北七大地理区域的 2021 年各省（区、市）数据的分析得出，华东地区依靠自身的区位优势和改革开放的先发优势，一体化政务服务能力总体指数相对较高，平均值为93.06，继续保持领先地位；华中、华南和西南三个地区紧随其后，总体指数平均值分别为90.27、89.66和89.45；华北和东北两个区域总体指数差距不大，平均值分别为87.51和87.28；西北地区的总体指数相对较低，平均值为80.09。

总体来看，2021年七大区域一体化政务服务能力总体指数均有不同程度提升，呈现东部地区领跑、各区域持续均衡提升的发展态势，极具中国特色的一体化政务服务平台体系正在加速形成。数据显示，东北地区和华中地区聚焦政务服务能力提升，补短板强弱项，政务服务水平持续提升。但受区位环境和发展基础等因素影响，东中西各区域政务服务能力提升所需要具备的基础条件尚存在巨大差异，政务服务能力“东强西弱、南强北弱”的情况仍然存在，与政务服务均等化、普惠化的目标仍有距离。

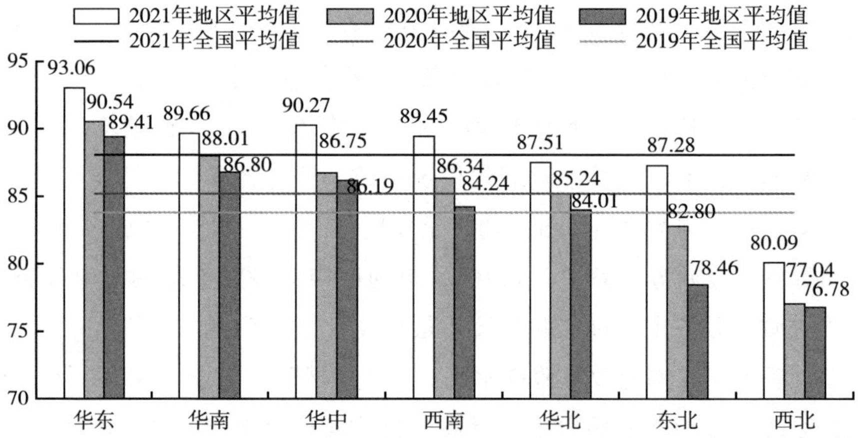

图1　各区域一体化政务服务能力平均值

省级政府层面，如图2所示，一体化政务服务能力指数为“非常高”的地区从2017年的5个地区增加到2021年的16个地区；重点城市层面，如图3所示，一体化政务服务能力指数为“非常高”的地区从2018年的7个地区增加到2021年的12个地区。

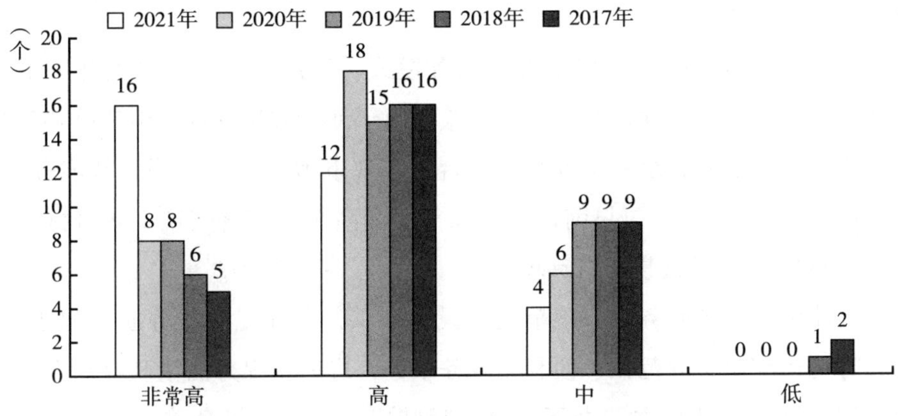

图 2　省级政府一体化政务服务能力年度对比

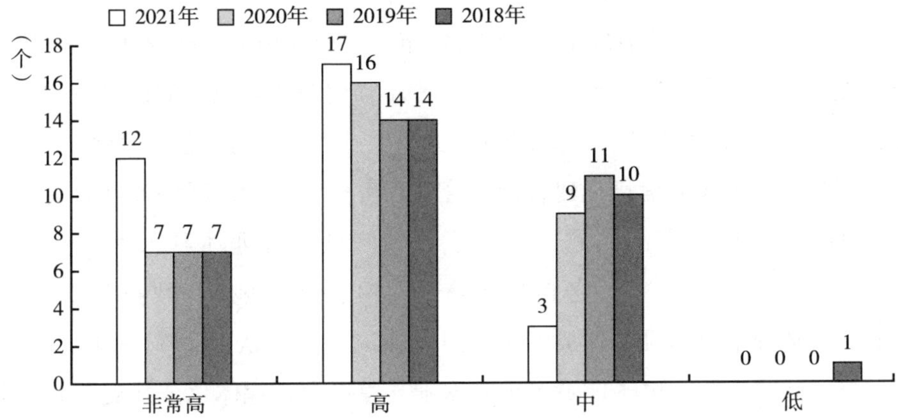

图 3　重点城市一体化政务服务能力年度对比

（一）华北地区

华北地区包括北京市、天津市、河北省、山西省、内蒙古自治区 5 个省级行政单位。数据显示，省级政府层面，北京市和河北省 2 个地区一体化政务服务能力总体指数为“非常高”，其中，北京市连续三年一体化政务服务能力总体指数为“非常高”。河北省一体化政务服务能力总体指数从“高”升至“非常高”。重点城市层面，太原和呼和浩特一体化政务服务能力总体指数从“中”升至“高”。

北京市大力推进“一口申报”服务模式，聚焦重点高频事项开展单一事项业务流程优化，通过数据关联校验、电子证照共享等推动申请材料免提交，优化后全部入驻统一申办受理平台，实现事项“统一申报、智能分派、自动流转、一次办结”。目前，已上线466个高频事项，实现180份材料免提交、3334个字段共享与自动填报。

天津市以政务服务中心规范化建设为抓手，不断提升服务质量和效率，着力打造标准化、规范化、便利化政务服务，进一步提升法治政府建设满意度。2021年，天津设立“办不成事”反映窗口，不断提高政务服务质量和企业、群众满意度。

河北省积极利用社会化、市场化手段提升基层政务服务能力。通过引入市场机制，与中国建设银行在行政村合作布设“政务服务—裕农通”，在社区合作共建“一站式服务共享大厅”，在几乎不需财政资金投入的情况下，建成“政务服务一公里服务圈”，实现群众常办事项不出村、门口办、就近办。

山西省针对政务信息化建设领域管理职责分散、系统网络各自为政、数据共享阻力重重等突出问题，从改革政务信息化管理体制入手，构建起“一局一公司一中心”的政务信息化管理架构。依托一体化政务服务平台，统筹推进基础平台建设，建成了统一门户、统一身份认证、统一事项管理、统一电子证照、统一电子印章等公共基础支撑平台，一体化公共支撑能力全面提升。

内蒙古自治区聚焦群众和企业普遍关注、需求集中的领域，从线上线下两端发力，线上重点推动“一网办、掌上办”，解决网上办事存在的标准不统一、系统不联通、数据不共享、业务难协同的问题。线下着力开展“一次办、帮您办”，通过优化流程，整合环节，提升审批效率。实践活动以来，“四办”工作取得了初步成效。

（二）东北地区

东北地区包括黑龙江省、吉林省和辽宁省3个省级行政单位。东北地区持续深化政务服务事项“一网通办”，全面依托一体化政务服务平台，加快推进“跨省通办”“全程网办”，政务服务标准化、规范化、智能化水平显著提升。数据显示，省级政府层面，吉林省一体化政务服务能力总体指数从“高”升至“非常高”。重点城市层面，哈尔滨一体化政务服务能力总体指数从“高”升至“非常高”。

黑龙江省坚持用改革思维和改革办法优化营商环境，深入推进行政审批信用承诺制改革，在省级层面公布第一批 37 项信用承诺制事项，各市（地）累计公布 1085 项，努力为诚实守信的企业、群众提供极简审批服务。加快建设黑龙江省一体化政务服务平台，努力实现全省政务服务“一网通办”。开设“办事不求人”“投资服务政企通”“政策知晓不求人”等特色专栏，“办好一件事”事项主题集成服务增至 1209 项。

吉林省以数据资源统建、共用、共享为导向，以数据融通共享支撑“互联网+政务服务”为目标，进一步完善数据共享交换体系、全流程审批系统、数据供需对接系统、电子证照共享服务系统等一系列基础平台或系统，形成支撑网上政务服务的强大优势，全流程、跨地区、跨层级的网办能力持续提升。全省全域上线应用全流程审批系统，实现了省市县乡村五级使用一套系统、一个平台进行全流程在线审批，进一步强化对各级各部门政务服务数据的汇聚、流转、分析和监管。

辽宁省全力推进“一网一门一次”“只提交一次材料”“一件事一次办”改革，全省政务服务实际网办率达到 75% 以上，919 个“高频刚需”事项实现“掌上办、指尖办”，132 个事项实现“跨省通办”。在全省 2145 个政务服务中心推行标准化建设，实行“首问负责制”“容缺受理制”“一次告知制”等制度；在乡镇（街道）、金融网点打造 2246 个“一站式”便民服务站，推动群众办事“就近办”。

（三）华东地区

华东地区包括上海市、江苏省、浙江省、安徽省、福建省、江西省和山东省 7 个省级行政单位。数据显示，2021 年华东地区一体化政务服务能力总体指数继续领跑全国，省级政府层面，上海市、江苏省、浙江省、安徽省、福建省和山东省 6 个地区一体化政务服务能力总体指数为“非常高”。其中，福建省和山东省一体化政务服务能力总体指数从“高”升至“非常高”。重点城市层面，南京、杭州、青岛、宁波和合肥 5 个地区一体化政务服务能力总体指数为“非常高”。

上海市聚焦高频事项，对于复杂情形，“一网通办”平台为企业和群众提供“个性指南+智能申报”的全过程智能办理辅助的“好办”服务；对于简单情形，提供“3 分钟填报、零材料提交”的极简易用“快办”服务。“一网通办”平台已上线全程网办事项 3065 项，占全部政务服务事项的 87%，网办办件已超 3750 万件，实际办件网办比例超 80%。

江苏省在全省范围内实施涉企经营许可事项全覆盖清单管理，对 535 项涉企经营许可事项按照直接取消审批、审批改为备案、实行告知承诺、优化审批服务等四种方式推进改革，同时在自贸试验区加大改革试点力度，对 69 项涉企经营许可事项分类实施“证照分离”改革，破解“准入不准营”的难题。

浙江省推动以“浙里办”为企业和群众办事服务总入口，构建线上线下全面融合的政务服务体系，围绕个人出生到死亡、企业准入到退出两个“全生命周期”，打通国家部委、省市县 319 套业务系统，集成 1500 个便民惠企服务，全省 3638 个政务服务事项实现无差别受理、同标准办理。

安徽省依托全国一体化政务服务平台，以集约高效的平台支撑，大力推广“智慧政务”应用，拓展“一源五端”服务渠道，着力构建“皖事通办”服务体系，全省统一的“皖事通”移动端接入服务近 1 万项，最高日活跃用户 1000 万人，累计装载量超过 1 亿次，总访问量超过 100 亿次。

福建省始终把服务部门、服务全局作为出发点，把服务民生、服务基层作为落脚点，积极开展网上政务服务应用创新，大力推进“省内通办”“跨省通办”，整合各级政务服务资源，形成全省政务服务“一张网”，全力打造能办事、快办事、办成事的“便利福建”。

江西省按照全省统一架构、多级联动建设模式，统一建设移动政务服务

“赣服通”平台的前端入口和后台系统，全省 11 个设区市分厅和 100 个县级分厅全部上线运行，实现省市县三级掌上政务服务全覆盖。各级分厅按照统一标准对本地区各级各类移动政务服务应用进行规范管理，“赣服通”共上线 6800 余项服务，36 个省级部门 116 个数据孤岛全部打通，基本实现江西移动政务服务“一张网”。

山东省依托“一库一平台、一码一卡包”的全省一体化电子证照应用体系，通过直接取消、告知承诺、电子亮证、数据共享等方式，推动企业群众材料免提交、办事无证明。2021 年以来，全省共取消各类实体证明 1560 余类，涉及 4330 余个事项，减少提交证明次数 2160 余万次。比如，电子亮证方面，推动电子身份证等 150 类高频证照的全面应用，打造了电子身份证进公园景区、借阅图书，老年人电子优待证乘公交等服务场景，电子证照服务 2.8 亿余次。

（四）华中地区

华中地区包括河南省、湖北省、湖南省 3 个省级行政单位，具有全国东西、南北四境的战略要冲和水陆交通枢纽优势，起着承东启西、连南望北的作用，对加快产业转型升级，延伸产业和服务链，形成带动区域发展的增长节点有着天然优势，在我国新一轮全方位开放中地位重要，发展势头强劲。数据显示，省级政府层面，河南省和湖北省一体化政务服务能力总体指数从“高”升至“非常高”。重点城市层面，武汉市一体化政务服务能力总体指数从“高”升至“非常高”。

河南省充分发挥省一体化政务服务平台枢纽作用，统筹归并网上办事入口，统一建立用户库，实现网上办事“一次注册、多点互认、全网通行”。同时，加大政务服务办事环节精简和流程再造力度，推动数据共享、证照互认，提升政务服务事项网上办理深度和全环节覆盖度，提供申请受理、审查决定、结果送达等全流程网上服务，推动更多事项“全程网办”、好办易办。

湖北省以事项为主线推进全省政务信息系统打通，全省 53 个省垂系统、

30个省直系统、118个市州自建系统打通率分别为98.1%、100%、100%。依托省政务服务网、"鄂汇办"App，建设"一人一档""一企一档"，全面归集企业和个人名下证照、证明等材料，推进高频事项"免证办"，实现51本高频证照"免提交"。

湖南省结合工作实际，不断补齐政务服务的短板，重点加快推进系统对接，努力形成全省"系统通、业务通、数据通"体系。扎实推动政务服务流程再造，充分利用知识图谱、人工智能等新技术，全面赋能政务服务效率提高，切实做好"一次告知、一次表单、一次联办、一次办好"。加快推动电子证照场景化应用，构建证照可用、过程可信、一码通办的全省用证体系，优先推动长株潭电子证照互认共享。

（五）华南地区

华南地区包括广东省、广西壮族自治区和海南省3个省级行政单位。数据显示，华南地区一体化政务服务能力总体指数持续保持较高水平，省级政府层面，广东省一体化政务服务能力总体指数为"非常高"，重点城市层面，广州市和深圳市一体化政务服务总体指数为"非常高"，南宁市一体化政务服务总体指数从"中"升至"高"。

广东省在全国率先启动数字政府改革，聚焦优化政务服务数字化流程再造，建机制、打基础、推应用，全面推动政务服务能力实现跨越式发展，省级政府一体化政务服务能力连续多年全国领先，推动营商环境持续优化、治理体系和治理能力现代化水平不断提升。

广西壮族自治区以数字政务一体化平台为主体，依托"广西政务"和"智桂通"App，可以"掌上办理"超过730个便民服务；建成全区统一企业电子印章公共服务平台，为广西3189家企业颁发了1.6万枚电子印章，在政务服务、公共服务、社区服务等场景提供电子印章签章服务；在惠企惠民政策兑现平台累计发布3063条惠企惠民政策，提供智能推荐功能和企业专属空间网页服务，为企业提供"一站式"政策兑现服务；依托政务数据资源优势，不断优化升级自治区共享交换平台，汇聚政务数据总共超过56

亿条，为政务服务事项办理提供充分便利。

海南省整合了海南省政务服务网、“码上办事”移动端、线下政务综合窗口和自助机终端，统一以“海易办”平台对群众和企业提供服务。能实现1330个省级政务服务事项、7079个市县级政务服务事项的“掌上办理、掌上进度查询、掌上评价”；支持身份证、驾驶证、结婚证等高频证照亮证；具备智能快办、一件事一次办、全省通办、公共服务等特色服务，实现对企业和群众办事的政务服务一体集成。

（六）西南地区

西南地区包括重庆市、四川省、贵州省、云南省和西藏自治区5个省级行政单位。数据显示，省级政府层面，重庆市、四川省和贵州省3个地区的一体化政务服务能力总体指数为“非常高”。其中，四川省和贵州省连续多年处于“非常高”组别，继续保持较高的服务能力，重庆市一体化政务服务能力总体指数由“高”升至“非常高”，西藏自治区一体化政务服务能力总体指数由“中”升至“高”。重点城市层面，成都市、贵阳市和昆明市3个城市一体化政务服务能力总体指数由“高”升至“非常高”，拉萨市一体化政务服务能力总体指数由“中”升至“高”。

重庆市政务数据和电子证照数据共享互认作为推动“扫码办”“码上办”的前提条件和关键环节，积极推动“一企一档”“一人一档”数据库建设。目前“一企一档”库已归集15个部门35类3200余万条涉企数据，提供了电子营业执照、食品卫生许可证、企业信用红黑名单、企业纳税信用登记等数据的共享互认，可支撑638项涉企事项办理。“一人一档”数据库已归集公安、民政、人力社保、卫生健康、司法、残联等6个部门9类个人数据超过1.1亿条，为律师职业许可、生育服务登记等事项办理提供了数据共享互认支撑。

四川省将“一网通办”前提下的“最多跑一次”改革作为深化“放管服”改革的重要突破口和“一把手”工程强力推进。以打破数据孤岛和数据壁垒为核心，推动省直部门自建业务系统、国家垂管系统与省一体化政务服务平台深度对接。目前，已对接省直部门自建业务系统 40 个，完成率 100%；对接国家垂管系统 46 个，完成率 91.5%；所有事项实现服务入口统一，90%的事项实现办件数据汇聚、结果可查可验。

贵州省印发《贵州省深化政务服务“一窗通办”改革推行“2+2”模式工作方案》，按照“前台综合受理、后台分类审批、综合窗口出件”的形式，按“自然人+法人（含非法人组织）、咨询+投诉”设置窗口，实现“咨询、辅导、审批、评价”的闭环管理。

云南省全面实施市场准入负面清单制度，全面推行企业开办“一窗通”，实现企业开办“一表申请、一窗发放”，企业开办时间压缩至 1 个工作日内。此外，全面实施“证照分离”改革，改革涉及的 344 个事项中，直接取消审批 51 项、审批改备案 10 项、实行告知承诺 33 项、优化审批服务 250 项。

西藏自治区对标先进省市，持续优化升级自治区一体化政务服务平台，为实现全区政务服务“一张网”和“一网通办”奠定了坚实基础。完成了 29 个系统建设，平台业务覆盖全区 45 家委办厅局、7 个地市、74 个县区、6154 个乡镇（街道）和村居。系统深度融合对接积极推进，已完成 27 个国家部委 41 个垂建系统的对接工作，努力推动 12 家区直单位 26 个自建系统对接 373 项政务服务事项。

（七）西北地区

西北地区包括陕西省、甘肃省、青海省、宁夏回族自治区、新疆维吾尔自治区和新疆生产建设兵团 6 个省级行政单位。数据显示，省级政府层面，宁夏回族自治区一体化政务服务能力总体指数从“高”升至“非常高”，陕西省和甘肃省一体化政务服务能力总体指数从“中”升至“高”。重点城市层面，西安市和兰州市一体化政务服务能力总体指数从“中”升至“高”。

陕西省立足政务服务供给侧结构性改革，深入推进数字政府建设，通过政银合作，以政务信息资源共享、协同联动审办流程为突破口，加快建设陕西省一体化政务服务平台，构建了以移动端、PC 端、自助端、大厅端和

12345 热线、“好差评”系统为主体的“四端一线一评价”线上线下立体化服务网络，形成了贯通省、市、县、乡、村的五级联动服务体系，在各级政府部门与企业、群众间架起一座互联互通的数字桥梁。

甘肃省作为西部欠发达省份，克服数字政府建设方面的缺资金、缺人才、缺技术等诸多困难，坚持全省“一盘棋”推进思路，着力强化省级统筹，打破省市分建的传统模式，省级统筹建设全省统一的一体化政务服务能力平台，从根本上解决数据不同源、数据难共享和标准不统一、办理不协同、过程难监管等问题，打造了“甘快办”“不来即享”“小兰帮办”等多个服务品牌，推动办事便利化水平有效提升。

青海省打造全省政务服务“一网通办”总门户，面向公众和企业提供网上申报、网上预审、网上办理等政务服务应用，持续推动更多政务服务事项网上办。同时，推动各类市场主体登记注册、社保、医疗、居住、婚育以及低保信息查询、高考成绩查询、水电暖缴费、疫情防控等覆盖范围广、社会关注度高的政务服务事项“掌上办”，为企业和群众提供多渠道、便利化的移动服务。

宁夏回族自治区加速构建全区共性应用支撑体系，初步形成了全区统一的身份认证、政务服务事项管理、电子证照、电子签章、公共支付、“好差评”、投诉反馈、空间地理信息、社会信用等 9 个共性应用支撑体系，以共性应用支撑为基础条件，全面推进政务系统对接融合，打破系统孤岛、信息烟囱，为提升全区信息化能力、集约集成奠定了基础。

新疆维吾尔自治区依托全国一体化政务服务平台，牵头联合陕西省、青海省、甘肃省和新疆生产建设兵团成立了“跨省通办 · 丝路通办”合作联盟。全区涵盖医保社保、住房公积金、企业设立等 154 个高频服务事项，实现“丝路通办”，产生办件 6 万余件，好评率超 99%；92 个事项实现“区内通办”，产生办件 4. 1 万余件，好评率超 99%。

新疆生产建设兵团着力推动窗口与网上办事一体融合、前台“一窗受理”与后台“分头办理”一体融合、大厅集中服务与街道社区就近办理一体融合，全力打造“线上零跑路、线下跑一次”的政务服务新体系。兵团一体化平台各师站点全部开通，推进公共服务“网上办、零见面”，26 项涉企证照事项实现“多证合一”，营商环境进一步优化。

四　指数分析

（一）总体指数

2021 年度省级政府一体化政务服务能力总体指数平均值为 88. 07，一体化政务服务能力总体指数和 5 项分项指数均有不同程度提高。5 项一级指标中，指南准确度指数相对较高，平均值为 93. 00；方式完备度和事项覆盖度指数次之，平均值分别为 91. 23 和 89. 10；办理成熟度和服务成效度指数相对较低，平均值分别为 85. 42 和 84. 63。详见图 4。

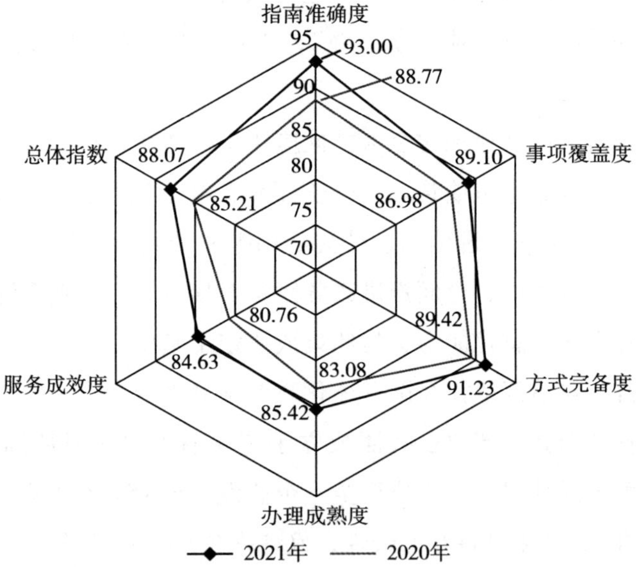

图 4　省级政府一体化政务服务能力一级指标指数

重点城市方面，2021 年度重点城市一体化政务服务能力总体指数平均值为 88. 51，一体化政务服务能力总体指数和 5 项分项指数均有不同程度提高。5 项一级指标中，指南准确度指数相对较高，平均值为 93.98；办理成熟度和方式完备度指数次之，平均值分别为 90.54 和 88.86；事项覆盖度和服务成效度指数相对较低，平均值分别为 87.02 和 83.93。详见图 5。

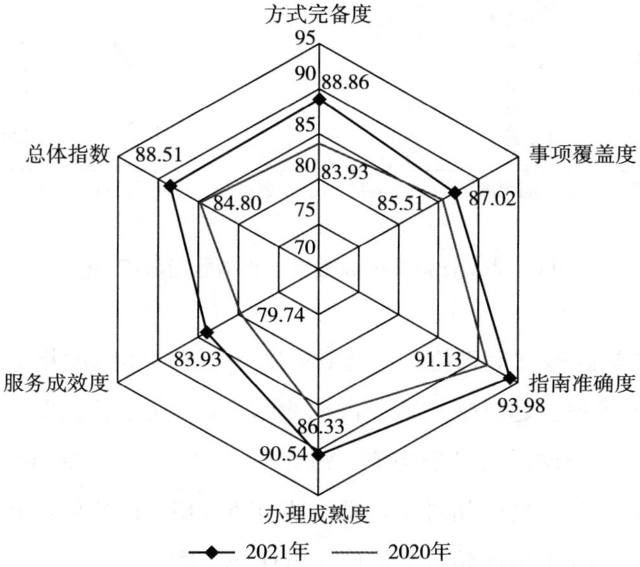

图 5　重点城市一体化政务服务能力一级指标指数

（二）服务成效度

如图 6 所示，省级政府层面，“好差评”管理体系指标指数平均值为 85.12，20 个地区超过平均值，占比 62.50%；用户使用度指标指数平均值为 79.65，15 个地区超过平均值，占比 46.88%；用户体验度指标指数平均值为 86.32，20 个地区超过平均值，占比 62.50%；服务满意度指标指数平均值为 85.25，17 个地区超过平均值，占比 53.13%；服务便利化指标指数平均值为 84.67，20 个地区超过平均值，占比 62.50%；特色创新指标指数平均值为 86.57，17 个地区超过平均值，占比 53.13%。

如图 7 所示，重点城市层面，“好差评”管理体系指标指数平均值为

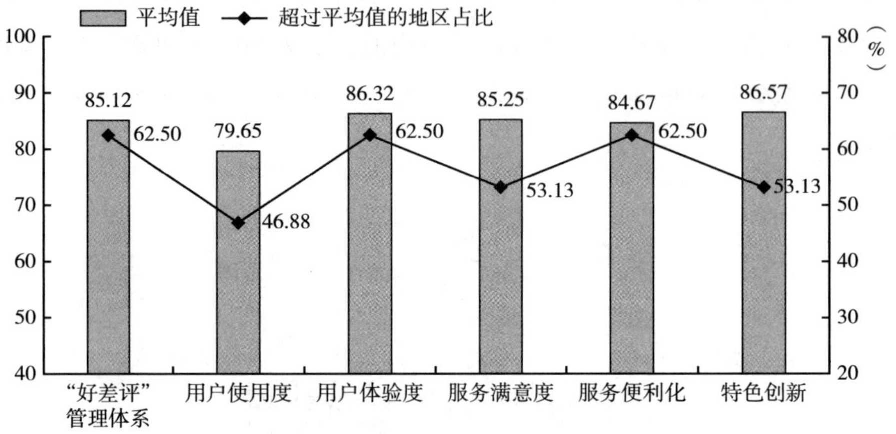

图 6　省级政府服务成效度二级指标指数平均值

85.99，19 个地区超过平均值，占比 59.38%；用户体验度指标指数平均值为 84.94，18 个地区超过平均值，占比 56.25%；服务满意度指标指数平均值为 82.12，17 个地区超过平均值，占比 53.13%；服务便利化指标指数平均值为 82.86，17 个地区超过平均值，占比 53.13%；特色创新指标指数平均值为 84.50，18 个地区超过平均值，占比 56.25%。

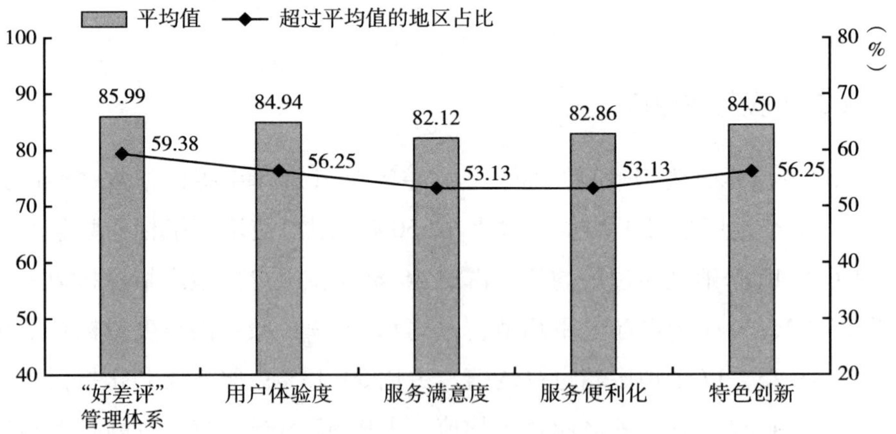

图 7　重点城市服务成效度二级指标指数平均值

（三）办理成熟度

如图 8 所示，省级政府层面，事项办理深度指标指数平均值为 85.06，18 个地区超过平均值，占比 56.25%；数据共享指标指数平均值为 84.07，14 个地区超过平均值，占比 43.75%；协同办理指标指数平均值为 94.35，23 个地区超过平均值，占比 71.88%；统一身份认证指标指数平均值为 83.52，18 个地区超过平均值，占比 56.25%；统一电子证照指标指数平均值为 80.54，15 个地区超过平均值，占比 46.88%；应用支撑指标指数平均值为 89.39，22 个地区超过平均值，占比 68.75%。

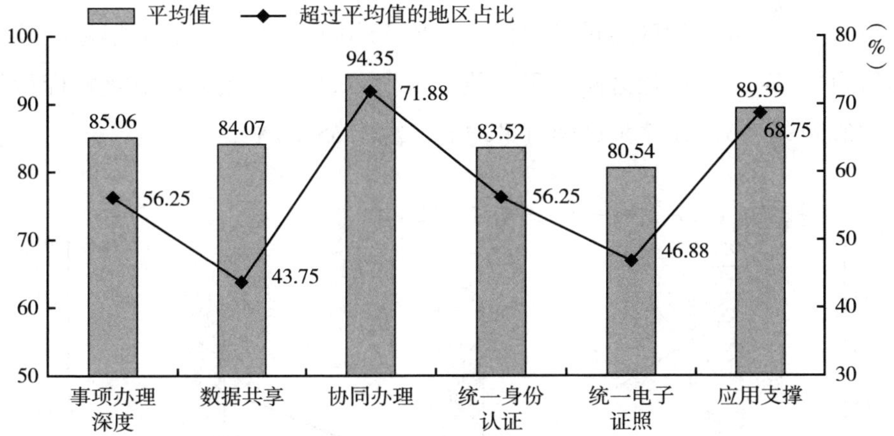

图 8　省级政府办理成熟度二级指标指数平均值

如图 9 所示，重点城市层面，事项办理深度指标指数平均值为 92.56，19 个地区超过平均值，占比 59.38%；协同办理指标指数平均值为 90.31，18 个地区超过平均值，占比 56.25%；统一身份认证指标指数平均值为 89.60，15 个地区超过平均值，占比 46.88%。

（四）方式完备度

如图 10 所示，省级政府层面，政务服务“一张网”建设指标指数平均

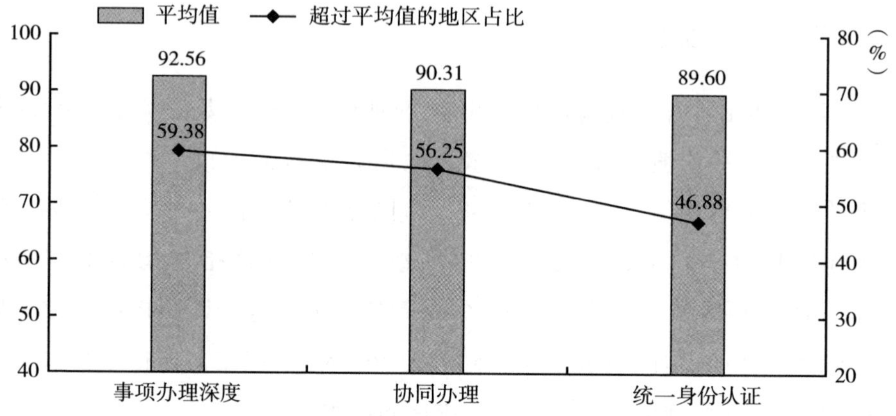

图 9　重点城市办理成熟度二级指标指数平均值

值为 95.46，24 个地区超过平均值，占比 75.00%；移动端服务指标指数平均值为 87.74，15 个地区超过平均值，占比 46.88%；服务规范化指标指数平均值为 90.66，21 个地区超过平均值，占比 65.63%。

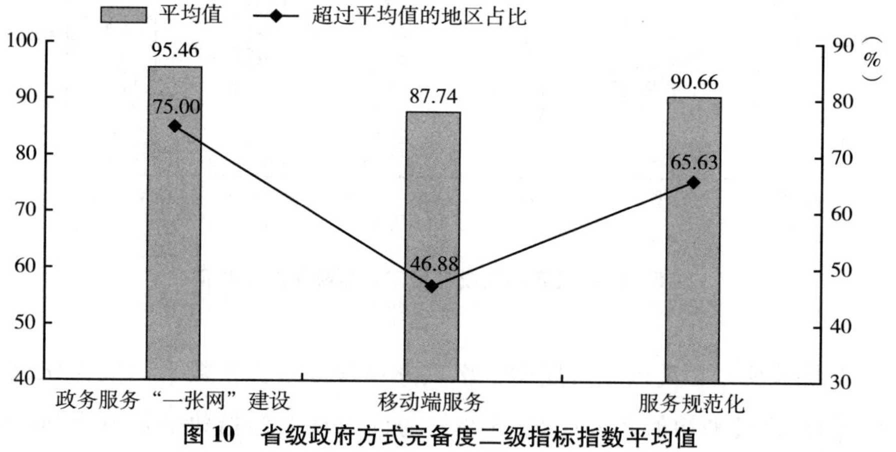

图 10　省级政府方式完备度二级指标指数平均值

如图 11 所示，重点城市层面，政务服务“一张网”建设指标指数平均值为 97.50，30 个地区超过平均值，占比 93.75%；移动端服务指标指数平均值为 82.31，19 个地区超过平均值，占比 59.38%；服务规范化指标指数平均值为 87.30，19 个地区超过平均值，占比 59.38%。

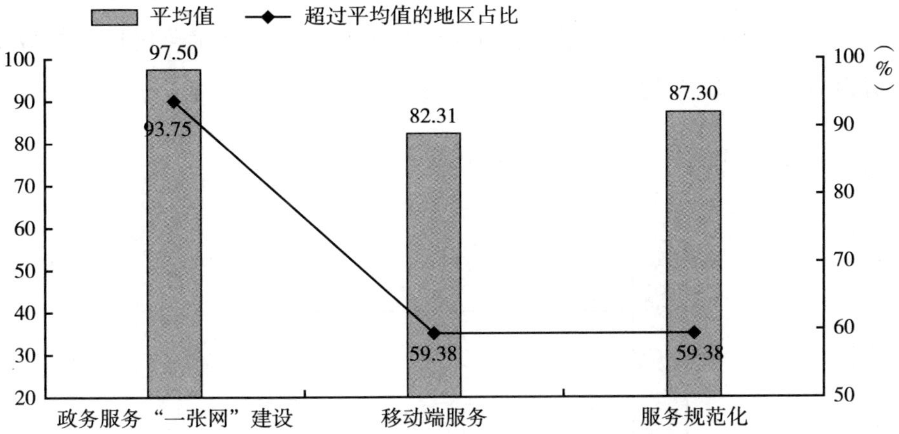

图 11　重点城市方式完备度二级指标指数平均值

（五）事项覆盖度

如图 12 所示，省级政府层面，服务事项动态化指标指数平均值为 89. 01，19 个地区超过平均值，占比 59. 38%；服务事项标准化指标指数平均值为 89. 31，21 个地区超过平均值，占比 65. 63%。

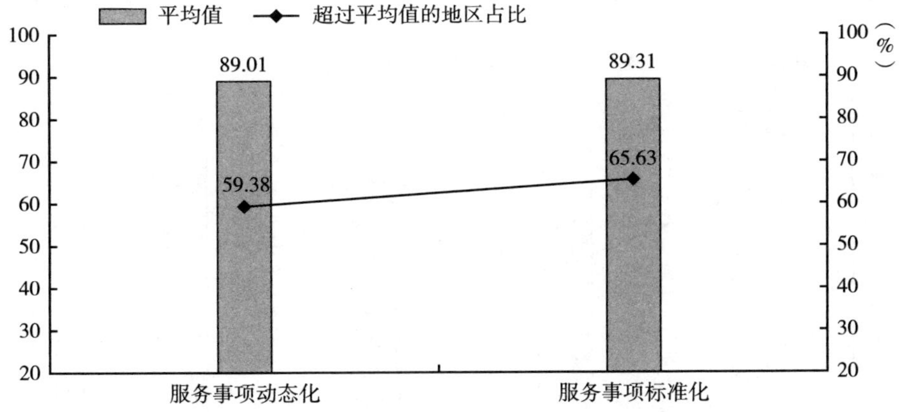

图 12　省级政府事项覆盖度二级指标指数平均值

如图 13 所示，重点城市层面，服务事项动态化指标指数平均值为 85. 39，22 个地区超过平均值，占比 68. 75%；服务事项标准化指标指数平均值为 90. 81，22 个地区超过平均值，占比 68. 75%。

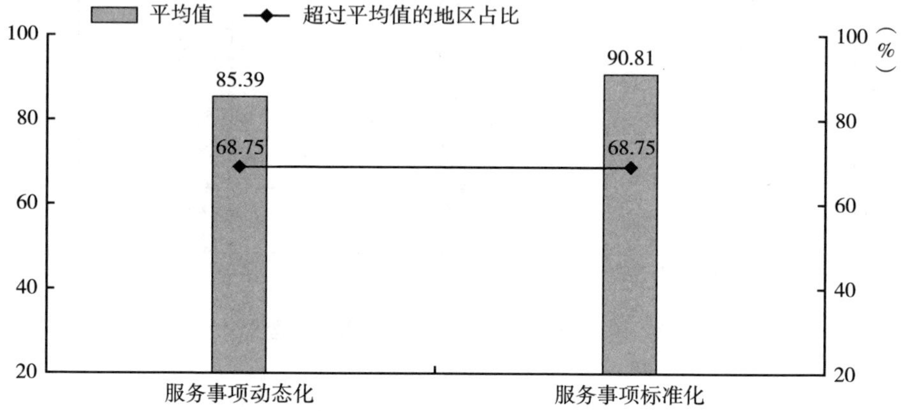

图 13　重点城市事项覆盖度二级指标指数平均值

（六）指南准确度

如图 14 所示，省级政府层面，基本信息指标指数平均值为 95. 96，25 个地区超过平均值，占比 78. 13%；申请材料指标指数平均值为 93. 27，19

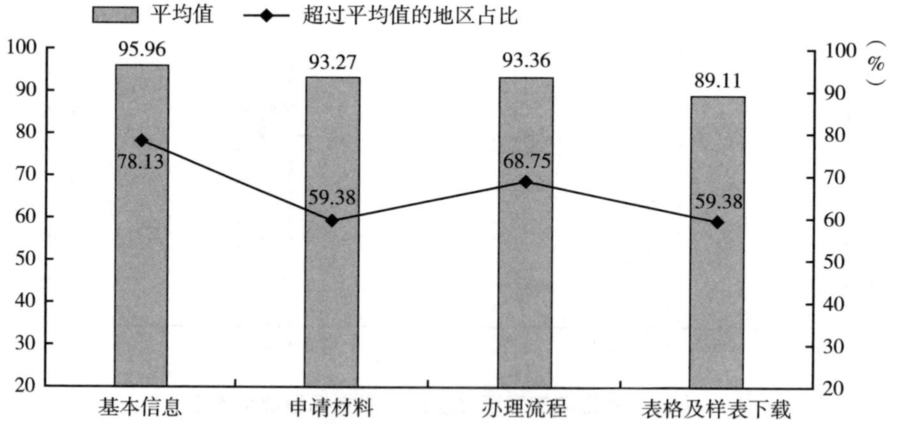

图 14　省级政府指南准确度二级指标指数平均值

个地区超过平均值，占比 59. 38%；办理流程指标指数平均值为 93. 36，22 个地区超过平均值，占比 68. 75%；表格及样表下载指标指数平均值为 89. 11，19 个地区超过平均值，占比 59. 38%。

如图 15 所示，重点城市层面，基本信息指标指数平均值为 97. 49，27 个地区超过平均值，占比 84. 38%；申请材料指标指数平均值为 95. 08，23 个地区超过平均值，占比 71. 88%；办理流程指标指数平均值为 92. 74，23 个地区超过平均值，占比 71. 88%；表格及样表下载指标指数平均值为 90. 07，19 个地区超过平均值，占比 59. 38%。

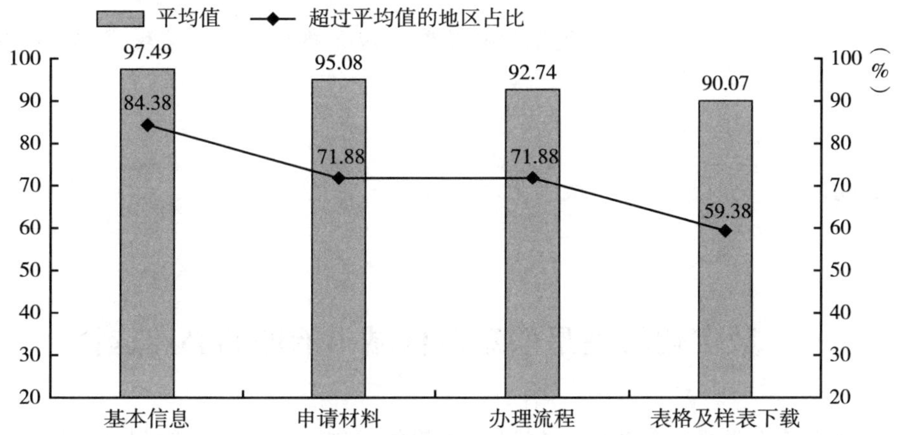

图 15　重点城市指南准确度二级指标指数平均值

B.5

大力推行城市运行“一网统管”

中国城市治理数字化转型报告课题组*

摘　要： 运用数字化技术赋能城市治理，是系统提升城市风险防控能力和精细化管理水平的重要途径，是助力构建城市发展新格局的有效支撑，也是提升城市品质，增强居民获得感、幸福感、安全感的使命担当，对促进城市高质量发展、推进城市治理现代化具有重要意义。

关键词： “一网统管”　城市治理　数字化转型

一　数字化转型是信息时代城市治理的必然选择

城市是人类文明的坐标。经过几千年的发展，城市在组织制度、社会结构、空间布局、生活形态等众多方面发生了革命性转变。科学技术的广泛应用，促使了城市从传统到现代的革命性转变，带来了城市爆炸式发展。技术进步和城市发展，形成了互相促进的正反馈机制，共同促进了人类社会的进步。但与此同时，随着城市人口数量快速增长和城市人口密度的持续攀升，城市的资源承载能力受到极大考验。城市空间无序开发、城市管理效率不高、城市服务供给不足的矛盾日益凸显，城市发展面临着交通、住房、环境、资源等问题的挑战，急需新的城市治理模式。

---

* 课题组组长：王益民，博士，研究员，中央党校（国家行政学院）信息技术部主任、电子政务研究中心主任，国家电子政务专家委员会副主任。课题组成员：杨瑞凯、魏华、陈金助、白卫肖、王平、王彬、隋心。

党的二十大制定了中国式现代化发展的宏伟蓝图，对建设网络强国、数字中国，构建社会治理新格局作出了战略部署，城市是新发展格局的重要载体，推进城市治理现代化，数字化转型是关键路径。近年来，全国范围内城市治理数字化转型如火如荼，模式不断创新，成果不断显现。无论是北京推行的“街乡吹哨，部门报到”，还是广东推行的省域数字化治理，背后的逻辑无一不是通过技术和制度的双轮驱动，让治理和服务重心向基层下移，推动城市管理手段、管理模式、管理理念创新。实践表明，运用数字化技术赋能城市治理，是系统提升城市风险防控能力和精细化管理水平的重要途径，是助力构建城市发展新格局的有效支撑，也是提升城市品质，增强居民获得感、幸福感、安全感的使命担当，对促进城市高质量发展、推进城市治理现代化具有重要意义。

二 “一网统管”是中国式现代化城市治理模式探索

党的二十大报告提出，提高城市规划、建设、治理水平，加快转变超大特大城市发展方式，实施城市更新行动，加强城市基础设施建设，打造宜居、韧性、智慧城市。“十四五”规划提出，要顺应城市发展新理念新趋势，提升城市智慧化水平，推行城市运行“一网统管”。

住建部2021年12月发布《关于全面加快建设城市运行管理服务平台的通知》（建办督〔2021〕54号），将“一网统管”定义为城市运管服务的信息化平台，围绕城市运行安全高效健康、城市管理干净整洁有序、为民服务精准精细精致，以物联网、大数据、人工智能、5G移动通信等前沿技术为支撑，整合城市运行管理服务相关信息系统，汇聚共享数据资源，加快现有信息化系统的迭代升级，全面建成城市运管服平台，加强对城市运行管理服务状况的实时监测、动态分析、统筹协调、指挥监督和综合评价，不断增强人民群众的获得感、幸福感、安全感；上海市2020年发布的《上海市城市运行“一网统管”建设三年行动计划（2020—2022年）》提出：通过运用大数据、云计算、区块链、人工智能、物联网等现代信息技术，对城市生命体进行数字孪生，实现态势全面感知、趋势智能预判、资源统筹调度、行动人机协同，带动城市治理由人力密集型向人机交互型转变，由经验判断型向数据分析型转变，由被动处置型向主动发现型转变，赋予城市更多的“自我感知”“自我判断”“自我调整”能力；广东省2021年6月发布的《广东省数字政府省域治理“一网统管”三年行动计划》提出：充分依托全省一体化数字政府基础底座，围绕经济调节、市场监管、社会管理、公共服务和生态环境保护五大职能，优化管理体系和管理流程，构建横向到边、纵向到底、全闭环的数字治理模式，实现省域范围“一网感知态势、一网纵观全局、一网决策指挥、一网协同共治”。

“一网统管”是坚持以人为本、为人民服务，通过流程变革、技术支撑、线上线下协同，利用智能化的手段和实时在线的数据解决城市治理的各种复杂问题，围绕“高效处置一件事”横向整合各委办局，纵向拉通区、街镇，进行高位管理、协调、拉通的治理体系，有助于全面提升城市“智治力”。

（一）统筹数字底座，打造城市数字能力

2022年4月，中央财经委员会第十一次会议指出，要“加快新型基础设施建设”“加强信息、科技、物流等产业升级基础设施建设，布局建设新一代超算、云计算、人工智能平台、宽带基础网络等设施，推进重大科技基础设施布局建设”，作为新型基础设施建设的关键组成部分，数字基础设施建设的优化发展对数字经济和数字政府建设具有重要意义。数字基础设施功能、结构的优化和发展能够赋能城市治理，为城市治理数字化转型提供关键支撑和创新动能。

“一网统管”目标的实现依赖于城市治理各领域中的信息数据和生产系统。这要求数字基础设施至少具备城市运行感知能力、城市网络联结能力以及城市云平台支撑能力。“一网统管”目前正处在从业务领域型向综合平台型转变的阶段，主要表现为以城市运行管理中心为载体、以综合平台为支撑、以组织机制为保障、以数据驱动为基础，强化各地各部门业务协同联

动，强调数据运营服务和规范数据采集，以“大平台”推动“大治理”，进一步提升城市治理能力和治理水平。

（二）解决堵点问题，高效处置城市事件

“一网统管”作为一种跨领域的智慧应用，以高效处置一件事为目标，以智能和协同为核心手段，提升治理能力，是城市治理体系和治理能力现代化探索中的一种创新实践模式。该模式以智慧化决策能力及全局性管理能力为着眼点，实现城市数据大融合、业务大协同、系统总集成、决策总指挥、运营总中枢、服务总平台，是解构、描述、认识城市物理世界的新型系统。

城市运行“一网统管”模式作为数字政府建设的重要组成部分，能够通过调动城市公共管理、公共安全和公共服务过程中的多元主体参与，并对在线数据进行分析，及时、精准地发现问题、对接需求、研判形势、预防风险，在治理活动的最低层级、最早时间，以相对最小成本，解决突出问题，取得最佳综合效应，实现线上线下协同高效处置一件事，实现更高效的治理，解决了城市治理中的堵点、盲点，构建并巩固了人与人、人与环境之间的和谐关系，提高了人民群众的获得感、幸福感、安全感。

（三）创新治理模式，建立健全管理机制

管理体制改革的主要任务是着力转变职能、理顺关系、优化结构、提高效能，形成权责一致、分工合理、决策科学、执行顺畅、监督有力的行政管理体制，建设服务型政府，通过改革，提供优质公共服务，实现行政运行机制和政府管理方式向规范有序、公开透明、便民高效的根本转变，建设人民满意的政府。习近平总书记在党的十九大报告中指出，深化机构和行政体制改革，要统筹考虑各类机构设置，科学配置党政部门及内设机构权力、明确职责。转变政府职能，深化简政放权，创新监管方式，增强政府公信力和执行力，建设人民满意的服务型政府。

“一网统管”不仅是一种技术手段，更是一种能够推动管理体制改革的新型治理模式。该模式以打造全域“一盘棋”的建设格局为目标，强调构

建横向到边、纵向到底的运行机制以及增强统筹和协调能力，传统的部门业务各自为政的模式在“一网统管”背景下亟须改变。从目前实践的角度来看，“一网统管”的建设应至少构建市、县（市、区）、镇（街道）三级平台，以城市运行管理中心为载体，实现城市运行的态势感知、运行监测、决策支持、联动指挥，为市、县（市、区）、镇（街道）、村（社区）和网格五级用户业务运行和业务创新提供统一支撑，能够形成“基层治理—市域治理—省域治理”的格局。

（四）建设集约平台，推动业务流程再造

政务流程再造强调将传统以政府职能为中心的行政模式转变为以政府客户为中心的行政模式，运用现代公共行政学理论和信息技术手段，对政府部门的业务流程作根本性的思考和彻底重建，其目的是在办事效率、行政效能、行政成本、行政能力和公共服务等方面取得显著的进步，使得政府部门能最大限度地适应行政管理体制改革的要求。传统的政务数据受技术水平的限制而无法实现整体化的互联互通，业务只能在按地理位置和人力分配的多个部门间流动，流程复杂且分散，增加了交接环节，降低了工作效率。城市管理领域业务繁多，复杂频繁的跨部门协作促使其依托模式、技术、事件等多方因素驱动政务流程再造，“一网统管”模式是推动城市治理业务流程再造的有益探索。

“一网统管”已经从探索阶段进入全面建设阶段，打造基于数据汇聚、系统整合、场景应用的“线上一张网”，以信息流推动管理流，统一不同部门管理执法规范标准、整合全部门资源力量，高效处置跨部门、跨层级重点事件的“线下一张网”，将在一个端口上全息全景地呈现城市治理要素、对象、过程、结果等各类信息，在一个平台上对城市治理各类事项进行集成化、协同化、闭环化处置。这就对传统的政府部门的事件处置发起了挑战，为了实现技术手段的智能管理和高效处置、智慧精准预警预判预防风险隐患的目标，“一网统管”将倒逼政务业务流程再造目标的实现。

三 “一网统管”以制度创新与技术创新双轮驱动作为主要思路

“一网统管”是通过流程变革、技术支撑、线上线下协同，不断提升城市的“智治力”。“一网统管”是针对城市治理当中的关键问题，围绕“高效处置一件事”的目标，形成横向整合政府各委办局，纵向拉通各区、各街镇，有效进行统筹管理和跨部门协作的现代化城市治理体系。

围绕业务体系、技术平台体系和运行与保障体系，建立健全“一网统管”总体框架，打造多维聚力、全面发展的城市治理数字化框架体系，助力城市政府治理体系和治理能力现代化水平提升。

（一）业务体系：横向协同、纵向联动

业务体系聚焦城市运行、城市管理、经济监管、社会治理、应急管理五大领域，按照业务横向协同、纵向联动建设思路，开展业务场景创新，打造具有品牌效应的智慧应用，全面实现城市运行更稳健、社会治理更多元、应急管理更敏捷、城市管理更精细、市场监管更实时的建设目标，打造协同治理新格局，进一步完善城市治理体系，推进城市精准化治理。

（二）技术平台体系：智能+协同，高效处置一件事

构建“一网统管”技术平台体系，推进城市数字底座和智能应用建设，全面支撑业务创新及各类应用场景建设。

智能交互：打破条块分割、单部门内循环模式，以业务协同为主线，以数据共享交换为核心，运用具有超强运行能力、横向联通、纵向贯通的系统，实现城市治理业务全覆盖、流程全贯通。

智能联结：面向城市治理关键场景，提升电子政务外网支撑能力，打造IP+光一体化政务外网，构建最优网络架构，将电子政务外网向街镇、居村延伸；构建城市级物联感知网，为城市治理全面感知、实时互联和数据共享

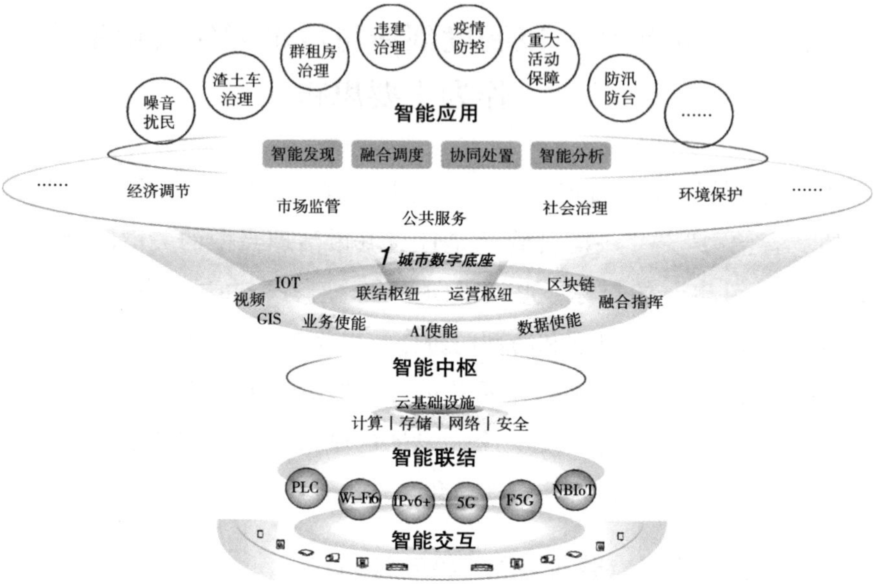

图 1　“一网统管”技术平台体系

开放奠定基础。

智能中枢：云基础设施是实现城市治理数字化的基础，对城市多云进行统一管理，协同市区政务云资源，构建物理分散、逻辑集中的城市治理数据湖，打造集约、协同、共享、可靠的云资源。依托业务使能、数据使能和AI使能平台，为智能应用提供集约化的平台资源和能力。

智能应用：依托城市治理业务需求，开放市民/企业信息上报入口，开展应用建设；提供城市运行系统，面向大、中、小屏提供态势感知和运行监控专题应用，提升城市事件管理和部门协同效率。

（三）运行保障体系：运行有序、长效运营

运行机制是城市治理“一网统管”建设的核心，通过组建“1+M+N”的市、县（市、区）、镇（街道）三级城市运行管理中心，强化“一网统管”建设统筹和协调能力，打造城市“一盘棋”的建设格局，确保“一网

统管”各项工作有序推进。

保障体系是城市治理“一网统管”建设的支柱，包括运营组织、标准规范和管理规范。通过运营机制的创新，以城市运行管理中心牵头，业务部门为主体，专业企业为支撑，组建专业的运营队伍，保障长效运营，强化“一网统管”的生命力；针对平台建设、数据资源、运行管理、项目管理、运行维护等，建立健全标准规范体系，保障“一网统管”建设按部就班、有序进行。

四 “十四五”时期“一网统管”建设愿景展望

（一）强化政策与标准的引导作用

从价值取向的角度而言，城市治理数字化转型要体现以人民为中心的发展理念；深入贯彻习近平总书记指出的“人民城市人民建，人民城市为人民”的重要论述；尊重城市发展规律，促进城市可持续发展。从国家治理能力现代化的角度而言，亟须从国家层面引导和规范“一网统管”建设，特别是在技术体系和服务体系的总体设计层面，要解决内容规范性、平台畅通性、数据共享性和管理标准化等现实问题。

一是在政策层面，应尽快制订城市运行“一网统管”指导意见和实施方案等规范性文件，围绕组织机构、业务体系、平台架构、保障措施和考核机制等方面明确建设目标、范围、内容、标准等，强化全国一体化城市治理技术和服务体系的整体性，打破“九龙治水”治理格局。

二是在标准层面，推进数据共享制度、信息安全制度和运行管理机制等相关标准制定，持续完善已有关键标准，推动构建多维标准规范体系，加大标准推广执行力度，以标准化促进“一网统管”建设规范化，为数据成为城市发展的关键要素和创新引擎提供制度保障。同时强化信息安全保障能力，严格执行信息安全等级保护制度，建立数据安全标准化体系，搭建全方位、立体化的安全防护体系。

三是在评价层面，以人民对美好生活的向往为落脚点，结合城市运行“一网统管”能力和效果，科学制定评价体系，客观反映城市治理数字化建设成效，对建设效果和发展情况进行评估评价，精准识别城市运行中存在的问题，准确把握城市运行规律，推动城市治理体系适应数字化发展要求，提升城市治理现代化水平。

（二）鼓励多元参与城市治理数字化

坚持和加强党的全面领导贯穿数字政府建设各领域各环节，是城市治理数字化建设的基本原则，鼓励多元化参与基层社会治理是数字政府治理领域数字化建设的组织基础。积极引导公众参与，发挥社会智力支撑和市民共建力量，提升城市数字化转型的科学性和实效性。

一是应持续坚持党建引领，建立区域化党建机制完善相关章程，拓宽群众参与基层社会治理的渠道，建立健全联勤联动、管理使用、激励表彰等管理机制。以党建为引领，构建共建共治共享的基层社会治理新格局。

二是要充分发挥政府、企业、高校、科研院所等各方力量，打造政产学研用创新体系和自主开放生态，助力城市治理数字化转型。

三是将群团组织、社会组织纳入社会治理框架，有效化解基层社会矛盾纠纷，打造组织优势，同时引入专业运营团队，为城市运行“一网统管”提供运营服务，充分将数字化技术和组织优势融合，营造统一的基层治理数字化格局。

（三）以场景营造城市治理数字化生态

数字技术和传统设施、服务的融合是引领数字社会建设的趋势，完善数据要素治理是构建城市治理数字化生态、实现城市治理数字化可持续发展的重要环节，将技术与业务应用深度融合，发挥“技术+业务”的最大作用，能够持续赋能“一网统管”建设。

一是深化数据高效共享，精准识别城市治理数字化转型的应用场景，引导市场主体规范参与数字化转型场景运营。

二是夯实数字化基础底座，按照统筹共建原则，增强城市云、网、端基础性能力建设，全面实现城市要素感知、事件感知；搭建城市智能中枢系统，围绕数据、业务、应用、工具等建设开放性资源平台和功能平台，吸引各类创新要素、创新资源集聚。

三是提升辅助决策能力，建立健全大数据辅助科学决策机制，统筹推进决策信息资源系统建设，充分汇聚整合多源数据资源，实现“一网统管”建设相关数据资源的规范化、标准化、资产化，推动数据共享应用，保障数据流通安全，全面提升决策科学化水平。

四是聚集科技联盟，构筑创新生态环境，建设开放、合作的科技产业联盟，将参与城市治理数字化建设的先进示范性企业纳入联盟，构建和创新产业生态体系，促进创新链、产业链与资本链的深度融合。借助城市运行“一网统管”建设挖掘场景孵化创新应用，依托研究中心为联盟企业提供专家咨询服务，由联盟企业承担研究中心相关研究成果的转化落地，打造从科技创新到成果转化全链条体系的高水平产业集群。

（四）落实运行体制机制策略

推进国家治理体系和治理能力现代化是全面深化改革的目标，数字化是实现政府治理方式变革和治理能力提升的关键动力，也是促进制度创新的主要路径。城市治理数字化是一项长期、复杂的系统性工程，可持续的运营模式、以结果为导向的体制机制变革是必由之路。

一是构建具备统筹协调能力的组织机构，拟定相关发展规划、事件统筹协调和监督考核评价体系，全面统筹协调推进城市运行“一网统管”建设，健全横向统筹、纵向贯通的城市运行管理联动模式，在城市运行状态监管、综合决策分析和应急指挥处置中发挥重要组织作用。

二是应以“管用、实用、好用”为导向，从“小切口”入手解决“大问题”，以场景为驱动，构建运营制度，明确建设运营的责任主体、工作内容、运营流程、人员管理、监督考核等。梳理制定城市运行“一网统管”相关的信息更新机制、事件分级处置机制、协同会商机制、综合巡查机制、联动处置机制等运行管理规范。

三是厘清跨部门、跨层级的工作职责、责任边界和工作机制，围绕综合性强的业务场景的发现、调度、处置、评价、监督等各环节，明确区域之间、部门之间、网格之间、岗位之间的工作关系，依托城市运行“一网统管”事项清单，开展业务流程梳理和再造，打破层级壁垒和区域壁垒，确保业务协同联动，实现“区域自治”、“条线自治”向“全域智治”转变。

国际篇

Reports on the International Situation

B.6

全球电子政务发展情况区域差异性及未来发展前瞻

梅 澎*

摘　要： 随着数字政府的发展，全球公共行政部门和机构都发生了不可逆转的改变。从各区域处在不同电子政务发展指数分组国家的各子项指标来看，当前电子政务发展仍然面临着数字鸿沟、数据开放共享、平衡发展等问题和挑战，各国政府需要采取积极的措施，制定数字政府发展的相关战略，重点在运用信息技术、完善制度体制、加大资金支持、加强数据治理和关注特殊人群等关键环节发力。而对于我国本土化的电子政务发展实践而言，我们要做到以战略顶层设计规划部署电子政务系统性发展、以优质数字治理夯实电子政务稳定性发展、以创新服务模式驱动推进电子政务均衡性发展、以加强新技术应用辅助增强电子政务智能性发展、以拓宽融合包容全面加速电子政务全局性发展、以坚守安全发展保

* 梅澎，中央党校（国家行政学院）电子政务研究中心。

障维护电子政务持续性发展。

关键词： 全球电子政务　区域差异　本土化

2022年12月《2022联合国电子政务调查报告》中文版在线发布，这是联合国经济和社会事业部第十二次发布此类报告，至今该系列报告已成为全球电子政务领域发展一项非常重要的衡量工具，它建立起完善的监测机制和系统的数字化指导框架，正在全面推动世界各国各级机构数字化转型和服务模式变革。本年度报告以政策为导向、以数据为中心、以政府驱动数字发展为议程，阐述电子政务对所有国家社会经济发展的影响，充分证实数字化对政府运作方式的重新定义和深刻影响。随着数字政府的发展，全球公共行政部门和机构都发生了不可逆转的转变，不同区域电子政务发现情况呈现一定的差异性，从各区域处在不同电子政务发展指数分组国家的各子项指标来看，当前电子政务发展仍然面临着数字鸿沟、数据开放共享、平衡发展等问题和挑战，需要各国政府紧密围绕数字化转型中完善制度体制、加大资金支持、运用信息技术、加强数据治理和关注特殊群体等关键环节推进区域电子政务健康、可持续发展。

一　全球电子政务发展趋势

目前，全球电子政务发展正以前所未有的速度广泛而深刻地影响人们的生活、工作和交流的方式，物理、数字和生物领域之间的界限越来越模糊，人们日益迈进“物、网、数、智”的新型空间维度。《2022联合国电子政务调查报告》共评估了22种在线服务，从区域来看，欧洲提供的在线服务平均数量最多（19种），其次是亚洲（17种）、美洲（16种）以及大洋洲和非洲（均为12种）。电子政务发展指数全球平均值略有上升，从2020年的0.5988提高到2022年的0.6102，欧洲仍然是电子政务发展的领导者，电子政务发展指数平均值为 0.8305，其次是亚洲（0.6493）、美洲（0.6438）、大洋洲（0.5081）和非洲（0.4054）。从各区域电子政务发展指数各分组的情况来看，主要呈现以下几个发展趋势。

一是新冠疫情扩大了全球范围内的数字鸿沟。在新冠疫情之前，数字鸿沟就已经扩大了社会经济不平等，为应对近年的全球健康危机，公共部门加速数字化进程，不同区域条件有差异，疫情进一步扩大了数字鸿沟。目前超过 30 亿人生活在电子政务发展指数值低于全球平均水平的国家，其中大多数国家位于非洲、亚洲和大洋洲。非洲 54 个国家中只有 4 个国家的电子政务发展指数值高于全球平均水平（0.6102），其他国家的电子政务发展指数值明显较低。非洲电子政务发展的相对滞后，导致各国间难以缩小电子政务发展差距和弥合数字鸿沟。如果不采取有针对性的系统性措施来帮助低收入和中低收入国家以及处境特殊的国家（包括最不发达国家、内陆发展中国家和小岛屿发展中国家），数字鸿沟将持续存在并可能扩大。

二是数字政府已经到了关键发展时期。伴随着数据的应用和数字技术的迅速发展，全球越来越依赖数字技术以满足日常需求和应对特殊挑战，一定程度上增加了数字化转型的紧迫性，因此近年来全球电子政务发展和数字政府建设水平整体上有所提高，世界上超过 2/3 的国家的电子政务发展指数现在为高或非常高水平，反映出电子政务在持续发展。各国通过战略部署，从顶层设计推动电子政府法案和制度的制定和落地实施，将网络安全、数据安全、隐私保护、数据开放等方面纳入法律法规体系，为数字政府发展保驾护航。政府服务呈现明显的完全数字化趋势，用户可以完全在线完成几乎所有类型的业务办理，许多国家都建立专门的政府门户网站，以此来提供专门的政务信息和数字化服务。全球数字政府建设已逐步由探索部署阶段进入快速发展、平稳推进关键时期。

三是强调了电子参与和开放政府数据的重要性。数字化推动公众参与社会治理。各国政府通过寻求新方法、新范式、新模式为社会成员提供广泛参与社会治理、政府管理和数字赋能等数字化平台，让他们参与到社会发展的讨论和决策中。公共机构积极实行以人为本的核心策略，积极将他们所服务的民众视为公共价值的平等共同创造者，使政府摆脱传统的自上而下的组织结构，采用更加扁平化的沟通和协作模式，进一步提高政府的运作效率和效能。通过开放政府数据提高透明度和责任感，向公众提供随时可用的政府数据、信息和数字资源，便于让公众了解参与解决方案的起草、修订、制定、执行全流程，加强公众对政府的信任，打击腐败和加强公共部门问责制。数据开放使在线公共服务和移动应用更加普遍和便捷，但要更加注意数据隐私和安全等方面的问题。

四是关注了特殊群体，在混合数字社会中不让任何人掉队。随着公平和包容性成为公共行政的核心价值观，各国政府更加注重探究底层逻辑，并重新考虑和定义公共服务、决策制定、效益评估的基本原则。在当前背景下，公共机构正在寻求确保社会所有成员平等获得服务和参与治理的机会，正在数字时代寻找新的理论范式和实践逻辑。总的来看，出现差异性的原因，一方面是网络、移动设备等电子信息基础设施完备程度有差异，另一方面是数字技术和人才队伍数字素养能力有差异。各国政府正在"由点及面"的前提下指导电子政务相关应用的包容性开发和设计，尽可能地避免国际领域间的排斥性，呼吁建成可持续发展的全球合作伙伴关系，开展协作知识交流和能力建设，以确保在数字政府建设方面没有一个国家掉队。

二　各区域电子政务发展情况及比较

2022 年调查结果显示，全球电子政务持续向前发展，许多国家从较低的电子政务发展指数（EGDI）水平过渡到较高的水平。本期调查中，全球共有 60 个国家属于 EGDI 非常高水平组（0. 75～1. 00），数值为 1 的国家数量与 2020 年的 57 个国家相比增长了 5. 3%。共有 73 个国家属于 EGDI 高水平组（0. 50～0. 75），53 个国家属于 EGDI 中等水平组（0. 25～0. 50），7 个国家（比 2020 年少 1 个）属于 EGDI 低水平组（0. 00～0. 25）。EGDI 高水平组的会员国所占比例最大，占 38%，其次是 EGDI 非常高水平组的国家。2020～2022 年，全球 EGDI 平均值从 0. 5988 上升到 0. 6102，其中构成 EGDI

三要素的人力资本指数（HCI）和电信基础设施指数（TII）平均值分别增长了2%和5%，而在线服务指数（OSI）平均值出现了轻微下滑，从0.562下降至0.5554。

就各区域而言，欧洲的EGDI平均值最高，为0.8305，其次是亚洲的0.6493、美洲的0.6438、大洋洲的0.5081和非洲的0.4054。从各区域层面来看，EGDI高水平组的国家有73个，其中有24个在美洲、22个在亚洲、16个在非洲、8个在欧洲、3个在大洋洲。EGDI中等水平组的国家有53个，32个在非洲，占比60%；其次10个在亚洲，占比19%；9个在大洋洲，占比17%；2个在美洲，占比4%。EGDI低水平组的国家7个，其中6个来自非洲、1个来自美洲。

（一）在线服务指数（OSI）

在各区域内，政府在网上提供商务相关服务方面，欧洲提供的平均服务数量最多（19项），其次是亚洲（17项）、美洲（16项）、大洋洲（12项）和非洲（12项）。在美洲，63%的国家提供16项以上的服务。美国是该地区唯一提供2022年评估的所有22项服务的国家。该地区只有6%的国家提供1~9项服务，海地提供的数量最少（2项），而古巴提供7项在线服务。在大洋洲，在线提供的服务平均数量为12项。然而，该地区43%的国家提供5~9项服务，这远远低于区域和全球平均水平。在非洲，61%的国家平均提供12项在线服务。2022年调查结果表明，在评估的22项服务中，只有63个会员国提供20项或更多的服务（25个欧洲国家、22个亚洲国家、9个美洲国家、5个非洲国家和2个大洋洲国家），非洲首次有5个国家（尼日利亚、卢旺达、安哥拉、埃及和南非）提供20~21项在线公共服务。

在区域层面，提供特定部门的移动服务的国家在欧洲的比例最高（82%），涵盖社会保障、教育、就业、健康、环境、司法等领域，其次是亚洲（73%）、美洲（68%）、大洋洲（32%）和非洲（31%）。非洲在司法移动服务方面有明显的缺失，大洋洲则在教育移动服务领域高于平均水平。

为弱势群体提供在线服务的国家在欧洲的比例最高（95%），几乎全面涵盖了在线申请失业救济金、残疾补偿福利、孕产妇或新生儿福利、伤病福利等。其次是美洲（72%）、亚洲（69%）、大洋洲（45%）和非洲（44%）。

拥有电子采购门户网站的国家比例最高的区域是欧洲（43 个国家中有 39 个，占 91%），其次是亚洲（47 个国家中有 36 个，占 77%），美洲（35 个国家中有 26 个，占 74.3%）、大洋洲（14 个国家中有 7 个，占 50%）和非洲（54 个国家中有 19 个，占 35.2%）。在欧洲和亚洲，拥有电子采购门户网站的国家大多数也使用数字发票（分别占 90%和 72%）。在其他地区，数字发票的使用不太普遍。

在地方在线服务指数（LOSI）水平非常高的 38 个城市中，有 20 个位于欧洲、10 个位于亚洲、6 个位于美洲、2 个位于大洋洲。非洲国家人口最多的城市没有一个进入前 20 名。

电子参与指数（EPI）是在线服务指数的一个重要子项，其使用三项标准评估在线参与情况，分别是信息提供（政府向公众提供信息）、咨询（政府就政策或不同阶段的服务回应公众咨询）和决策（政府让公众参与决策）。在区域层面，12 个月内至少进行过一次电子咨询的国家在欧洲的比例最高（91%），其次是亚洲（70%）、美洲（60%）、非洲（24%）和大洋洲（14%）。

（二）电信基础设施指数（TII）

地区的固定（有线）宽带用户方面，非洲的固定（有线）宽带用户增长了 48%，但该地区的用户率目前依然最低，每 100 名居民中有 2.7 个用户；欧洲的固定宽带使用率最高，每 100 名居民中有 34.4 人使用；大部分地区使用互联网的人口比例也有所提高，美洲提高了 65%，非洲提高了 22%，亚洲提高了 11%，欧洲提高了 4%。大洋洲的互联网用户率下降了 29%，移动电话用户率下降了 11%。欧洲的每 100 名居民中的活跃移动宽带用户率依然最高（98%），其次是亚洲（80%）和美洲（66%）。各地区活跃移动宽带订阅成本占人均国民总收入的百分比欧洲最低，只有 0.66%，其次是美洲（4.17%）、大洋洲（4.83%）、亚洲（6.13%）和非洲（8.17%）。

自 2016 年以来，大洋洲电信基础设施指数的平均值首次下降，这主要是因为之前两年该地区的电信基础设施指数（TII）平均值下降了 29%。其他区域的情况则相反，在这些地区，区域 EGDI 值的增加大部分源于电信基础设施的改善。2020~2022 年，非洲的 TII 平均值增长了 12%，美洲增长了 6.5%，亚洲增长了 4.6%。欧洲整体 TII 值仅仅相对较高，主要是因欧洲存在较多的小岛屿发展中国家，它们的 TII 值较低，不同国家电信技术设施之间存在发展差距，影响了欧洲整体的指标评估平均值。美洲区域间存在较大差异，其中 TII 值较低的国家反映出长期缺乏资源的问题以及自然灾害对其电信基础设施造成的破坏。亚洲 EGDI 非常高水平组、高水平组的国家都拥有高度发达的电信基础设施，平均 TII 为 0.8246。非洲一些国家改善了电信基础设施，为加快向数字政府过渡奠定了坚实的基础，但非洲的移动宽带订阅成本占人均国民总收入的百分比仍然显著高于世界其他地区，这影响了电子政务的发展。

（三）人力资本指数（HCI）

HCI 主要由成人识字率、毛入学率、预期受教育年限、平均受教育年限等指标构成，主要体现人力资源的受教育程度和素养培育资本投入情况。从数据上看，属于高分组以上的国家共计 161 个，占 83.4%。其中欧洲有 43 个（26.7%），亚洲有 43 个（26.7%），美洲有 34 个（21.1%），非洲有 29 个（18.0%），大洋洲有 12 个（7.5%）。总体来看，多数地区在该指标上的差异不大，在电子政务领域对人力资源的培养、教育、资金投入相对均衡，值得一提的是亚洲在这方面的资源倾斜相对明显，对人力资源的重视程度较高。属于低分组的国家共 7 个，几乎都集中在非洲，这几个国家的发展相对滞后，因此在人力资本培养方面有所欠缺。由此可见，数字鸿沟不仅存在于欧美亚非等洲际，即使是在区域内部，电子政务发展程度和各国的重视程度也有明显的不同，非洲表现得格外明显。

从各分指标来看，平均受教育年限一般比预期受教育年限少 3~6 年，几乎缺少了一个教育阶段，从一定程度上反映了人力资本培育方面仍然面临很多问题，急需政府加强对政策的督查督导。毛入学率指数100的国家主要集中在欧洲和美洲，尤其以欧洲为主。成人识字率指数高的国家主要集中在欧洲和亚洲，这从一定程度体现了人力资源培养的教育结构的不同。

（四）政府数据开放指数（OGDI）

该年度报告首次介绍了关于开放政府数据指数的试点工作，以提升政府问责和透明度，减少公共请求数据所用的时间和资源，致力于提升数字包容性。电子政务调查跟踪了教育、卫生、司法、社会保障、环境和就业等主要部门的开支的公开数据的可用性，首先建立以数据为基础的数字身份，并以此保障数据共享利用的覆盖率。2022年会员国调查问卷的调查结果表明，欧洲拥有数字身份法律法规的国家比例最高（93%），之后依次是亚洲（81%）、非洲（55%）、美洲（50%）和大洋洲（18%）。这一结果与电子政务发展指数（EGDI）的结果有较为明显的不同，非洲在该项指标上超过了美洲和大洋洲，不再是评估值最低的区域。

OGDI调查结果显示，属于高水平分组以上的国家有108个，约占56%，其中欧洲39个（36.1%）、亚洲32个（29.6%）、美洲20个（18.5%）、非洲15个（13.9%）、大洋洲2个（1.9%）。欧洲仍然是数据开放状况最好的国家，且没有处于OGDI低分组的国家，亚洲紧随其后，美洲和非洲在这一方面的差距不大，相比而言大洋洲数据开放情况急需改善。

三　全球数字政府的未来

根据各国各地区电子政务发展情况来看，目前全球电子政务发展取得显著成绩的同时仍面临诸多问题与挑战，各国政府需要采取积极的措施，制定数字政府发展的相关战略，重点在运用信息技术、完善制度体制、加大资金支持、加强数据治理和关注特殊人群等关键环节发力，通过总结借鉴地方电子政务发展的有益实践，全面系统地推动全球数字政府建设、擘画数字政府发展蓝图。

（一）当前电子政务面临的机遇和挑战

虽然数字政府发展的趋势是在稳步向上的，在许多领域取得了显著进展，各国更加重视电子政务发展，新冠疫情为电子政务发展提供了更加丰富的可能，但目前仍存在需要关注的重点问题和重大挑战。

一是更多的国家认识到电子政务发展的重要性，国家战略规划向电子政务相关领域倾斜。自 2001 年以来，联合国经济和社会事务部（UN DESA）一直在通过联合国电子政务调查报告来跟踪会员国的电子政务发展进程，跟踪各国进展并基于数据进行严格的国家和地域分析。在过去 10 多年间，起初不同国家和地区对电子政府发展重视程度不同，大部分国家重视程度不足，导致全球电子政务发展呈现明显的地域差异性。进入 2020 年以后，这一情况得到明显改善，但仍然存在数据开放机制规则不系统、调动社会所有可调动的力量不充分、政府引导力度不足等问题，导致电子政府发展欠缺合力。因此，伴随着数字变革带来的深远影响和机遇，区域、国家和地方层面的电子政务发展战略相继出台，通过加强政府和企业的职能作用，推动在线服务和参与治理的模式创新，不断加强国际交流合作，加速区域、国家和地方层面的数字化转型。

二是在疫情突发后，构建完善电子政务服务体系、拉动经济社会发展，在线服务模式成为必然选择。当前电子政务已经成为世界各国政府行政管理改革的主要方向，各国政府纷纷建立政府网站、以提供网站服务作为提高行政管理效率，紧密政府与企业、公民关系的有效手段。但由于面临制度规范不健全、法治体系不完善、监督管理不到位、数据共享利用不全面、业务协同不畅通等问题，区域内电子政务发展缓慢，成效不明显。新冠疫情在一定程度上推进了政府的数字化转型，推动业务办理模式的变革，形成在线服务的新模式，人们的生产生活方式随之发生改变，逐渐打破了时空的界限，提高了政府、企业和公众间的沟通效率和业务办理效率，业务流程更加合理快捷。民众具备更高的数字能力，促进经济社会向数字化、智能化、网络化的方向发展，为新冠疫情后的经济复苏和产业发展提供了充足的驱动力。

（二）数字化转型的关键环节

调查数据显示，在数字政府未来发展的道路上，需要切实抓好自上而下和自下而上的闭环管理，针对发展过程中的关键环节要遵循“细抓重点、突出难点、保障节点”的原则，深入推进全球电子政务发展。

一是运用信息技术，驱动数字应用科学合理部署。数字政府的发展需要将数字技术广泛应用于政府管理服务，进而构建数字化、智能化的政府运行新形态，推进政府治理流程优化、模式创新和履职能力提升，并对数字经济、数字社会、数字生态发挥引领作用。当前数字技术已经在各国政府发挥了关键作用，电信设施、移动网络、云技术、人工智能、区块链、信息通信技术、地理空间技术、卫星服务技术等成为各国发展电子政务重要的支撑工具，各国通过公开磋商、专家会议等形式制定利于技术应用的相关政策，推进在线服务门户网站的构建和功能完善，改善服务交付模式和提高生产力。从调查数据中可以看出，分布在高分组的国家在信息技术发展和应用方面也处于领先地位，调查结果的一致性佐证了信息技术对电子政府发展具有驱动作用的结论。

二是完善制度体制，规范转型合法合规落实。在全面推进数字政府建设的过程中，加快完善与数字政府建设相适应的法律法规框架体系，促进法治维度与技术维度深度融合、同频共振，是推动数字政府未来健康快速发展的基本要求。目前，越来越多的国家强化了电子政务发展的制度和法律框架。大多数国家都制定了国家电子或数字政府战略，以及关于网络安全、个人数据保护、国家数据政策、开放政府数据和电子参与的法律法规，在一定程度上使数字政府建设走上了规范化、法治化、标准化的轨道。同时相关规章制度的出台，促使个人和企业越来越能够通过在线平台与公共机构良性互动、获取有关信息自由的法律信息，以及访问公共内容和数据（包括政府开放数据），促进数字政府建设进一步稳步推进。

三是加大资金支持力度，保障电子政务平稳健康发展。为弥合一直存在的数字鸿沟，降低其在全球范围内对电子政务发展的影响，各国纷纷建立健全关于电子政务发展的资金保障机制，不断加大资金保障力度，为数字政府建设提供坚强的财政支撑和财力保障。部分国家提供数字政府建设专项资金，统筹建设电子政务项目、电子政务在线服务平台和门户网站、数据资源项目等国家级工程，并制定相关的资金保障制度，保证资金精准投放，节省开支，提高资金利用效率。部分国家通过银行提供数字政府建设相关领域的资金贷款业务，拓宽资金获取渠道。针对特殊群体提供社会保障资金，提高特殊群体获取公共服务的能力，全面促进电子政务建设平稳、健康发展。

四是加强数据治理，确保公众确实享有数字权益。数据要素现阶段已成为数字政府建设关键性要素，数字政府建设要求是对数据要素本身进行系统化治理和利用。数据治理从强调数据利用的规范化、标准化和流程化，逐渐转变为强调数据利用的个性化、精准化和敏捷化，实现对数据的综合分析、融合共享，为服务对象创造更大的价值，这也是服务型政府以服务对象为中心的服务模式。目前缺少权威性和规范性的制度要求及对数据使用的协调管理，导致数据权属关系不明、职责分工不清，数据共享意愿不强、权限边界模糊等情况，导致个人敏感信息和重要数据的泄露，严重侵犯公民隐私、商业机密，影响政府调控决策乃至国家安全。加快数字政府建设要平衡兼顾数据共享与数据安全，提升政务数据共享水平是高效利用数据要素资源的前提，保障政务数据安全是推进数据治理和数字政府建设的底线。

五是关注特殊群体，维护数字政府发展公平。电子政务建设与发展的主要参与者是最容易影响的群体，他们通常从近几年电子政务的显著进展中受益最多，而许多最贫困和最弱势的人却往往被忽视，导致他们处于相对弱势的一方。如何在电子政务计划设计与实施的过程中避免歧视，兼顾不同性别、年龄、能力和收入水平人群的利益，弥合弱势群体与主要参与者间信息、服务、权益享有的数字鸿沟，是推动有效数字政府建设的必答题。目前从调查的结果来看，涉及弱势群体（包括老年人、残疾人、妇女、贫困人口等）的在线咨询活动的国家很少，而能够证实其在关于弱势群体问题的政策决策中考虑或纳入了用户意见的国家更少。各国需要采取积极措施，提供弱势群体参与机制，提高网络普及率和加强数字素养技能培训，促进弱势群体掌握移动支付、扫描二维码等技能，实现业务办理快速响应，提升电子政务生活覆盖率，切实解决日常生活难题。

（三）地方电子政务发展的实践

2022 年地方在线服务指数研究包含 86 项指标，涉及五项标准：制度框架（8 项）、内容提供（25 项）、服务提供（18 项）、互动参与（17 项）以及技术（18 项）。地方在线服务指数平均值从 2020 年的 0.43 提高到 2022 年的 0.51。其中，马德里和柏林排名第一，获得了近 0.98 的分值，塔林和哥本哈根紧随其后。迪拜、莫斯科、纽约和巴黎并列第五，新加坡和上海排名第九和第十。在地方在线服务指数水平为非常高的 38 个城市中，有 20 个位于欧洲，10 个位于亚洲，6 个位于美洲，2 个位于大洋洲。非洲国家人口最多的城市没有一个进入前 20 名。从调查结果可以看出，与 2020 年一样，2022 年城市门户网站的表现不如国家门户网站。由于人口较多的城市更容易获取重要资源，因此在线服务指数值往往整体较高。但是在有合理财富分配和财富水平整体比较高的城市中，人均 GDP 和地方在线服务指数值之间不一定存在直接对应关系。电子政务建设是一个全面统筹资源协同发展的复杂工程，各地方相继制定并完善地方电子政务发展战略，旨在促进和加强相关的公共部门的地方行政管理、新技术的整合、疫情调控等可持续能力，进而实现远景目标。

四 对我国电子政务发展的启示

我国电子政务经过了几十年的发展，政府信息化建设经历了无纸化办公、电子政务、“互联网+政务服务”、数字政府等多个阶段。数字政府作为在前期政府信息化基础上适应国家治理现代化演变生成的新阶段，是今后一段时间国家战略推进的重要阵地。在全球疫情持续蔓延、国际政治与贸易关系微妙变化的形势下，《2022 联合国电子政务调查报告》以数字政府的未来为主题，分析了全球、区域和地方电子政务趋势，下文结合历年报告中我国电子政务各项指数的变化，来看其给予我国电子政务发展的深刻启示。

（一）以战略顶层设计规划部署电子政务系统性发展

2022 年 6 月，国务院正式印发《关于加强数字政府建设的指导意见》（以下简称《意见》），这是我国首个国家层面系统规范、部署数字政府建设工作的指导性文件，明确了数字政府建设的目标原则、重点任务、推进机制等，对实现数字政府建设全国一盘棋推进、推进国家治理体系和治理能力现代化具有重要意义。我国从顶层设计入手，确立双目标战略为数字政府建设指明方向，明确了数字政府建设的体系框架，用数字化重塑政府履职能力，把安全保障、数据资源、制度规则、平台支撑放在了突出地位，凸显了数字政府在国家治理现代化和经济社会发展中的战略地位。在数字政府建设整体推进和部署过程中，须加大数字基础设施的均衡投入，构建数字赋能的创新动力体系；加快数字经济、数字社会和数字政府互动创新发展，推进数字中国战略、网络强国战略与创新驱动发展战略融合贯通实施，打造新时代竞争新优势。

（二）以优质数字治理夯实电子政务稳定性发展

2022 年 9 月 13 日，国务院办公厅印发《全国一体化政务大数据体系建设指南》，聚焦深入贯彻落实党中央、国务院关于加强数字政府建设的决策部署，明确了全国一体化政务大数据体系建设的目标任务、总体框架、主要内容和保障措施，指出了要坚持系统观念、统筹推进，坚持继承发展、迭代升级，坚持需求导向、应用牵引，坚持创新驱动、提质增效，坚持整体协同、安全可控的建设原则。数字治理既需要对数据全生命周期（元数据、数据采集、数据清洗、数据分析、数据应用、数据交换共享等）进行监测和智能管理（质量管理、业务智能分析报告等），还需要建立基础库、主题库、专题库和数据资源目录以促进数据的高效有序流动。数字治理还包括用数字化的思维推进社会治理的运转，推动各领域关键业务的优化升级，实现服务模式和产业模式变革。

（三）以创新服务模式驱动推进电子政务均衡性发展

促进政府职能和服务模式的转变不是建设数字政府的终点，应发挥数字政府的优势，让数字政府与数字经济、数字社会形成创新互动，实现社会经济高质量发展，塑造新的发展格局，创造新的竞争优势。一是平衡领域间的数字化基础设施建设水平和服务创新能力，合理分配教育、医疗、经济发展等资源，通过数字化手段解决扶贫、远程教育、远程医疗等问题。二是平衡区域间发展，弥合数字鸿沟，缩小城乡、东西部、各省市之间的差距，需进一步健全区域数字合作共享机制，完善区域数字基础设施一体化发展，鼓励区域间建立横向补偿机制，实现帮扶与协同相结合的发展方式，实现数字资源跨区域流转衔接。三是兼顾社会发展公平，目前平台企业依托大数据和算法优势在市场竞争中占据垄断地位，中小企业数字化转型面临的平台垄断困境、群体和性别的数字不平等现象也比较明显，其数字接入和获得数字收益的能力受到影响，必须继续完善反数字垄断等相关政策法规，鼓励跨部门、跨机构的数字集群发展合作，提升个体参与数字创新实践的积极性，实现所有成员在数字时代平等享有基本数字红利的机会。

（四）以加强新技术应用辅助增强电子政务智能性发展

新型数字信息技术的崛起，重塑了数字时代的生产力和生产关系，打破了原有社会结构，促使人们的社会活动方式发生了巨大变革，人们的社会需求也随之发生变化，倒逼国家治理体系和治理能力现代化变革。信息技术的革新在改变人们传统的工作、学习、生活和娱乐方式的同时，对政府提供信息服务、公民参与政府民主决策的方式提出了挑战。各国政府高度聚焦利用信息技术提升政府工作及服务的效率方面，促进形成新的工作方式，为社会经济高效发展提供新动能。要充分利用互联网、云计算、大数据、区块链、人工智能、5G 等信息技术，以用户模式创新、大众应用创新、开放形式创新、联合创新为特点，来提高政府办事、监管、服务和决策的智能化水平，形成高效、便捷的新型服务政府，促进我国电子政务紧跟时代的步伐，与时代齐头并进，从而进一步推动我国电子政务完全实现政务信息化。

（五）以拓宽融合包容全面加速电子政务全局性发展

从国际电子政务发展的格局来看，电子政务的发展不仅是我国自己的事情，而且在世界范围内具有较大的影响力和号召力。为顺应国际电子政务发展形势，我国应同世界各国一道，共同担起“为人类谋进步”的历史责任，加速构建法治、服务、学习、廉洁、高效五型政府，加快政府职能转型、国家治理体系建设和国家治理能力现代化进程，提升为人民服务能力。不断激发数字经济活力，提高数字政府效能，优化数字社会环境，构建数字合作格局，筑牢数字安全屏障，将治理数字化、将数字理念化、将理念业务化、将业务智能化，加速建设法治政府、服务型政府、学习型政府、廉洁政府和高效政府，让数字文明造福各国人民，推动构建人类命运共同体。

（六）以坚守安全发展保障维护电子政务持续性发展

安全是数字政府建设的生命线。一方面，充分做好公共安全、数据安全、网络安全等方面的工作，构建国家整体安全体系，全面贯彻落实总体国家安全观，是建立完善符合国家总体安全要求的重要举措。各级政府需要建立涵盖基础设施、网络、系统、数据、平台等全要素、多层次的数字政府安全保障体系，重点关注个人隐私保护、数据伦理和跨境数据安全等问题，营造规范有序的数字政府安全生态。另一方面，经济发展不能以自然环境为代价，已经成为全球共识。但在经济实践中，往往会出现数字化保护与数字化建设相互割裂，或者落后地区因为无法享受数字红利而不得已消耗自然环境资源的问题。电子政务的发展必须将自然环境纳入考虑，切实做到维护人类共同利益的安全发展。

总之，加强数字政府建设，机遇与挑战并存，要始终坚持和加强党的全面领导，要始终坚持把满足人民对美好生活的向往作为出发点和落脚点，要始终坚持以安全为本、技术为基、服务为业，全面改进全心全意为人民服务的政府职能，塑造未来发展新格局，赢得创新竞争新优势。

B.7

从《2022联合国电子政务调查报告》看中国电子政务发展

刘彬芳*

摘　要： 2022年发布的《2022联合国电子政务调查报告》以“数字政府的未来”为主题，对193个会员国及其人口最多的城市电子政务发展水平进行了调查，分析了全球各个区域的电子政务发展趋势。报告显示，当前中国电子政务发展的体制机制保障不断优化、在线服务水平快速提升、基础设施建设持续发力、探索创新实践推陈出新，电子政务发展总体水平大幅提升。未来，电子政务将随着数字化转型的全面深入，引领驱动经济社会高质量发展，广泛推进协同治理模式，使开放和参与成为现代政府的新趋向，实现新技术应用融合创新，强化数字政府支撑能力、显著提升数据赋能效用，数据基础制度体系构建成为关注重点。为此，我们应当统筹协同推进电子政务一体化发展、促进数据开发利用，释放数据要素价值、强化新技术应用，支撑治理现代化、弥合数字鸿沟，助力共同富裕、坚守底线思维，保障安全发展。

关键词： 联合国电子政务调查　中国　电子政务发展

联合国经济和社会事务部自2001年开始发布《联合国电子政务调查报告》，旨在评估联合国各会员国电子政务发展的相对情况，2022年是第12

---

* 刘彬芳，中央党校（国家行政学院）电子政务研究中心。

次发布此报告，主题是“数字政府的未来”。《2022联合国电子政务调查报告》（中文版）于2022年12月正式发布，报告对193个会员国及其人口最多的城市的电子政务发展水平进行了调查，分析了全球、区域和地方电子政务趋势，关注了如何在混合数字社会中不让任何人掉队，探讨了有望推动数字政府未来可持续发展的主要趋势和创新。报告显示，2022年中国电子政务发展指数增长到0.8119，排名上升到第43位，电子政务发展总体水平大幅提升。

一 中国电子政务发展的最新进展

（一）体制机制保障不断优化，深入推动电子政务规范建设

2022年联合国电子政务调查结果显示，中国在制度框架指标中分值为1，获得满分。党的十八大以来，以习近平同志为核心的党中央高度关注中国电子政务的发展。习近平总书记提出，“要以信息化推进国家治理体系和治理能力现代化，统筹发展电子政务，构建一体化在线服务平台”，“要运用信息化手段推进政务公开、党务公开，加快推进电子政务”。在习近平总书记关于网络强国的重要论述的指导下，国家级电子政务/数字政府相关战略和规划相继出台，国家电子政务和数字政府制度规则统一部署。

一是党中央、国务院高度重视电子政务和数字政府建设和发展。党的二十大报告提出“加快建设网络强国、数字中国”。《中华人民共和国国民经济和社会发展第十四个五年规划和2035年远景目标纲要》提出“迎接数字时代，激活数据要素潜能，推进网络强国建设，加快建设数字经济、数字社会、数字政府，以数字化转型整体驱动生产方式、生活方式和治理方式变革”。国务院印发《关于加强数字政府建设的指导意见》，明确了数字政府建设的指导思想、基本原则、目标要求、重点任务和保障措施，描绘了数字政府发展蓝图。

二是电子政务发展法治化环境逐步完善。《2022联合国电子政务调查报

告》提出“法律框架和法律机制是营造良好电子政务生态系统的关键要素，前者用于监管数字化转型，后者用于确保能够获取公共信息和遵守在线隐私协议”。中国在2021年先后颁布《数据安全法》和《个人信息保护法》，规范数据处理活动，保障数据安全，促进数据开发利用，维护国家主权、安全和发展利益，保护个人信息权益，促进个人信息合理利用。电子政务发展法治环境更加完善，规范化、制度化、法治化水平进一步提升。

（二）在线服务水平快速提升，全面体现电子政务建设效能

2022年联合国电子政务调查结果显示，中国在线服务指数分值为0.8876，处于“非常高”水平，在193个成员国中排名第15位，稳居世界第一梯队。此外，地方在线服务指数分值位居全球前列，报告首次对193个成员国中人口最多的城市的电子政务情况进行了评估，根据对86项指标的分析，上海在全球193个城市中排名第10。得益于党中央、国务院对网络强国、数字中国战略布局的指引，中国在线政务服务发展已由以信息服务为主的单向服务阶段，开始迈向以跨区域、跨部门、跨层级一体化政务服务为特征的整体服务阶段。

一是一体化政务服务水平持续提升。以国家政务服务平台为总枢纽的全国一体化政务服务平台建设逐步发挥成效，全国31个省（自治区、直辖市）通过构建省市县乡村五级网上政务服务体系，有效弥补政务服务区域发展不均、基层服务能力不足等短板。一体化政务服务能力的显著提升已经成为中国现阶段电子政务和数字政府建设的典型特征。

二是在线服务全面深化，有效支撑疫情期间社会运转。在线服务正在成为创新行政管理、优化营商环境的重要手段，成为服务人民群众的重要渠道。依托全国一体化政务服务平台，简审批、优服务、便利企业群众办事，大力推动“一网通办”“全程网办”“跨省通办”，变“群众跑腿”为“数据跑路”，使更多政务服务事项从“线下跑”转向“网上办”。截至2021年底，在省级行政许可事项中，90.5%的事项实现网上受理和“最多跑一次”，56.36%的事项实现了网上审批和“零跑动”。疫情防控期间，各地依

托政务服务平台大力推进服务网上办、不打烊，主动推出疫情防控相关信息服务，在助力打赢疫情防控阻击战中发挥了重要作用。

（三）基础设施建设持续发力，支撑电子政务稳定发展

2022 年联合国电子政务调查结果显示，中国在基础设施指标中分值为 0.805，排名提升到第 47 位，处于“非常高”水平，在 193 个成员国中提升幅度很大，体现了中国近年来推进的“宽带中国”“数字乡村”“新基建”等基础设施建设成效显著。电信基础设施指数由“每百名居民的互联网用户估算数”、“每百名居民的移动电话用户数”、“每百名居民的移动宽带用户数”和“每百名居民的固定宽带用户数”来衡量，以反映一个国家的电子政务发展基础设施的情况。

一是网络基础设施建设成果突出。目前，中国已建成全球规模最大、技术领先的网络基础设施。包括已建成全球最大规模光纤和 4G 网络，互联网普及率超过 73%，固定宽带家庭普及率超过 96%，移动宽带用户普及率超过 108%。城乡信息化发展水平差距明显缩小，农村和城市实现“同网同速”，行政村、脱贫村通宽带率达 100%，行政村通光纤、通 4G 比例均超过 99%。

二是新型基础设施建设加速发展。中国算力基础设施快速发展，近 5 年算力年均增速超过 30%，算力规模在全球排名第二。北斗导航卫星全球覆盖并规模应用。截至 2021 年底，已建成 142.5 万个 5G 基站，总量占全球 60%以上，5G 用户数达到 3.55 亿户。以新发展理念为引领，以技术创新为驱动，面向高质量发展需要，持续推进国家大数据中心、算力中心、5G、工业互联网等新基建建设，依托新基建整体布局，推动生产力转化为发展力。

（四）探索创新实践推陈出新，充分发挥各方优势特长

《2022 联合国电子政务调查报告》以北京的引导式办事指南、24×7 实时在线导办、基于大数据和用户画像的定制用户空间等政务服务创新实践为

例，描述了中国政府在确保在线服务以人为本、易于访问和用户友好等方面的努力。各地新型智慧城市建设在公共服务便捷化、城市管理精细化、生活环境宜居化等方面取得了突出成效，人民群众的获得感不断增强，为中国经济社会高质量发展提供了有力支撑。

一是以人为本政务服务模式不断创新。中国在跨地域办事、帮助老年人跨过“数字鸿沟”、让服务在指尖办理、政务服务便民热线、推进电子证照扩大应用等方面做出了系列工作部署。各地区聚焦群众办事“急难愁盼”问题，围绕规范行政权力运行、优化政务服务供给、创新服务方式等方面，大胆探索，因地施策，形成了全国一体、各具特色的发展路径。在以人民为中心的价值理念的引领下，从“最多跑一次”到“一次不用跑”，从“不见面审批”到“秒报秒批”，政务服务地方创新实践不断涌现，在线政务服务能力得到全面提升，为群众施公平之策、开便利之门，得到了广大群众的认可和赞许。

二是组织变革创新管理格局。各地区各部门主动顺应政府数字化转型发展趋势，注重顶层设计与地方创新良性互动，形成了各具特色、职责明确、纵向联动、横向协同、共同推进的数字政府建设和管理格局。截至目前，31个省（自治区、直辖市）中，29 个地区成立了厅局级的政务服务或数据管理机构。与数字政府建设相适应的管理体制正在逐步健全，协调推进有力、技术体系完备、安全管理有序、制度规范健全的发展格局正在逐步建立，形成了政府主导、企业参与、社会协同推进的良好氛围。

二　电子政务发展的未来趋势

（一）数字化转型全面深入，引领驱动经济社会高质量发展

《2022 联合国电子政务调查报告》发现，随着数字政府的发展，全球公共行政部门和机构都发生了不可逆转的转变，无论是在结构方面还是在政府与其服务的公众的互动方面。深化数字政府建设是一项关系政府职能重

塑、释放改革红利、切实便民利企的重要举措，中国各地区以数字思维促进信息技术与政府管理深度融合，积极将政府数字化改革作为推动各领域数字化转型的重要引擎，以数字政府建设推动经济社会高质量发展已成为新时代电子政务发展的重要趋势。

一是数字化成为治理体系和治理能力现代化的重要驱动。政府数字化转型将有效提高政府行政效率，降低政府行政成本，优化政府资源配置，强化政府监管效能，提升政府服务水平，推动政府决策科学化、社会治理精准化、公共服务高效化。政府数字化转型既是深化改革的题中应有之义，也是适应新发展阶段更高要求的必然选择。

二是数字化加快经济社会高质量发展变革。《中华人民共和国国民经济和社会发展第十四个五年规划和2035年远景目标纲要》明确提出“加快数字化发展　建设数字中国”，要求“迎接数字时代，激活数据要素潜能，推进网络强国建设，加快建设数字经济、数字社会、数字政府，以数字化转型整体驱动生产方式、生活方式和治理方式变革”。以数字化为催化剂，推动数字化成为各部门各行业高质量发展的重要动力，成为未来很长一段时间的发展趋势。

（二）协同治理模式广泛推进，开放和参与成为现代政府的新趋向

《2022联合国电子政务调查报告》发现，与以往任何时候相比，各国政府更加注重通过合作关系甚至公共众包形式，邀请广泛的利益相关者提供意见。报告中强调了私营部门参与的重要性，指出多年来私营部门一直处于数字化转型的前沿。各国政府已经证明可以通过利用先进的技术和人类创造力，与包括来自私营部门的多个利益相关方合作，迅速适应和改变方针，以满足需求。得益于党中央、国务院对网络强国、数字中国战略布局的指引，中国正在形成政府主导、企业参与、社会协同的“全国一盘棋”良好格局，为全面推进数字政府建设提供强有力的保障。

一是政务数据资源共享开放态势增强。目前，世界上围绕数据相关的应用程序接口的开发正在增加，开放数据总体上正在崛起。共享开放的政府数

据、信息和数字资源不仅对于改善行政运作和公共服务提供至关重要，而且对于促进数字经济发展、政府与社会互动和建立信任也至关重要。各国政府正努力通过以开放模式发布数据集、免费供公众使用来加强信任；向社会提供可用的政府数据有助于发挥数据价值，有助于公共部门提高透明度和加强公共部门问责制。未来，通过促进政务数据资源在部门间共享提升政府治理水平，通过促进政务数据资源向社会开放提升数字经济发展水平和公众参与度，仍将是国家数据治理的重要内容。

二是多元参与、共享共治模式逐渐推广。在数字政府条件下，政府治理组织结构将逐渐变得开放，治理主体呈现多元化发展趋势。中国越来越多的地方探索引进多种形式的政企合作模式和管理手段，在方案设计、基础设施建设、业务应用开发、运维服务、政务信息资源利用、资金筹措等方面推行政府、企业和第三方机构多元参与。未来，公众参与和共建共享共治的社会模式将进一步发展，更多主体更广泛地参与到公共物品、公共设施和公共服务的设计和评估过程中。

（三）新技术应用融合创新，强化数字政府支撑能力

《2022 联合国电子政务调查报告》发现，许多有前瞻性的政府已经利用各种新方法和新技术成功地实施了数字服务。新技术对于政府协调疫情应对措施和推动公众合作发挥了重要作用，在疫情防控期间维持了社会运转，为跨部门和领域的解决方案提供了支持。各国政府已将数字技术作为新冠疫情应对策略的一项关键要素，以改善不同机构之间的协调和沟通。数字技术已成为国际机构应对新冠疫情的一项重要工具。传统公共机构的设置难以快速适应社会的突然变化或意外危机，数字化转型将促进政府采用创新技术，以提高响应速度、责任感、敏捷性。

一是新技术应用范围和领域快速增加。数字身份已被各国政府广泛接受，很多情况下，服务对象不再需要亲临现场，通过在线渠道即可进行身份认证。世界各国政府使用各种云配置，包括公共云、私有云、混合云和多供应商云，也在利用云计算技术促进救灾和人道主义工作。党的十九届四中全

会提出“更加重视运用人工智能、互联网、大数据等现代化信息技术手段提升治理能力和治理现代化水平”。正在出现的新工具，使各国政府能够提升公共服务的质量、效率和效力，并支持为服务提供创造新的发展机会。

二是新技术应用创新开始关注用户体验提升。各国政府正在努力解决围绕数字技术开发和集成的实际问题（例如云计算能力和安全问题），并逐渐将注意力转向改进系统功能和用户体验的创新技术解决方案。数字平台和应用往往具有相对简单、直观和对用户友好的界面，访问更快捷，也能提供更具个性化的服务。各国政府未来将进一步探索一些不断发展的技术和方法，打造认知政府、敏捷和适应性政府以及无缝隙政府，提升人民群众的获得感和幸福感。

（四）数据赋能效用显著提升，数据基础制度体系构建成为关注重点

《2022 联合国电子政务调查报告》发现，在全球范围内，动态数据和数据流动性的相关趋势正在改变政府及其在学术界、民间社会和私营部门的合作伙伴使用和共享数据的方式。公共机构正在努力开发新的数据收集、整理、分析和传播方法，以实现数据优化。各国政府采用数据驱动、实验性和人工智能辅助的数据收集系统和动态模拟模型，以探索如何最好地吸引用户、响应他们的需求并评估数字服务的影响，并且开发利用数据驱动的政策建模工具的新方法，利用系统思维、远见以及试点举措、沙箱来设计和验证这些新解决方案背后的基本概念框架。

一是数据基础制度体系初步构建。数据是一项核心资产，可以共享和用于提高经济和社会的运作效率和效能。数字社会很大程度上是由数据驱动的。通过数据基础制度安排，能有效规范数据要素市场与数据行为，形成制度框架下的数据行为范式，发挥数据要素作用，引领新时代经济社会高质量发展。中国加快构建数据基础制度体系，发布了《关于构建数据基础制度更好发挥数据要素作用的意见》，基于系统理念构建数据产权制度、数据要素流通交易制度、数据要素收益分配制度、数据要素安全治理制度，促进数据要素作用安全有效发挥。

二是政务数据共享应用取得突破性进展。以数据为驱动要求政府确保各层级的政府机构都可访问和使用数据并据此行动。不同来源的数据必须能够共享利用，并且得到适当保护。国务院办公厅印发《关于建立健全政务数据共享协调机制　加快推进数据有序共享的意见》，强调要建立健全政务数据共享协调机制、加快推进数据有序共享，以业务协同为重点，全面构建政务数据共享安全制度体系、管理体系、技术防护体系，打破部门信息壁垒，推动数据共享对接更加精准顺畅。并且先后制定发布了4批国务院部门近4000项数据共享的责任清单，推动政务数据供需有效对接和共享应用。

三　中国电子政务发展的建议

（一）统筹协同推进电子政务一体化发展

发展不平衡问题持续存在，电子政务发展给不同地区和不同群体带来的收益是不成比例且不均衡的。新冠疫情进一步暴露了国家之间以及国家内部在区域、国家和地方层面的电子政务差异。并且，在没有适当的制度支持、资金、法规、政策和战略的情况下追求数字化转型可能会导致失业、不平等加剧以及数据隐私和安全问题。

一是必须加大电子政务统筹力度。制定完善的电子政务/数字政府发展战略，以系统观念推进电子政务标准化、规范化、法治化发展，以整体视角推动数字政府建设，以一体化平台为支撑，落实电子政务顶层规划。

二是必须加强协同治理能力。政府必须打破部门和机构界限，以改善部门之间的协作和实现最佳的数字化集成和发展。全国一盘棋，强化各地区各部门沟通交流学习，整体推进数字政府建设。构建并推进政产学研用协同机制，促进和加强可持续的行政管理、新技术整合以及提升公共部门应对挑战的能力。

（二）促进数据开发利用，释放数据要素价值

全球数据呈爆炸式增长态势，有效利用政务数据资源成为各国推进电子

政务发展的焦点之一。但目前，政务数据要素化路径不明，公共数据开发利用深度不足，依然有一些部门由于业务协同的时间和资金成本高而不愿意共享数据，各地网上政务服务平台大多基于已有的网络基础设施、业务系统和数据资源，基本采用独立模式建设，数据孤岛依然存在。

一是必须强化数据治理，提升数据供给数量和质量。建立健全政务数据全生命周期质量管理体系，优先制定国家治理需要的数据资源供给机制，努力提升国家重要基础数据资源质量，推动公共数据按用途加大供给使用范围。

二是必须深化数据基础制度建设，促进数据共享开发利用。明确公共数据确权授权机制实施细则，加强数据汇聚共享和开放开发，强化统筹授权使用和管理，推进互联互通，打破“数据孤岛”。进一步细化对数据供给部门、数据使用部门和数据管理部门的工作要求，加强数据共享利用效能评估，不断促进数据价值发挥。

（三）强化新技术应用，支撑治理现代化

数字化赋能作用尚显不足，尽管公共部门在新冠疫情期间越来越广泛地采用数字技术提供服务，但尚未实现全面数字化转型。公共机构不愿冒险实施未经充分测试或无法保证成功的创新流程，这阻碍了政府机构采用可以改善用户体验的新技术和实践的步伐，例如一些部门对电子文件的接受度不高，导致群众办事需重复提交纸质材料。采用新的数字技术和创新流程可以显著提高效率和生产力，提升治理体系和治理能力现代化水平。

一是抓住“新基建”发展契机。移除过时系统并用更高效的新技术取而代之，将促进数字化转型，帮助政府适应与高数字化水平相关的不断变化的社会需求。运用互联网、大数据、云计算等信息技术提升社会治理能力，是推动数字政府建设、提升现代化治理水平的一个重要路径，例如云计算为全面的电子政务生态系统发展提供可能性，物联网和 5G 丰富城市治理的触角。

二是扩展新技术应用场景。着眼社会治理需求，重点挖掘社会治理应用

场景，适应群众数字化新需求，促进网上办公、远程教育、远程医疗、智慧城市等应用场景新技术发展，加强政府和业界在数字政府关键技术和前瞻技术方面的合作交流，切实推进数字技术与数字政府业务的融合创新，持续提升治理数字化、智能化、现代化水平。

（四）弥合数字鸿沟，助力共同富裕

2022 年联合国电子政务调查表明，中国电子政务发展在各方面均取得了显著成效，但在人力资本等方面仍存在一些短板，依然有很大的提升空间。教育水平、数字素养与能力成为当前限制电子政务进一步普惠化发展的主要障碍。而数字鸿沟扩大了社会经济不平等。许多国家为提升数字素养、掌握编码技能和数字媒体知识的培训项目分配了更多资源。提升全民数字素养与技能，是顺应数字时代要求，提升国民素质、促进人的全面发展的战略任务，是实现从网络大国迈向网络强国的必由之路，也是弥合数字鸿沟、促进共同富裕的关键举措。

一是把数字素养培育提上日程，让全民共享电子政务发展红利。把提升全民数字素养与技能作为“十四五”时期的一项基础性、战略性、先导性工作，增强人力资本积累，拓展人口质量红利，提高公务员和领导干部数字素养与能力，为深入推进数字政府建设提供坚实的人力资源基础，不断提升中国电子政务发展水平。

二是电子政务发展必须以人为本。对于电子政务的设计和实施将如何影响不同性别、年龄、能力和收入水平的人群，以及需要采取哪些措施来解决排斥和歧视问题做出充分研究和预案。坚持技术合作和人才交流并举，将“以人为本”作为指导电子政务和公共部门制定和实施政策的操作原则。

（五）坚守底线思维，保障安全发展

近年来，网络犯罪和网络攻击激增，数字化的发展速度超过了政府制定相关监管和决策框架的能力。网络空间中的恶意活动正在破坏各国政府和国家之间的数字信任。关键的国家基础设施（其特点是在金融、电力供应、

教育和医疗保健提供等领域日益增长的数字互联）越来越成为攻击目标。当前国际形势复杂严峻，网络安全危机不容忽视，安全保障能力仍需加强，坚守安全底线至关重要。

一是加强网络安全保障体系建设。增强网络安全风险防范意识，建立协同有效的网络安全管理体系，建立常态化网络安全信息通报机制，搭建网络安全检测分析平台，提升网络安全预警能力，加强对第三方运营、维护参与单位和人员的管理和监督，形成常态化网络安全保障机制。

二是加强数据安全治理体系建设。把安全贯穿于数据治理全过程，构建政府、企业、社会多方协同的数据安全治理模式，明确各方主体责任和义务，完善行业自律机制。充分发挥电子政务内网的作用，尽快推动电子政务内网的互联互通，保障相关数据资源共享、传输、利用安全。在落实网络安全等级保护制度的基础上全面加强数据安全保护工作，健全网络和数据安全保护体系，提升纵深防护与综合防御能力。

专题篇——《全国一体化政务服务平台移动端建设指南》解读

Thematic Reports—Interpretations on the *Guides for the Construction of National Integrated Government Service Platform for Mobile Terminals*

B.8 坚持应用便民导向，全面提升移动政务服务水平

朱　诚*

摘　要： 加快推进政务服务平台移动端建设，是实现公共服务均等化、普惠化、便捷化的必然要求和迫切需要。《全国一体化政务服务平台移动端建设指南》的出台，明确了政务服务平台移动端的建设目标、建设模式、建设要求和保障措施，为全面提升移动政务服务水平提供了有力指导。围绕各地区、各部门移动端建设分散、不成体系的问题，《建设指南》注重统筹规划，有利于推动移动政务服务资源整合和政务服务平台移动端集约化建设。顺应

* 朱诚，安徽省数据资源管理局党组书记、局长。

群众、企业对办事便利化的新要求和新期盼，《建设指南》突出需求引领，有利于提升移动政务服务供给水平。为保护数据安全和个人隐私，《建设指南》强化安全规范，有利于构建全方位、多层次、一致性的移动政务服务防护体系。

关键词： 移动政务服务　需求引领　安全规范

习近平总书记指出，大数据在保障和改善民生方面大有作为，要坚持以人民为中心的发展思想，让百姓少跑腿、数据多跑路，不断提升公共服务均等化、普惠化、便捷化水平。2021 年政府工作报告提出，加强数字政府建设，实现更多政务服务事项网上办、掌上办、一次办。当前，移动互联网已经全面覆盖人们生产生活的各个领域，丰富多彩的移动互联网应用迅猛发展，据统计，我国手机网民规模已突破 10 亿人，国内市场上的 App 数量达到 345 万款，移动互联网正在深刻改变信息时代的社会生活。加快推进政务服务平台移动端建设，是实现公共服务均等化、普惠化、便捷化的必然要求和迫切需要。

2021 年 11 月，国务院办公厅印发《全国一体化政务服务平台移动端建设指南》（以下简称《建设指南》），就进一步加强和规范全国一体化政务服务平台（以下简称全国一体化平台）移动端建设，推动各地区各部门移动政务服务标准化、规范化建设和互联互通作出部署。《建设指南》阐明了政务服务平台移动端的建设目标、建设模式、建设要求和保障措施，为各地区各部门做好下一步政务服务平台移动端建设提供了强有力的指导。

一　《建设指南》注重统筹规划，有利于各级各类政务服务平台移动端健康有序发展

近年来，以政务服务移动端、小程序、公众号为代表的移动政务服务渠道不断扩展，上海市的“随申办”、浙江省的“浙里办”、广东省的“粤省

事”、安徽省的“皖事通”等一批移动政务服务平台品牌逐渐形成，为移动互联网时代政务服务更加便民利企、完善政民互动等提供了重要平台。但从运行情况看，各地区各部门移动端建设分散、不成体系的问题还比较突出：一方面，存在政务服务“多个入口”，群众难以在各类移动端中迅速获取想要的服务；另一方面，由于移动端建设标准不一，底层支撑能力架构不同，跨地区、跨部门、跨层级、跨业务的信息共享和业务协同存在困难。

《建设指南》围绕上述问题，专门就全国一体化平台移动端建设的层级体系和技术架构作出规定，明确国家政务服务平台移动端是全国移动政务服务的总枢纽，为各省（自治区、直辖市）和国务院有关部门政务服务平台移动端提供公共入口、公共通道、公共支撑。各地区原则上由省级平台移动端统一对外提供移动政务服务，省级平台移动端是本地区移动政务服务的主要提供渠道和总入口。《建设指南》还提出了统一标准规范、统一清单管理、统一身份认证、统一数据共享、统一应用管理的“五统一”要求。这些规定将有利于推动各地区各部门移动政务服务资源整合和政务服务平台移动端集约化建设，全面提升一体化服务能力。

二　《建设指南》突出需求引领，有利于更好地满足企业群众办事需要

政务服务平台移动端的主要功能是便利企业群众办事，这也是我们大力推进移动端建设的意义和宗旨所在。目前，在线上线下各类政务服务渠道中，移动端的访问量和活跃度远高于其他渠道。在办事更加便利的同时，企业群众对移动端政务服务的需求更加个性化、多元化、智慧化，对移动端服务的体验感要求也越来越高。央视新闻调查栏目曾发布一项调查报告，显示不少政务软件还存在链接失效、兼容性差等问题。

《建设指南》顺应企业和群众新要求、新期盼，提出积极推动企业和群众经常办理的事项向移动端延伸，提升移动政务服务供给水平，全面优化用户体验，推动政务服务事项从“掌上可办”向“掌上好办”转变，践行了

以人民为中心的发展思想，体现了建设服务型政府的理念。在服务内容上，提出分批编制全国一体化平台移动端高频政务服务事项清单，围绕与企业和群众生产生活密切相关的高频事项，特别是教育、公安、社会保障、民政、卫生健康、税务等领域，持续推动将更多政务服务事项纳入清单管理，在政务服务平台移动端提供服务。在服务方式上，提出充分发挥移动互联网泛在、连接、智能等优势，积极运用大数据、区块链、人工智能等技术手段，进一步优化政务服务平台移动端功能，不断丰富集成套餐式服务和“扫码亮证”“一证通办”“无感通办”等应用场景，提升移动政务服务个性化、智慧化水平。

三 《建设指南》强化安全规范，有利于高标准保护数据安全和个人隐私

政务服务平台移动端用户群体十分庞大，在提升服务便利性的同时，必须守好数据安全底线。随着网络安全法、数据安全法、个人信息保护法等一系列涉及信息安全的法律相继出台实施，国家对数据安全和个人隐私保护提出了更高要求。《建设指南》按照国家有关法律法规要求，在强化政务服务平台移动端安全保障和风险防控能力、加强数据安全管理和强化用户隐私保护、加强网络安全保障队伍建设和健全安全保障协同工作机制等方面作出明确规定，将有利于构建全方位、多层次、一致性的移动政务服务防护体系，进一步提升一体化安全防护能力。

《建设指南》建立了贯穿政务服务平台移动端建设、运营、管理等全过程的统一规范，标志着国家层面对移动政务服务的认识和实践达到了新水平，必将有力地推动一体化政务服务能力全面提升。安徽将从三个方面，认真抓好《建设指南》的落实工作，努力把“皖事通”移动端建设成全国一流的政务服务平台移动端。

一是聚焦一体化建设，构建集约高效的运行模式。“皖事通”移动端建设起步于2018年底。立足于安徽省情和工作实际，安徽省构建了“省级统

一平台、各市分级运营”的模式，既强化了数据和业务的统一基础支撑，又充分发挥16个市的积极性和主动性，实现16个市政务服务移动端全面统一，同时，还在逐步推动各部门政务服务移动端融合接入。下一步，安徽将依托国家政务服务平台移动端总枢纽，统筹推动“皖事通”移动端重构升级，进一步健全统一公共基础能力，实现移动应用一站式研发、测试、发布、监管和运营。

二是聚焦多场景应用，持续提升服务便民效果。目前，“皖事通”注册量已突破6900万人，总访问量超100亿次，最高日活跃用户近1000万人，接入23个省直单位和16个市的各类服务应用8100余项，推出升学报名等高频服务和电子驾驶证等高频证照应用，打造“7×24小时”政务服务地图、“区块链+电子证照”等创新应用，受到企业群众欢迎。下一步，安徽省将继续以群众需求为出发点，直击痛点、打通堵点、解决难点，落实全国一体化平台移动端高频政务服务事项清单管理机制，持续推动高频事项接入移动端，积极开发拓展一批本地特色便民服务，实现更多高频事项“掌上可办”“掌上好办”。同时，面向老年人、残疾人等特殊群体，积极推进移动端适老化、无障碍改造，不断提升用户体验。

三是聚焦规范化管理，切实保障用户数据安全。安徽省坚持把安全运营放在首位，强化网络安全、数据安全和个人信息保护，不断健全管理制度，加强综合防范。在平台稳定运行方面，严格采用安全合规的服务和产品，确保数据可靠存储和使用，杜绝泄露风险；引入安全团队，定期组织应急演练和安全测试，及时发现安全隐患并整改。在个人信息保护方面，对涉及个人隐私的相关服务，严格按照有关要求及时更新隐私协议，规范用户信息采集，保障用户知情权、选择权和隐私权。

参考文献

《国务院办公厅关于印发全国一体化政务服务平台移动端建设指南的通知》，国办函

〔2021〕105 号，2021 年 9 月 29 日。

王春晖：《深刻理解实施国家大数据战略的“五大主题”》，《中国电信业》2017 年第 12 期。

《习近平心中的“数字中国”》，海外网，2021 年 4 月 25 日。

习近平：《实施国家大数据战略加快建设数字中国》，北方网，2017 年 12 月 9 日。

B.9

依托全国一体化政务服务平台，打造统一高效便捷的移动政务服务体系

饶晓亭*

摘　要：《全国一体化政务服务平台移动端建设指南》的出台是经济社会发展和政府治理现代化的必然需要，全方位阐述了全国一体化平台移动端的总体架构。《建设指南》明确了省级政务服务平台移动端的建设要求，要求各地区按照省级统筹原则，以全国一体化平台为支撑，整合本地区移动政务服务资源，建设完善省级政务服务平台移动端。《建设指南》为持续优化移动政务服务，打造统一、便捷、高效的政务服务平台移动端指明了方向，从集成、亮证、通办、便民四个方面提出新要求。贯彻落实《建设指南》，还需集中精力打好三场硬仗：首先是切实抓好“五个统一”，其次是切实整合移动服务资源，最后是切实推进服务移动化再造。

关键词：移动政务服务资源　服务移动化再造　省级政务服务平台移动端

2021 年 11 月，国务院办公厅印发的《全国一体化政务服务平台移动端建设指南》（以下简称《建设指南》），作为国家专门部署移动政务服务的

* 饶晓亭，贵州省政务服务中心主任。

重要文件，具有里程碑意义，将有力推动建成全国一体化政务服务平台（以下简称全国一体化平台）移动端体系，切实提升企业和群众办事的便捷度、满意度和获得感。

一　出台《建设指南》是经济社会发展和政府治理现代化的必然需要

数据显示，截至2021年6月，我国移动端网民规模达10.07亿人，网民使用移动端上网的比例为99.6%，政务服务平台移动端已成为各级政府服务企业和群众的重要渠道。满足网民在移动端办理政务服务的需求，已成为一体化政务服务供给侧改革的重要内容。近年来，为顺应企业和群众需求，各地大力推进移动政务服务，打造了“粤省事”“浙里办”“随申办”“贵人服务”等系列家喻户晓的移动政务品牌，为企业和群众掌上办、指尖办提供便利。但同时，移动政务服务应用散乱、群众办一件事要下载一个App等现象较为突出，平台运维保障不足、服务应用分散、运行不稳定、数据安全保障能力弱等诸多难点问题亟待解决。强化顶层设计、统一标准规范、优化服务流程，对建设高质量政务服务平台移动端，为企业和群众提供统一、高效、便捷的移动政务服务具有十分重要的意义。

二　《建设指南》全方位阐述了全国一体化平台移动端的总体架构

《建设指南》对国家政务服务平台移动端、国务院有关部门政务服务平台移动端和各省（自治区、直辖市）政务服务平台移动端进行了科学、系统的定位，明确国家政务服务平台移动端是全国移动政务服务的总枢纽，通过“五个统一”建设全国一体化平台移动端服务体系，逐步为企业和群众提供标准化、规范化、协同化、个性化、智慧化的移动政务服务。

三 《建设指南》明确了省级政务服务平台移动端的建设要求

《建设指南》提出，各省（自治区、直辖市）级政务服务平台移动端是本地区移动政务服务的主要提供渠道和总入口。各地区要按照省级统筹原则，充分利用全国一体化平台支撑能力，整合本地区移动政务服务资源，建设完善省级政务服务平台移动端。各地区原则上由省级政务服务平台移动端统一对外提供移动政务服务。省级政务服务平台移动端的建设要求充分考虑企业和群众需求，符合新时期政务服务需要。从群众需求来看，由省级政务服务平台移动端统一对外提供移动政务服务，在移动端服务平台上所有服务都“应有尽有”，破除了群众办一次事下载一个 App 的烦恼，减轻了群众办事的操作性成本，减少了群众对个人信息泄露的担忧。从规范管理来看，由省级政务服务平台移动端统一对外提供移动政务服务，可以充分发挥省级政务服务平台汇聚政务服务事项、联通各类办事业务系统、汇聚办事业务数据的基础优势，直接将服务移动化改造后搬上移动端，大大降低了平台建设、系统对接、数据共享、运维管理等方面成本，有效降低了数据安全风险。

四 《建设指南》为持续优化移动政务服务，打造统一、便捷、高效的政务服务平台移动端指明了方向

除实现更多政务服务事项“掌上办”“指尖办”外，为打造更高水平的移动服务，《建设指南》还着重从集成、亮证、通办、便民四个方面提出新要求。在集成套餐式服务方面，要求围绕企业和个人全生命周期办事服务，聚焦多部门联办、跨地区通办的政务服务事项，通过事项关联、表单整合和流程再造，推动“一件事一次办”。在“扫码亮证”服务方面，要求推动身份证、社会保障卡、医保电子凭证、驾驶证、行驶证、营业执照等电子证照

在全国一体化平台移动端汇聚和使用，在户政、社保、住房、医疗等相关事项办理中推广“扫码亮证”服务。在“一证通办”“无感通办”方面，要求以身份证件号码或统一社会信用代码关联电子证照，推动移动政务服务“一证通办”，实现移动政务服务事项申报、办理、支付、出件等“无感通办”。在便民应用方面，要求大力推动医疗就诊、公共交通、水电气热、电信等与群众日常生活密切相关的便民服务应用接入政务服务平台移动端，提供一体化服务，实现更多便民服务事项掌上办、指尖办。

五 贯彻落实《建设指南》，还需集中精力打好三场硬仗

贯彻落实好《建设指南》，切实提升移动政务服务能力，是一项系统工程，抓好以下三项工作尤为重要。

一是切实抓好“五个统一”。各地现有政务服务平台移动端的责任主体、建设模式、业务标准、体系架构各不相同，要协同有关单位加强顶层设计，严格按照国家统一标准改造和对接移动端，提供高质量移动政务服务。此外，要聚焦与企业和群众生产生活密切相关的高频事项，推动实现相关服务应用在移动端、电脑端（PC 端）、自助终端等同源发布、统一管理，充分依托国家政务服务平台统一身份认证系统，统一各级政务服务平台移动端身份认证体系，运用政务服务平台数据共享能力，支撑移动端“扫码亮证”“一证通办”“无感通办”，还要规范本地区本部门移动政务服务应用管理，切实做好各渠道服务应用管理和监测。在此过程中，各地政府要高度重视，明确各方责任，切实推进落实。

二是切实整合移动服务资源。出于历史原因，不少部门和基层政府建设了服务企业和群众的 App、小程序，在一定时期一定程度上确实做到了利企便民，但随着“放管服”改革的不断深入，这些 App、小程序需要进一步整合为统一移动端对外服务。各地各部门尽快将分散的服务应用整合到统一的政务服务平台移动端，实现“应接尽接”“应上尽上”，是一项迫切且艰巨的任务。需要认真摸清底数，厘清整合边界，明确时间表，列出责任清

单，下定决心完成整合，向企业和群众充分展现政务服务平台移动端的便捷性。

三是切实推进服务移动化再造。不仅要推进更多高频政务服务事项“掌上办”“指尖办”，更要顺应移动互联网时代用户的办事习惯，对传统政务服务进行移动化流程再造。这项工作不仅涉及各级各部门业务流程重塑，还需要大量应用现有数据资源，改革涉及面大、工作难度大。需要明确部门职责，梳理移动端高频政务服务事项清单，推出更多安全、稳定的数据共享应用，并建立动态更新机制和联动协同机制，推动实现政务服务事项“掌上好办”。

参考文献

《国务院办公厅关于印发全国一体化政务服务平台移动端建设指南的通知》，国办函〔2021〕105号，2021年9月29日。

叶子：《让“指尖上的政务”更加利企便民》，《人民日报（海外版）》2021年11月24日，第8版。

李季主编《中国电子政务发展报告（2017）》，社会科学文献出版社，2017。

韩兆柱、赵洁：《数字政府研究的历程、现状和趋势》，《学习论坛》2022年第1期。

B.10

让百姓尽早享受数字文明的便利

徐青山*

摘　要： 国务院办公厅印发的《全国一体化政务服务平台移动端建设指南》，为数字化时代政府如何更好提供政务服务指明了方向。本文以“恰逢其时”为切入口，理解新阶段政务服务发展的新要求、新挑战和《建设指南》对此作出的响应。具体而言，一是拥抱数字化时代恰逢其时，各地区各部门要运用新技术，提高平台服务水平；二是政务服务发展恰逢其时，政务服务平台移动端建设要紧密联系人民群众生产生活，切实做到为人民服务；三是基层实践总结恰逢其时，各地要积极总结基层实践经验，照顾特殊群体需求；四是统筹整合多元恰逢其时，要提高政务服务平台移动端集约化水平，强化移动端统筹推进和规范管理。

关键词： 数字化　政务服务平台移动端　政务服务标准化

当前，移动政务服务正快速从“潮流”转向“主流”。让移动政务服务这一具有数字文明显著标志的工具更好地便利百姓，是对新阶段政务服务发展的新要求和新挑战。令人欣慰的是，2021 年 11 月，国务院办公厅印发《全国一体化政务服务平台移动端建设指南》（以下简称《建设指南》），对此给予了指导。通过学习领会文件精神，笔者体会到四个恰逢其时。

---

* 徐青山，杭州市政府副秘书长，市数据资源管理局党组书记、局长。

一　拥抱数字化时代恰逢其时

当前国内商业消费领域中的互联网、移动互联网、物联网、大数据、人工智能等技术应用领先全球。在无时无刻、无处不在的各类消费场景服务下，服务对象已经习惯无空间和时间限制的消费方式、管家式服务、个性化需求快速满足以及随时随地的互动交流。他们也期望在政府主导提供的政务服务中，能够获得同样的体验。

《建设指南》要求，各省（自治区、直辖市）和国务院有关部门不断优化政务服务平台移动端个性化、智慧化服务功能，不断丰富移动政务服务应用场景，积极运用新技术提升移动政务服务便利化水平。这就需要我们从用户体验出发，充分利用搜索引擎等技术，全面提升政务服务平台移动端应用搜索能力与智能化程度，让用户使用搜索引擎时，输入关键字，就可以精准、快速地找到所需场景、事项、政策等内容；充分利用人工智能、大数据、智能推荐等技术，对标互联网个性化推荐能力，把场景、事项、政策等内容，主动精确地推送给用户，实现服务一键直达；参照"健康码"交互模式，突出便捷交互理念，通过后端统一集成，形成更加简洁便捷的前端，简化场景使用流程，提升用户体验感。

二　政务服务发展恰逢其时

党中央、国务院高度重视政务服务平台移动端建设，党的十八大以来，出台一系列文件，明确提出推动政务服务平台移动端建设。《国务院关于加快推进全国一体化在线政务服务平台建设的指导意见》（国发〔2018〕27号）强调，要推广移动政务服务，积极推进覆盖范围广、应用频率高的政务服务事项向移动端延伸，推动实现更多政务服务事项"掌上办""指尖办"。《国务院办公厅关于印发进一步深化"互联网+政务服务"推进政务服务"一网、一门、一次"改革实施方案的通知》（国办发〔2018〕45号）

明确要求拓展政务服务移动应用。《国务院办公厅关于加快推进政务服务“跨省通办”的指导意见》（国办发〔2020〕35号）要求加强全国一体化政务服务平台（以下简称全国一体化平台）移动端建设和应用，推动“跨省通办”事项“掌上办”“指尖办”。

全国一体化平台移动端建设既是顺应互联网发展规律的产物，更是落实“以人民为中心”发展理念的重要抓手。各地区各部门要积极把与企业和群众生产生活密切相关的应用在移动端推出，将政务服务平台移动端作为触及企业和群众的主要载体。

三　基层实践总结恰逢其时

近几年，全国各地大力推动医疗就诊、公共交通、水电气热、电信等与群众日常生活密切相关的便民服务应用接入政务服务平台移动端，提供一体化移动服务，实现更多便民服务事项掌上办、指尖办，形成一批高频政务服务移动端事项清单。《建设指南》在基层实践总结的基础上，提出要分批编制全国一体化平台移动端高频政务服务事项清单，推动实现相关服务应用在移动端、电脑端（PC端）、自助终端等同源发布、统一管理。浙江省杭州市在全国率先打造移动端首选、个人电脑端辅助、自助端拾遗、实体大厅端兜底“四端协同”的政务服务办事格局，制定360项高频事项清单，覆盖政务服务和便民服务领域，按照标准化、规范化要求实现四端同源发布，已累计服务8544万人次。

《建设指南》针对老年人等特殊群体，专门提出要优化政务服务平台移动端界面交互、内容朗读、操作提示、语音辅助等功能，积极为老年人提供大字版、语音版、简洁版移动政务服务应用，推出相关应用的“关怀模式”“长辈模式”。以浙江省杭州市为例，当地政务服务平台移动端个人注册用户1219.5万人，其中60岁以上老年人115.8万人，占比9.5%，越来越多的老年人有在移动端办事的需求。杭州市根据《关于切实解决老年人运用智能技术困难的实施方案》（国办发〔2020〕45号）有关要求，围绕老年人等群体的特殊需求，开展“数字无障碍”行动，印发《杭州市信息交流无障碍工作方案》，对办事大厅、移动端、办事网站等进行升级改造，在移动端上线“长辈版”，让老年人同样能充分享受移动政务服务带来的便利。

四　统筹整合多元恰逢其时

2010 年以来，在移动互联网飞速发展的浪潮下，各地区各部门开始探索将政务服务从电脑端向移动端延伸，依托第三方平台为企业和群众提供简单的信息发布和政策查询等服务。随着企业和群众移动端办事需求不断增长，各地区开始打造政务服务移动端，为不同区域和行业提供政务和便民服务。由于缺乏统一规划和管理，诸如“一件事一个 App”“一个部门一个 App”等分散建设问题较为突出。随着全国一体化政务服务平台建设成效的逐步发挥，政务服务移动端建设开始由分散转向集约，强化移动端统筹推进和规范管理成为共识。自 2017 年浙江省推进“最多跑一次”改革以来，杭州市开始停止新建政务服务平台移动端，将已有移动端逐步整合到省级政务服务平台移动端“浙里办”。2018 年杭州市按照整体政府理念，提出打造“移动办事之城”，将市域各级各部门 41 个移动端整合归并到“浙里办”杭州频道。从疫情防控到日常生活，从民生小事到家企大事，从政务服务到数字政府、数字经济、数字社会有关数字化改革应用，企业和群众均可通过一个入口享受到同源同质、好办易办的政务服务，移动政务服务集聚效应逐步显现。数据显示，2021 年以来，移动端办件量已经占到杭州市所有办事渠道办件总量的 36.7%，高频事项在移动端办件量占比更是达到 67.9%。

《建设指南》明确了全国一体化平台移动端包括国家政务服务平台移动端、国务院有关部门政务服务平台移动端和各省（自治区、直辖市）政务服务平台移动端，厘定了各层级移动端的定位、边界和关系。同时，《建设指南》强调一体化和多元化结合，提出创新移动政务服务提供方式，坚持政府主导，鼓励多方参与，规范政府部门与第三方平台合作，推动移动政务服务健康有序发展。

多元化供给实际就是将本地政务服务平台移动端上的服务内容，同源发布到其他相关移动端。其好处是外来人员、游客等无须为了临时性、短期性需求下载、注册当地政务服务平台移动端。比如，杭州市将10秒找空房、20秒进景区、30秒办理入住、非浙A急事通、无杆停车等专门为外来人员和游客提供的服务，同源发布到第三方小程序，使外来人员和游客通过小程序即可快捷办理相关服务。

《建设指南》的发布，对进一步规范全国一体化平台移动端建设，促进各地区各部门不断提升移动政务服务标准化、规范化、便利化水平，将起到引领性作用。各级各部门在推进移动端建设中要切实做好个人信息保护，特别是在个人信息收集“最小化原则”、个人信息授权同意、个人信息保护政策提供等方面，政务服务平台移动端应该起到带头示范作用。

参考文献

《国务院办公厅关于印发全国一体化政务服务平台移动端建设指南的通知》国办函〔2021〕105号，2021年9月29日。

傅建平：《基于公共价值的政务服务数字化转型研究》，中共中央党校博士学位论文，2020。

张汉青：《我国移动政务服务进入加速发展期》，《经济参考报》2019年7月25日。

付宏燕：《移动政务系统痛点分析及解决方案》，《现代计算机》2021年第23期。

浙江省大数据发展管理局：《“浙里办”App：伴你一生大小事》，《中国建设信息化》2021年第19期。

B.11

以建设指南为引领，聚焦关键领域和薄弱环节，持续提升移动政务服务能力和水平

刘佳晨*

摘　要：《全国一体化政务服务平台移动端建设指南》的出台，对于各地区各部门持续提升移动政务服务能力和水平具有重大意义。本文在充分认识《建设指南》重大意义的基础上，结合深圳市“i深圳”政务服务平台移动端建设实践，全面把握《建设指南》提出的目标任务。本文认为，《建设指南》的重大意义体现为立足新阶段，规划了广阔全面又重点突出的建设任务目标；聚焦新理念，设计了破解移动端建设管理分散、层级范围不明确、公共支撑能力不足等难题的创新路径和优化举措；构建新格局，提出了突出服务效能的发展思路。《建设指南》提出政务服务移动端建设的目标任务：一是要突出建设一体化，破解移动政务服务应用、运维分散和资源浪费等问题；二是要强化业务融合化，实现多渠道间紧密融合、数据同源、体验一致；三是要注重应用智能化，提升移动政务服务个性化、智慧化水平；四是要推广服务集成化，推动实现移动政务服务事项“一件事一次办”；五是要提升服务便利化，增强企业和群众办事获得感。

关键词：移动政务　业务融合化　应用智能化　服务集成化　深圳

* 刘佳晨，深圳市政务服务数据管理局局长。

2021 年 11 月，国务院办公厅印发《全国一体化政务服务平台移动端建设指南》（以下简称《建设指南》），《建设指南》出台及时，具有较高的指导性、操作性和前瞻性，是各地区各部门移动政务服务建设的基本遵循，必将有力促进各地区各部门不断提升移动政务服务标准化、规范化、便利化水平，对加强全国一体化政务服务平台（以下简称全国一体化平台）移动端建设具有重要指导作用。

一　充分认识《建设指南》的重大意义

一是立足新阶段，《建设指南》规划了广阔全面又突出重点的建设任务目标。移动政务服务以其泛在连接和及时精确的特色优势，有力推动了互联网和政府治理的深度融合，正在成为提升全国一体化平台服务水平和效能的重要引擎。《建设指南》立足新发展阶段，聚焦政府职能转变、深化“放管服”改革、数字政府建设等重点工作，提出坚持统筹规划、坚持需求引领、坚持创新驱动、坚持安全可控等四项原则；结合各地区各部门建设需求，围绕强化支撑能力、推动规范管理、优化服务模式等方面，提出全国一体化平台移动端建设的重点任务；按照全国一体化平台的建设目标，提出移动端服务体系、清单管理、区域通办、同标准办理等方面的工作目标。这为当前和今后一个时期全国一体化平台移动端规范建设、高质量发展提供了重要遵循。

二是聚焦新理念，《建设指南》设计了破解难题的创新路径和优化举措。随着全国一体化平台建设的不断深入，各级政府积极利用移动互联网技术，大力推动覆盖范围广、应用频率高的政务服务事项向移动端延伸，粤省事、浙里办、随申办、皖事通、渝快办、赣服通、“i 深圳”等一大批移动政务服务应用受到群众普遍欢迎，“掌上办”“指尖办”成为便民利企的亮丽名片。但政务服务平台移动端也存在建设管理分散、标准规范不统一、数据共享不充分、技术支撑和安全保障体系不完备等突出问题，急需从国家层面统一标准、统筹部署、协同推进。《建设指南》聚焦企业和群众办事难点堵点问题，深入分析原因，研究提出了具体措施。针对移动端建设管理分散问题，《建设指南》提出要充分发挥国家政务服务平台移动端总枢纽作用，推动各地区各部门移动政务服务资源整合和政务服务平台移动端集约化建设，全面提升一体化服务能力。针对移动端层级范围不明确问题，《建设指南》明确全国一体化平台移动端包括国家政务服务平台移动端、国务院有关部门政务服务平台移动端和各省（自治区、直辖市）政务服务平台移动端。针对公共支撑能力不足问题，《建设指南》提出要充分发挥全国一体化平台支撑作用，按照统一标准规范、统一清单管理、统一身份认证、统一数据共享、统一应用管理要求，推动全国一体化平台移动端标准化、规范化建设和协同化、一体化服务。

三是构建新格局，《建设指南》提出了突出服务效能的发展思路。加快推进全国一体化平台移动端建设既是顺应民意、优化服务的必要举措，也是适应社会发展的必然要求，更是移动互联网发展的大势所趋。人民群众对精准化、便利化政务服务日益增长的需求，不断推动一体化政务服务模式和渠道变革。《建设指南》坚持问题导向和需求牵引，提出要进一步优化政务服务平台移动端功能，不断丰富集成套餐式服务和“扫码亮证”“一证通办”“无感通办”等应用场景，充分利用移动互联网新技术，持续提升移动政务服务便利化水平，推动政务服务事项从“掌上可办”向“掌上好办”转变。

二　全面把握《建设指南》提出的目标任务

《建设指南》是2022年底前政务服务领域重点规划之一，是政务服务事项“掌上办、指尖办”工作部署的细化落实，旨在为推进政务服务移动端建设工作提供行动指南。各地区各部门要在全面落实《建设指南》各项要求的基础上，找准突破口，突出重点，狠抓关键，务求实效。

一是突出建设一体化。加强集约化、一体化建设，是破解移动政务服务应用散乱、运维分散和资源浪费等问题的关键。《建设指南》明确了各层级移动端定位、功能和建设要求，并提出形成以国家政务服务平台移动端为总枢纽的全国一体化平台移动端服务体系的目标要求。目前，“i 深圳”以统一服务入口、服务全覆盖为目标，已经实现移动政务服务市、区、街道和社区四级全贯通，“一屏智享生活、一号走遍深圳”正在成为现实。

二是强化业务融合化。多端、多渠道融合是移动政务服务发展的方向。《建设指南》提出要推动相关服务应用在政务服务平台移动端、政务服务大厅、自助终端等服务渠道统一管理、同源发布、一体化服务。近年来，“i 深圳”依托统一身份认证、统一事项管理、统一申办受理、统一电子证照等平台支撑，推动与实体行政服务大厅、自助服务终端等平台数据通、业务通，实现多渠道间紧密融合、数据同源、体验一致。

三是注重应用智能化。智能化移动政务服务场景将成为政务服务的新形态，也是未来移动政务服务发展的基本趋势。《建设指南》提出要充分发挥移动互联网泛在、连接、智能等优势，积极运用大数据、区块链、人工智能等技术手段，提升移动政务服务个性化、智慧化水平。“i 深圳”在深化推广“秒批”服务的同时，创新推出“无感申办”“秒报秒批一体化”“免证办”等智慧政务改革，让“指尖办事”更方便、服务体验更优化。

四是推广服务集成化。“一件事”集成服务改革，是推进审批服务便民化的重要部署。《建设指南》提出要围绕企业、个人全生命周期的办事服务，聚焦多部门联办、跨地区通办的政务服务事项，推动实现移动政务服务事项“一件事一次办”。“i 深圳”通过前端业务协同、后端数据共享，积极探索跨部门、跨层级、跨地域的整体服务，先后推出社会保障、交通出行、疫情防控、文体旅游、企业服务等 18 个服务专区。

五是实现服务便利化。办事便利化是用户体验的重中之重。《建设指南》提出聚焦企业和群众办事痛点难点堵点问题，顺应企业和群众新要求、新期盼，积极推动企业和群众经常办理的事项向移动端延伸，提升移动政务服务供给水平。“i 深圳”已实现全市 95%个人政务服务事项和 70%以上法人政务服务事项“掌上办理”，逐步实现“线下能办线上能办、线上能办掌上能办”，将刚性低频政务服务和高频公共服务相结合，积极推进交通出行、就医入学、求职创业、文化旅游等与企业和群众生产生活紧密相关的公共服务移动化办理，进一步提升办事便利化程度，增强企业和群众办事的满意度和获得感。

下一步，深圳市将按照《建设指南》要求，在持续推进政务服务汇聚整合的基础上，进一步推动更多与企业群众生产生活密切相关的公共服务和便民服务移动化改造并接入“i深圳”，不断强化数据汇聚、信息共享和业务协同，着力提升移动办事服务体验，深入推进智慧政务建设，进一步加强移动政务服务运营管理和信息安全管理，打造以“i深圳”为主渠道，具有更广泛意义的“一网通办”，让企业和群众办事更便利，让营商环境更优良，让城市运转更智慧。

参考文献

《国务院办公厅关于印发全国一体化政务服务平台移动端建设指南的通知》，国办函〔2021〕105号，2021年9月29日。

《国务院办公厅关于印发进一步深化“互联网+政务服务”推进政务服务“一网、一门、一次”改革实施方案的通知》，国办发〔2018〕45号，2018年6月10日。

傅建平：《新技术在电子政务中的创新应用及对中国的启示——〈2018联合国电子政务调查报告〉解读之五》，《行政管理改革》2019年第5期。

何毅亭主编《中国电子政务发展报告（2018-2019）》，社会科学文献出版社，2019。

B.12

注重以统促建　强化服务创新打造规范有序便利高效的一体化移动政务服务体系

刘明芳*

摘　要：《全国一体化政务服务平台移动端建设指南》是全国一体化移动政务服务发展的“总规划”，也是全国一体化移动政务服务体系建设的“总框架”，更是各地区各部门移动政务服务工作的“总导则”。本文结合全国公安政务服务移动端建设实践，解读《建设指南》对全国一体化政务服务平台移动端建设作出的决策部署。《建设指南》突出国家政务服务平台总枢纽作用，为加快实现全国移动政务服务入口统一、互联互通指明了目标方向。《建设指南》强化统一基础支撑能力建设标准，提出了统一标准规范、统一清单管理、统一身份认证、统一数据共享、统一应用管理的“五个统一”要求，有助于加快实现全国移动政务服务规范管理、高效协同。《建设指南》注重优化移动政务服务体验，要求优化政务服务平台移动端服务功能和方式，有助于加快实现各地各部门移动政务服务精准定位、创新发展。

关键词：国家政务服务平台　数据共享　移动政务服务

* 刘明芳，公安部科信委专职副主任。

为贯彻落实党中央、国务院关于深化“互联网+政务服务”、加快推进全国一体化政务服务平台建设的决策部署，积极回应企业群众对政务服务“掌上办、指尖办”的新需求，2021 年 11 月，国务院办公厅印发了《全国一体化政务服务平台移动端建设指南》（以下简称《建设指南》），就进一步加强和规范全国一体化政务服务平台（以下简称全国一体化平台）移动端建设，推动各地区各部门移动政务服务标准化、规范化和互联互通作出部署。这是全国一体化移动政务服务发展的“总规划”，也是全国一体化移动政务服务体系建设的“总框架”，更是各地区各部门移动政务服务工作的“总导则”，对加快构建标准统一、整体联动、业务协同、高效便利的移动政务服务体系具有引领意义，对全国公安政务服务移动端建设应用具有重要指导作用。

一　《建设指南》突出国家政务服务平台总枢纽作用，有助于加快实现全国移动政务服务入口统一、互联互通

2018 年以来，国办着力开展国家政务服务平台（以下简称国家平台）建设应用，深入推进各省（自治区、直辖市）和国务院有关部门政务服务平台与国家平台应接尽接，政务服务事项应上尽上。目前，以国家平台为总枢纽的全国一体化政务服务格局基本形成，国家平台公共入口、公共通道、公共支撑作用逐步发挥。国家平台建设成效的取得为全国一体化移动政务服务体系建设奠定了坚实基础。

《建设指南》明确了全国一体化平台移动端层级架构，包括国家平台移动端、国务院有关部门政务服务平台移动端和各省（自治区、直辖市）政务服务平台移动端，其中国家平台移动端是总枢纽，为各地区各部门政务服务移动端提供公共入口、公共通道、公共支撑，为企业和群众提供查询、预约、办理、投诉建议和评价反馈等一体化服务。

各地区各部门要充分利用国家平台支撑能力，整合本地区本部门移动政

务服务资源，加快建设本地区本部门移动政务服务应用管理系统，并与国家平台移动政务服务应用管理系统对接联通。未建设政务服务平台移动端的国务院部门，可充分依托国家平台移动端对外提供服务。《建设指南》提出的以国家平台为总支撑，各部门各地区统筹规划、集约整合和统一接入的实施路径，为加快实现全国移动政务服务入口统一、互联互通指明了目标方向。

二 《建设指南》强化统一基础支撑能力建设标准，有助于加快实现全国移动政务服务规范管理、高效协同

统一的标准规范是确保各地区各部门政务服务移动端对接联通、数据共享、业务协同、一体运行的前提保障。《建设指南》提出了统一标准规范、统一清单管理、统一身份认证、统一数据共享、统一应用管理的“五统一”要求。统一标准规范明确各地区各部门要以移动端建设和接入标准为指引开展政务服务移动端建设改造，切实解决目前政务服务移动端技术架构、接入组件、界面交互等缺少技术标准造成的互不兼容、对接困难问题。遵照移动端安全防护和管理标准强化政务服务移动端数据和网络安全，补齐安全短板，做好日常监测，提升风险化解和应急处置能力。统一清单管理要求基于国家平台政务服务事项基本目录编制移动端高频政务服务事项清单，在确保目录同源的基础上，把适合“随时办、掌上办”的服务事项向移动端扩展。统一身份认证要求依托国家平台统一身份认证系统，统一认证标准、规范认证渠道、建立认证结果纠错机制，切实实现政务服务移动端用户身份信息跨地区、跨部门互认互信、“无感漫游”。统一数据共享要求加快推动政务服务领域高频电子证照标准制定，实现同一电子证照全国范围互认互信，有力支撑政务服务移动端“一证通办”。统一应用管理明确国务院有关部门已建的政务服务移动端及移动政务服务应用于2022年底前全部接入国家平台移动端，有助于解决目前政务服务移动端应用管理分散，入口庞杂的问题，同时对第三方平台推广移动政务服务应用进行规范，确保政务服务应用安全可靠运行。

三　《建设指南》注重优化移动政务服务体验，有助于加快实现各地各部门移动政务服务精准定位、创新发展

近年来，各地区各部门政务服务移动端建设加速发展，已从初步建成进入广泛应用阶段，但相比互联网商业移动应用，大多数政务服务移动应用在功能先进性、用户体验感、服务内容丰富度等方面还有很大提升空间。《建设指南》积极践行“以人民为中心”的发展思想，要求优化政务服务平台移动端服务功能和方式，为企业和群众提供更加便利高效的移动政务服务。注重功能优化和服务深化双轮驱动，在功能优化上，提出打造用户专属服务空间，紧贴不同用户需求特点和关注重点，实现服务精准化匹配和政策个性化推送。充分发挥移动互联网泛在、连接、智能等优势，积极运用大数据、人工智能、5G 等技术手段，提升搜索服务智慧化水平和政务服务“好差评”的便捷度。关注老年人群体，优化政务服务平台移动端界面交互、语音辅助等功能，充分体现政务服务的公平普惠便利。在服务深化上，提出不断丰富移动政务服务应用场景，围绕企业、个人全生命周期的办事服务，构建适合在移动端办理的集成套餐式服务；推广“扫码亮证”服务，着力打造实名认证、实人核验、实证共享的服务模式；以身份证号码关联电子证照，推动移动政务服务实现“一证通办”；推进与群众日常生活密切相关的便民服务应用接入政务服务移动端，实现更多便民服务事项“掌上办、指尖办”。

下一步，公安部将认真落实《建设指南》提出的任务要求，着力从以下四个方面做好公安政务服务移动端建设应用工作，为加快建成全国一体化移动政务服务体系贡献公安力量。

一是加强统筹规划，形成集约高效的一体化发展格局。稳步推进《全国公安机关“一网通办”建设规划（2020—2022 年）》落地见效，加快编制统一目录清单、统一身份认证、统一电子证照、统一应用管理等移动政务

服务关联度高的标准规范，组织建设公安部移动政务服务应用管理系统，制定和完善公安政务服务移动端建设、接入、管理、运维、安全等相关标准，充分发挥公安部互联网政务服务工作领导小组职能作用，协调推动本部门将移动政务服务应用统筹整合到公安“一网通办”App，并在2022年底前接入国家政务服务平台移动端，推动形成公安政务服务集约化管理、一体化运行的良好发展格局。

二是深化联通共享，打造公安政务服务便民惠警新模式。依托全国一体化政务服务平台支撑能力，按照“总对总”原则，推动公安与各地区各部门移动政务服务应用所需相关数据安全有序高效共享，政务服务领域高频电子证照跨地区、跨部门互信互认，实现更多公安政务服务事项“一网通办”，为基层一线和窗口民警减负增效，同时提升企业群众获得感，努力实现公安政务服务便民惠警双赢效果。

三是优化服务体验，提升公安政务服务供给水平。升级完善公安部“互联网+政务服务”平台及移动端，进一步整合各地公安政务服务业务，全面接入全国一体化在线政务服务平台，实现用户“一次登录”“无感通办”。上线重名查询、临时乘机证明开具、交通违章查询、出入境证件办理预约等高频公安政务服务移动端应用，方便群众“随时办、掌上办”。开展公安政务服务平台及移动端App适老化改造，为老年人提供大字版，运用人工智能等技术优化智能搜索和智能客服功能，方便企业和群众快捷精准获取相关服务信息，不断提升企业和群众获取公安政务服务的体验感和满意度。

四是筑牢安全防线，确保网络和数据信息安全可控。积极构建公安一体化政务服务平台全方位、多层次、一致性的防护体系，加强网络等级保护要求、国产密码应用评估及安全接入检测。加强数据安全管理，强化用户隐私信息保护，第三方平台上线的公安政务服务小程序实行独立用户体系，切实保护公安政务服务用户身份数据及业务数据安全。加强平台日常运营运维，建设平台运行管理中心，制定完善应急预案，不断提升日常防护、监测预警和应急处置能力，确保公安政务服务网络安全、数据安全、应用安全。

参考文献

《国务院办公厅关于印发全国一体化政务服务平台移动端建设指南的通知》，国办函〔2021〕105号，2021年9月29日。

《国务院办公厅关于印发进一步深化“互联网+政务服务”推进政务服务“一网、一门、一次”改革实施方案的通知》，国办发〔2018〕45号，2018年6月10日。

傅建平：《新技术在电子政务中的创新应用及对中国的启示——〈2018联合国电子政务调查报告〉解读之五》，《行政管理改革》2019年第5期。

韩兆柱、赵洁：《数字政府研究的历程、现状和趋势》，《学习论坛》2022年第1期。

技术应用篇

Reports on Technology Application

B.13 移动政务服务的建设与运营

——以“皖事通”为例

檀何凤*

摘 要： 近年来，为响应一体化发展战略，长三角地区移动政务建设百花齐放，为居民提供医疗、教育、交通等各个领域的政务便民服务。本文以“皖事通”为例，详细介绍了其在设计、效用、技术方面的优势，即在顶层设计上，坚持按照“省级统一平台、各市分级运营”的模式，推进全省政务服务移动端全面统一；在服务效用上，坚持以精细化端内运营提升用户黏性、以高质量互动活动提升影响力；在技术创新上，不断优化办事流程、优化服务体验、统一框架模式和支撑分厅特色创新。本文通过具体的案例阐述了移动政务服务对于公众所具有的便捷性和即时性。当前“皖事通”还存在底层开发重复性大、服务融入需加强、规范化管理和安全保护需提升等问题，安徽省将从构建集约高效的运行模式、持续

* 檀何凤，硕士研究生，安徽省大数据中心工程师，主要研究方向为移动政务服务、电子政务。

提升服务便民效果、做好规范化管理和保障用户数据安全三方面持续发力，有针对性地应对“皖事通”的建设问题与挑战。

关键词： 移动政务服务　皖事通　高频服务　便民化

一　引言

第50次《中国互联网络发展状况统计报告》显示，截至2022年6月，我国手机网民规模达10.47亿人，占网民总数的99.6%。网上办事体系越来越健全是网民数量增多的原因之一，移动政务服务充分践行了网上群众路线，构建了“指尖服务模式”，开拓了党和政府联系群众、服务群众、凝聚群众的重要渠道。这一渠道是加快转变政府职能、建设服务型政府的重要手段，是引导网上舆论、构建清朗网络空间的重要阵地，是探索社会治理新模式、提高社会治理能力的重要途径①。《国务院办公厅关于加快推进政务服务“跨省通办”的指导意见》（国办发〔2020〕35号）文件要求加强全国一体化政务服务平台移动端建设和应用，推动“跨省通办”事项“掌上办”“指尖办”。2021年11月，《国务院办公厅关于印发全国一体化政务服务平台移动端建设指南的通知》（国办函〔2021〕105号），就进一步加强和规范全国一体化政务服务平台移动端建设，推动各地区各部门移动政务服务标准化、规范化建设和互联互通作出部署，阐明了政务服务平台移动端的建设目标、建设模式、建设要求和保障措施，为各地区各部门下一步做好政务服务平台移动端建设提供了强有力的指导。本文将从长三角移动政务服务发展现状开始论述，阐明安徽省“皖事通”App的顶层设计、需求导向和较好的应用案例，进一步说明“皖事通”App现在存在的问题

---

① 中国软件测评中心：《2021年省级移动政务服务能力调查评估报告（2021年7月）》，https：//www.cstc.org.cn/shengjiyidongzhengwufuwunenglidiaochapinggubaogao.pdf，最后检索时间：2021年9月12日。

和应用措施，推动将“皖事通”App打造成广大网民喜爱并好用的政务服务App。

二　发展现状

（一）长三角移动政务服务发展现状

2018年11月5日，习近平总书记在首届中国国际进口博览会上宣布，支持长江三角洲区域一体化发展并将其上升为国家战略。中共中央、国务院于2019年12月印发实施《长江三角洲区域一体化发展规划纲要》，明确长三角一体化发展是深入贯彻国家政策要求的具体举措。2020年，国务院办公厅印发《关于加快推进政务服务“跨省通办”的指导意见》提出加强全国一体化政务服务平台移动端建设和应用，推动“跨省通办”事项“掌上办”“指尖办”。通过对标沪苏浙，推动更多政务服务“掌上办”、高频事项基本实现“区域通办”和“跨省通办”，安徽省结合实际，制定了《安徽省2021年长三角地区政务服务“一网通办”工作实施方案》，对“皖事通”的建设和运营提出了具体的要求。以下通过对比长三角三省一市的移动端政务服务，找出自身的不足，旨在汲取长三角政务App优点的基础上，使“皖事通”结合本地特点，以用户为核心，不断提升群众的满意度和获得感（见表1、表2）。

表1　长三角移动政务服务各方面对比

App名称	App上线时间	App上服务总量(项)	建设模式	微信公众号发布情况
随申办	2017年	1541	大部分功能由市级统建,提供了区和街道级别的旗舰店	服务号 一月4次,一次2~4篇
江苏政务服务	2017年	2000+	由省级统建,地市切换会刷新服务和相关配置	服务号 一月4次,一次3~4篇
浙里办	2014年	650	由省级统建,无分厅概念,站点选择是为了关联服务和首页相关配置的	订阅号 一天1次,一次1~2篇
皖事通	2018年	4700+	在省级统一框架的基础上,省级统一平台、各市分级运营	订阅号 一天2~3次,一次1~2篇

表 2　长三角移动 App 应用市场评分

App 名称	华为应用市场评分	华为应用市场评价条数	苹果应用市场评分	苹果应用市场评价条数
随申办	3.6	57	4.2	7145
江苏政务服务	2.9	37	2.6	3467
浙里办	2.4	73	2.9	1.1 万
皖事通	3.4	76	3.3	7992

总体来看，长三角政务服务 App 均为居民提供医疗、教育、交通等各个领域的政务便民服务，推动了政务信息公开，提升了政府服务能力。在长三角三省一市移动端政务服务方面，安徽省起步较晚；上线服务数较多，多为便民服务，下一步将提升服务质量，做优做精服务；建设模式多以本级统建、各分厅分建为主；微信公众号方面皖事通为订阅号，订阅号可实行按天发布，通过公众号为广大群众发布最新最及时的消息。对比华为和苹果应用市场的评分，各政务 App 的评分普遍较低。随申办 App 相对而言评分较高，用户对其服务的认可度较高。分析统计应用市场的评价①，发现用户对于强制下载、强制打卡、强制推广反映较差。

（二）“皖事通”的发展现状

1. 顶层设计

2020 年 6 月，安徽省发布《关于印发“数字江淮”建设总体规划（2020—2025 年）的通知》提出，在政务服务重点工程中提出“全面改造升级‘皖事通办’移动端，形成全省统一‘皖事通办’移动端”②。2021 年 3 月 1 日，安徽省正式施行《安徽省政务数据资源管理办法》，明确提出“省人民政府数据资源主管部门应当统筹建设全省统一的皖事通移动应用品

① 冀翠萍、马亮：《如何评价移动政务服务质量？——基于省级政务客户端用户评论的探索性研究》，《湖北社会科学》2021 年第 11 期。

② 安徽省数据资源管理局电子政务与应用处：《安徽省智慧政务新模式及典型应用》，《大数据》2020 年第 2 期。

牌，整合各地区、各政务部门独立的政务服务移动端，接入皖事通移动应用平台”。“皖事通”起步于2018年底，作为安徽省重点打造的政务服务移动端App，按照“省级统一平台、各市分级运营”的模式，既强化了数据和业务的统一基础支撑，又充分发挥16个市的积极性和主动性，实现16个市政务服务移动端全面统一，同时，还在逐步推动各部门政务服务移动端融合接入，不断完善功能支撑、丰富场景应用。作为安徽省推进信息化便民惠民的重要移动平台，“皖事通”在中央党校（国家行政学院）电子政务研究中心2021年5月发布的《省级政府和重点城市一体化政务服务能力（政务服务“好差评”）调查评估报告（2021）》省级政府整体指数排名中，安徽得分91.02，位列全国第四，已连续四年位居全国第一方阵；在工业和信息化部中国软件评测中心发布的《省级移动政务服务能力调查评估报告》省级移动政务服务能力App评估中，“皖事通”获得优秀等级，安徽省在移动政务服务能力建设方面走在全国前列。

2. 需求导向

“皖事通”App是安徽省重点打造的移动端政务服务平台，为群众提供了全渠道、全方位、全区域“无处不在”的政务服务，实现政务服务随时可得、便捷高效。上线运营三年间，下载量超1亿次，累计访问量破100亿次，是群众生活中必不可少的“掌中宝”。

以精细化端内运营提升用户黏性。根据新上线重点服务和活动应用的运营推广需要，对“皖事通”App端内的弹窗、运营位、轮播图、专题图等进行更新策划，向用户重点推荐新上线、高频使用的服务和活动，例如，2021年以来重点向用户推荐光盘活动、升学报名、中高考专题等。通过对App端内重点运营位的推荐，方便用户体验与参与，串联用户交互路径，增强用户黏性。此外，App端内的便民资讯板块保持每日更新，以生动活泼的形式和即时信息，服务用户需求。围绕推出的专题页，在海报、手册、宣传栏、单页、易拉宝等宣传物料上进行创意设计，持续强化品牌形象。如2021年端午节期间的节日品宣图，将粽子、“安康码”金边、新冠病毒疫苗以及“端午安康”等元素结合一起，受到了用户的广泛好评。

以高质量互动活动提升影响力。在提升服务质量的同时，适时开展互动活动，拉近与用户的距离。配合服务应用和品牌推广需要，有针对性地策划开展“皖事通”周年庆线上活动、“皖事通”社会热点性活动、“皖事通”阶段成果展示活动以及功能性推广活动等，深化用户服务体验，实现优质服务功能和品牌形象的精准传播，提升“皖事通”美誉度与品牌高度。例如，6月25日，为迎接中国共产党成立100周年，巩固党史学习教育成果，上线了“建党100周年党史答题”活动，活动期间点击量达13.6万次，参与人数5.6万余人，活动人均参与时长达3分钟。活动以答助学，为人民群众学习党的基本知识、重温党的奋斗历程提供平台，引导人民群众特别是党员干部认真学党史、坚定信仰，推进党史学习教育实践活动走深走实。

3. 技术创新

一是优化办事流程。强化应用身份认证、电子证照、数据共享等技术手段，居民通过身份认证即可自动获取个人证照信息和个人其他信息。持续精简办事材料，促进群众办事“少带少填少报”。

二是优化服务体验。用户完成数字身份认证后，可以将个人的相关信息回填至办件的申请中，减少申办信息内容重复填写，提高申办效率。通过对“刷脸”“扫码”等智能化手段的运用，解决注册、登录、身份认证等门槛性问题。另外语音导航、智能助办等功能为办事群众提供“沉浸式”服务，及时解决用户申办事项时遇到的困难和困惑。

三是统一框架模式。“省级统一平台、各市分级运营”的模式，既强化了数据和业务的统一基础支撑，又充分发挥16个市的积极性和主动性，实现16个市政务服务移动端全面统一，同时，还逐步推动各部门政务服务移动端融合接入①。

四是支撑分厅特色创新。上线独立访客数量统计、首页访问统计、原生能力调用情况统计等功能，为掌握服务使用情况提供了更加科学有效的数据

① 朱诚：《坚持应用便民导向全面提升移动政务服务能力水平——〈全国一体化政务服务平台移动端建设指南〉解读》，《人民日报》2021年11月12日。

支撑。推动各地市跨平台、跨系统、跨业务的资源相互调用和信息共享，实现多端数据资源的统一标准、管理、共享、对外服务。同时，通过多端数据埋点技术，对多渠道加强覆盖，丰富数据类型和模型结构，提高多端数据沉淀效率，实现各地一体化全维度热度分析，充分挖掘数据价值，为各地开展个性化服务提供有利条件。

4. 应用案例

（1）升学报名专区

“皖事通”于2021年5月11日上线首个升学报名专区，为节省群众办事时间，解决家长们线下排队的痛点问题，汇聚全省幼儿园入园、幼升小、小升初等多个教育阶段报名服务，形成服务专区，覆盖8个市1000余所学校，全省线上报名人数超过20万。

在服务建设方面，利用大数据、证照库等进行信息比对，实现户籍、房产大数据互联互通，免去纸质材料的提交或拍照上传，方便快捷、公正透明，线上报名服务在一定意义上推动教育公平和政府公共服务资源的高效配置。

在服务推广方面，与计划上线的各市紧密沟通、积极对接，做好服务保障，为各市提供服务宣传计划与内容，如品宣材料、海报漫画以及各类成功经验等，实现全省一个宣传步调，同步开启氛围宣传，最大化拓展媒体渠道宣传效应。

在活动推广方面，推出“皖皖升学季活动”，配合升学类服务的阶段性宣传，便于用户知晓了解使用“皖事通”App升学领域的服务，拉近与用户的距离。在活动期间，参与人数近4万人，在让用户参与教育板块成长进步的同时，进一步深化“皖事通”App在教育板块的品牌形象。

（2）城乡居民医保缴费

2021年以来，“皖事通”App持续优化升级，实现更多政务便民服务事项“指尖办”“掌上办”，减少用户办理城乡居民医保缴费“来回跑”和“排长队”就是其中之一。城乡居民医保缴费服务于2021年首次启动安徽省医保局全省服务统建，实现“参保缴费”“参保代缴”“参保登记”“缴

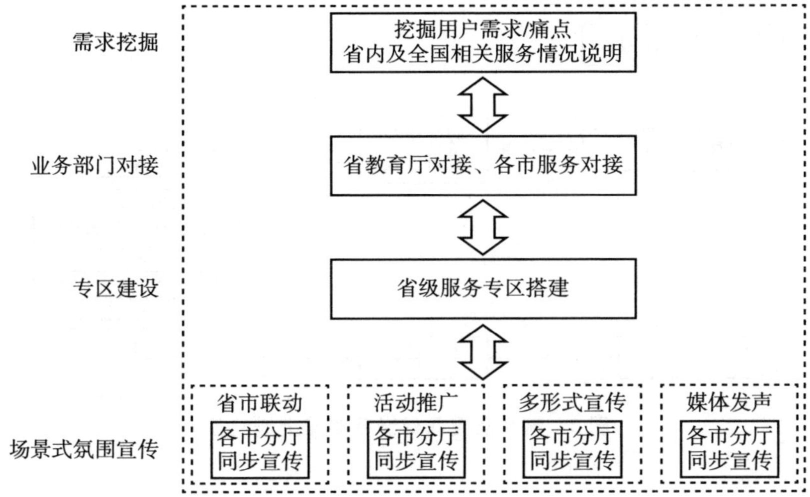

图 1　升学报名专区服务建设、推广流程

费查询”等功能。自服务上线起至 12 月 31 日，服务访问量达到 2600 万次。

城乡居民基本医疗保险涉及千家万户，及时参保能让人民群众“病有所保、病有所医”，是事关人民群众切身利益的民生大事。“城乡居民医保专区”，把医保缴费服务搬到群众的手机上，最大化延伸医保缴费业务办理触角，实现医保缴费“掌上办”“零跑路”，助力居民医保惠民政策落到实处和实现全民应保尽保。

“掌上办医保”是安徽省打通医保服务群众“最后一公里”的重要举措。接下来，“皖事通”App 将继续优化医保相关服务，丰富服务事项，简化办理流程，实现更多医保服务“一次不用跑”，切实提升人民群众的“获得感”“幸福感”（见图 2）。

（3）阜阳—临泉 80 岁以上高龄津贴申请

为了让老年人不被“数字鸿沟”阻挡，享受到信息化带来的便捷和高效，阜阳市数据资源管理局上线了“临泉 80 岁以上高龄津贴申请”服务，借助“数据核验”“生物识别”等成熟技术，让老人领取高龄津贴“一次不跑”，将敬老助老体现在为老人解决现实困难中。自服务上线至今，访问量

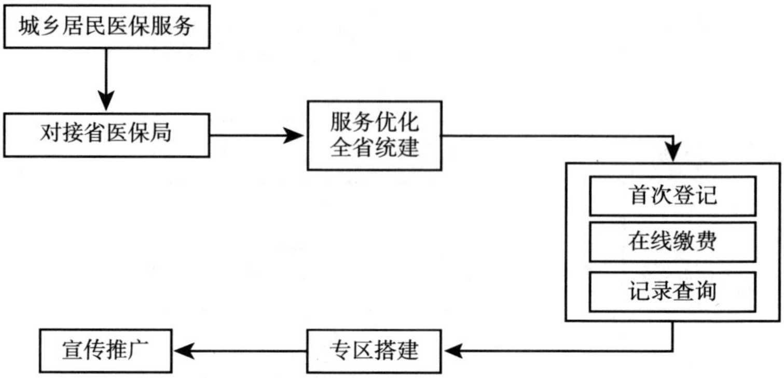

图 2　城乡居民医保缴费对接上线流程

超 623 万。

利用信息化技术完成老年人健康数据核验，助力津贴发放，符合申请条件的，可以在“皖事通”App 线上申请，成功受理后当月即可发放津贴，由老年人的子女、社区工作人员帮老人代办，通过“皖事通”App 搜索“高龄津贴资格认证”服务，选择帮他人认证，按要求输入老年人身份信息，完成人脸识别认证等步骤即可。

高龄津贴网上申请服务实现了社区服务从线下到线上的转移，更是增加了线上他人代办渠道，关注老人需求，真正做到让老年人省事，解决老年人行动不便、出行困难的难题，让老年人“一趟不用跑”，在家就能畅享智慧生活。

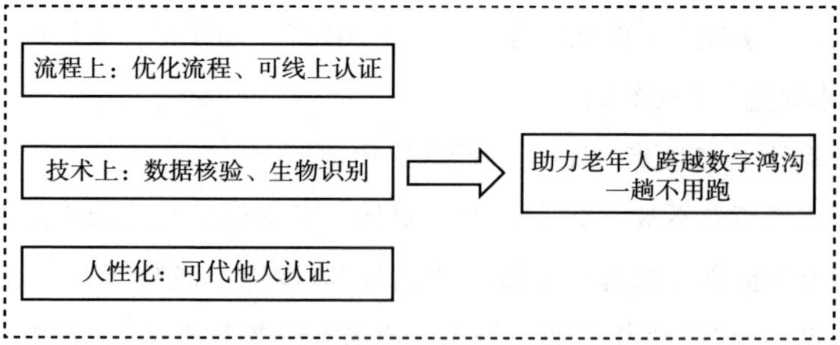

图 3　阜阳—临泉 80 岁以上高龄津贴申请服务

三 “皖事通”存在的问题及应对措施

（一）存在的问题

一是底层开发重复性大。现存的移动端都是各部门根据本部门需求独立建设，存在差异，但部分功能的开发都是相同的，皖事通在推动各部门政务服务移动端融合接入的过程中，无论已经开发的服务还是未开发的服务，都是针对各部门的移动端服务接一个开发一个①。

二是服务融入需加强。高频服务是群众最迫切需要的，现有的高频服务主要来源于各部门。多部门服务接入造成了渠道的“割裂”和服务的“碎片化”，一些涉及多级多部门的服务没有办法实现共享。部门之间的信息数据共享以及协同能力较弱。

三是规范化管理和安全保护需提升。面向互联网提供的移动政务服务，运营是必不可少的，运营中需要不断地统计各板块数据并进行分析来满足用户的需求，涉及的用户数据广且大。虽然现有产品采用的都是严格的安全保护产品，规范化管理个人信息保护。但数据跟服务是在不断扩展的，安全保护和规范化管理需要不断提升。

（二）应对措施

面对以上问题，安徽省将从以下三个方面采取应对措施。

一是构建集约高效的运行模式。如果存在公共组件，可让各部门在开发平台上定制化地进行服务开发，将能节约大量的人力和财力。针对这个问题，安徽将依托国家政务服务平台移动端总枢纽，统筹推动“皖事通”移动端重构升级，进一步健全公共基础能力，实现移动应用一站式研发、测

---

① 靳小平、海峰：《我国移动政务的驱动要素、存在问题及发展对策》，《中国社会科学院研究生院学报》2018 年第 4 期。

试、发布、监管和运营。

二是持续提升服务便民效果。“皖事通”将继续以群众需求为出发点，直击痛点、打通堵点、解决难点，落实全国一体化平台移动端高频政务服务事项清单管理机制，持续推动高频事项接入移动端，积极开发拓展一批本地特色便民服务，实现更多高频事项“掌上可办”“掌上好办”。规范三方服务，做好服务分类，畅通服务流程，结合用户痛点，做精做优服务。面向老年人、残疾人等特殊群体，积极推进移动端适老化、无障碍改造，不断提升用户体验。同时，利用数据资源，拓展数据应用，让数据多跑路，群众少跑腿。充分调研居民政务服务诉求，利用“四电”能力，推动政务服务移动办理①。

三是做好规范化管理，保障用户数据安全。“皖事通”坚持把安全运营放在首位，强化网络安全、数据安全和个人信息保护，不断健全管理制度，加强综合防范。在平台稳定运行方面，严格采用安全合规的服务和产品，确保数据可靠存储和使用，杜绝泄露风险；引入安全团队，定期组织应急演练和安全测试，及时发现安全隐患并整改。在个人信息保护方面，对涉及个人隐私的相关服务，严格按照有关要求及时更新隐私协议，规范用户信息采集，保障用户知情权、选择权和隐私权。

四　结论与建议

当前，移动政务服务进入了广泛的建设和运营阶段，存在的差距也在不断凸显，但各级各部门建立移动端且将政务服务纳入移动端的目的都是相同的，更好地为广大网民提供方便快捷的服务，更好地服务于广大公众的衣食住行，为提升安徽省的移动政务服务，本文提出以下几点建议。

一是加强制度管理体制。现有的移动政务服务多是基于 App、微信小程

① 朱诚：《坚持应用便民导向全面提升移动政务服务能力水平——〈全国一体化政务服务平台移动端建设指南〉解读》，《人民日报》2021 年 11 月 12 日。

序与支付宝小程序进行的运营和管理，政府部门应完善体制建设，规范多方运营，提升在移动端为公众服务的履约能力。

二是引入智能化技术。在信息化高速发展的今天，利用大数据、人工智能、云计算和区块链等技术来提升现有移动端的智能化水平①，以满足日益增长的公众需求，是移动政务服务发展不可或缺的需要，信息化水平的高低在某种程度上能体现一件产品的好用度，我们需要引入适合移动端的智能化技术来提升服务水平。

三是建立用户第一的理念。移动端的建设都是围绕用户而展开，好口碑的前提是好用，我们需要不断完善用户回馈体制。同时，用得越多数据留存得越多，个人信息安全是一直需要被关注的，政府侧的应用需要在技术和管理上保护个人信息的安全。

① 智政院：《移动政务服务：从“潮流”迈向“主流”的关键与趋势》，https：//www. ishang. net/zh/industry/mobile-government-76726. html，最后检索时间：2021 年 3 月 18 日。

B.14
湖北省移动政务服务鄂汇办App建设思考、构建与实践

王世荣　胡雅南　陈志强　李　柏*

摘　要：近年来，湖北省积极响应习总书记加强数字政府建设的指示，将“提高政府数字化水平”列入了第十四个五年规划和2035年远景目标纲要，加强和规范政务服务移动应用建设管理，推出湖北政务服务移动端——“鄂汇办”App。湖北省立足于需求调研分析，坚持省级统筹原则，持续推进“鄂汇办”建设发展，强化基础支撑建设，促进数据集约共享与服务标准同源。在“鄂汇办”建设应用的过程中涌现出一批创新成果和亮点，湖北省重视顶层设计、明确发展思路、推进线上线下融合、坚持用户需求导向、主动创新运营模式，不断提升政府服务能力与用户办事体验。未来，湖北省移动政务服务建设将从聚焦总入口、聚焦体验感、聚焦场景化、聚焦标准化、聚焦运营引领五方面持续发力，为推动政府数字化转型、便利企业和群众办事贡献应有力量。

关键词：移动政务　“鄂汇办”　政务服务　掌上办事

一　引言

党的十八大以来，以习近平同志为核心的党中央高度重视网络安全和信

* 王世荣，湖北省人民政府机关党组成员，湖北省政务管理办公室党组书记、主任；胡雅南，湖北省政务管理办公室党组成员、副主任；陈志强，湖北省政务管理办公室，规划调研处处长；李柏，湖北省大数据中心干部，中级工程师。

息化工作，强调要以信息化推进国家治理体系和治理能力现代化，统筹发展电子政务，构建一体化在线服务平台。2021 年的《政府工作报告》将“加强数字政府建设，建立健全政务数据共享协调机制……实现更多政务服务事项网上办、掌上办、一次办”列入重点工作。国家“十四五”规划更是明确指出要“将数字技术广泛应用于政府管理服务”。近年来，信息网络技术和移动智能终端实现了迅猛发展和广泛普及，借助互联网泛在普惠的先天优势，移动政务服务以互联网为依托，成为推动互联网和政府治理深度融合、深入推进“互联网+政务服务”的重要着力点，“掌上办”“指尖办”成为政务服务标配。2021 年 11 月，国务院办公厅印发《全国一体化政务服务平台移动端建设指南》，就进一步加强和规范全国一体化政务服务平台移动端建设作出部署。

湖北省大力推进数字政府建设，将“提高政府数字化水平”列入了第十四个五年规划和二〇三五年远景目标纲要，积极探索利用移动互联网技术，加强和规范政务服务移动应用建设管理，推出湖北政务服务移动端——“鄂汇办”App（以下简称“鄂汇办”），每年制订能力提升方案，调动整合各方资源和力量，积极推进覆盖范围广、应用频率高的政务服务事项向移动端延伸，推动实现更多政务服务事项“掌上办”“指尖办”，打造湖北品牌。基于此，本文从建设背景切入，对“鄂汇办”的实践及启示进行分析总结，把握下一步推进“鄂汇办”建设的方向，提出针对性思考与意见。

二　建设背景及发展

（一）需求调研分析

2018 以前，湖北省还未建设省级统筹的政务服务移动端。各省市积极通过建设政务服务网及移动端等方式，推动“互联网+政务服务”落地，其中广东省、浙江省经过几年不懈努力，在一定程度上走在了推进政务服务标准化、精准化、便捷化、平台化的前列。湖北省开展广泛调研，通过与先进省份的建设结果对比，加深对湖北省建设工作的指引（见表 1）。

表1　广东、浙江、湖北政务服务网对比（按功能点）

功能点(注:有的画✓,没有的画○)		108号文	广东	浙江	湖北
事项分类	按事项性质分类	✓	✓	✓	○
	按服务对象分类(自然人、法人)	✓	✓	✓	✓
	按实施主体分类(按部门)	✓	✓	✓	○
	按服务主题分类	✓	✓	✓	✓
	按服务层级分类(省,市,县)	✓	✓	✓	○
两项(个人、企业)	统一注册功能	✓	✓	✓	○
	用户实名验证	✓	✓	✓	○
	在线咨询	✓	✓	✓	○
	信息资讯	✓	✓	✓	✓
	信息检索——服务事项	✓	✓	✓	✓
	信息检索——办事进度	✓	✓	✓	✓
	证件自主管理	✓	○	✓	○
事项办理	服务引导(办事指南)	✓	✓	✓	✓
	监督评价	✓	✓	✓	○
	可公开办业务全覆盖	✓	○	○	○
	个性化推送	✓	○	○	○
	快递	✓	✓	✓	○
	支付	✓	✓	✓	○
省市区协同	统一访问和认证入口	✓	✓	✓	○
	统一办理入口	✓	✓	✓	○
	个性化服务定制和提供	✓	✓	✓	○
阳光政务	权力清单	✓	○	✓	○
	事项公开	✓	✓	✓	✓
	政民互动	✓	✓	✓	○
数据服务	省级数据公开	✓	○	✓	○
	部门数据公开	○	○	✓	○
	数据接口开放	○	○	✓	○
	信用查询	✓	○	✓	✓
	数据下载	○	○	✓	○

注：数据截至2017年12月份。

同时，全省17个市（州）和大部分县（区）均建有实体政务服务中心，以政务服务中心为载体建设了互联网政务服务，提供基本的办事指南查询、表格下载、办事查询等公开服务功能。整体存在服务的规范缺乏、服务的深度和广度有待拓展、政务新媒体服务渠道缺乏、服务指南内容各异等问题。能够真正提供网上申报的事项一般都是通过链接进行申报，申请人需要二次注册和登录才能完成项目申报，总体来看主要作用处在信息公开和办事指南阶段。项目规范及管理上，各地各部门已建设的移动政务服务 App 和小程序在需求分析、立项采购、建设验收等过程节点中，存在分别由不同部门和不同第三方厂商进行独立规划、独立建设的情况，以致同一地区不同平台的移动政务服务应用，出现了各自为政的局面（见表 2）。

表 2 湖北各市（州）“互联网+政务服务”提供情况

地区名称	已通过互联网提供政务服务	地区名称	已通过互联网提供政务服务
武汉市	已建设	黄冈市	未建设
襄阳市	已建设	咸宁市	已建设
宜昌市	已建设	十堰市	已建设
鄂州市	已建设	荆门市	已建设
黄石市	已建设	神农架林区	未建设
随州市	已建设	仙桃市	已建设
恩施土家族苗族自治州	已建设	天门市	已建设
孝感市	已建设	潜江市	已建设
荆州市	已建设		

注：数据截至 2018 年 3 月份。

调研报告指出，湖北省应做好顶层规划，在省级统筹原则下，做好全省统一的政务服务品牌，统一数据源管理、统一运营管理，杜绝分散建设和资源浪费，最终实现各地区政务服务门户、移动 App、政务服务小程序使用统一数据源，充分实现数据共享，减少资源浪费。

（二）“鄂汇办”建设发展

2018 年 9 月 27 日，“鄂汇办”正式上线，与湖北政务服务网共同构成为群众和企业办事提供网上服务的交互矩阵。在其后三年多时间内，通过不断加强和规范“鄂汇办”的建设管理，重视优化服务体验，在基础支撑、数据集约共享、服务质效提升等方面取得了初步成效。

截至 2021 年 12 月底，“鄂汇办”累计上线便民服务 3690 项，较 2018 年底的 113 项增长 3165%，并建成 17 个省级服务专区；累计单独注册用户 993.3 万人（全省一体化政务服务平台总注册 4650 万人），较 2018 年底的 12 万人增长 8178%；2021 年 12 月页面访问量为 2.6 亿次，较 2019 年的 253 万次增长 10177%；月活跃用户数（App+小程序）为 1566.2 万人，较 2019 年初的 10 万人增长 15562%。

（三）基础支撑建设

目前，湖北已建成以一个门户（湖北政务服务网及鄂汇办）、一个系统（政务服务事项管理系统）、三个支撑（统一身份认证、统一电子证照、政务信息资源共享）为主体的全省一体化在线政务服务平台并与国家平台对接互认，建成 12345、“好差评”、统一受理等平台，作为平台支撑；打通与统一受理、大数据能力、互联网监管、数据与证照汇聚等平台相关联的系统 2459 个，作为系统支撑。

（四）数据集约共享

湖北建成省大数据能力平台，梳理资源目录清单 1554 条并通过多种方式实现在线共享，物理集中数据 253.49 亿条，归集电子证照 410 类 2.78 亿件，采集电子印章 15115 个，以此为基础建成 6 个基础数据库及 30 多个专业数据库；968 个政务信息系统迁移上云，“物理分散、逻辑集中”的“1+17+N”云资源共享平台初具规模。

（五）服务标准同源

湖北持续推动事项标准化，与 2018 年底相比，从“3 级 48 同”实现“5 级 118 同”并在全国率先延伸至乡村两级，各网办效率核心指标大幅跃升。同时，积极推动行政审批事项实现“掌上办”，对事项办理流程及申请表单进行移动端适配改造，实现掌上即可提交办事申请，并能实时获取办件状态。截至 2021 年 12 月底，省市县 3 级共有 86687 项行政审批事项实现“掌上办”，掌办开通率 42.4%。

三 工作实践及总结

按照《湖北省数字政府建设总体规划（2020—2022 年）》，湖北省积极探索移动政务服务建设，经过不断实践和总结，建设模式也历经了多次调整转型，已构建相对完善的顶层设计，明确了平台化、集约化建设思路，整体能力稳定提升，通过建设应用，涌现了一批创新成果和亮点。

（一）重视顶层设计，紧抓阶段目标落实

1. 健全理论体系，提供政策供给

2019~2021 年，湖北省先后印发了《湖北省推进数字政府建设实施方案》《湖北省数字政府建设总体规划（2020—2022 年）》《湖北省推进政务服务“跨省通办”实施方案》《湖北省优化政务环境工作方案》《“鄂汇办”2021 年能力提升工作方案》等文件，要求加快“鄂汇办”能力提升。继续大力推动重点领域高频民生服务事项“指尖办”。鼓励各地各部门开展特色服务创新，实现更多政务服务事项“掌上办”。大力发展旗舰店、服务专区建设。加大宣传推广力度，探索开展智能提醒、政策精准推送等主动化服务，让“鄂汇办”能用、好用、群众喜欢用。

2. 制定阶段目标，重在久久为功

每年年初发布“鄂汇办”能力提升工作方案，对当年工作目标、工作任务、保障措施进行明确。到 2022 年底前，要统筹推进省一体化政务服务平台 PC 端和移动端建设，实现“鄂汇办”与政务服务网同源建设、一体运行。把握“鄂汇办”全省移动政务服务总入口定位，整合全省移动政务服务资源，实现多端同源发布、统一管理、一体服务。推动更多高频事项在移

动端办理，市县两级依申请与公共服务事项掌办率超过 80%，月活跃用户（登录并至少使用 1 次服务）突破 1200 万个。加快推进市（州）和省直部门旗舰店标准化建设，不断丰富应用场景，实现更多事项“一码通办”“一事联办”“区域通办”。

3. 完善考核机制，形成工作闭环

为持续深化“放管服”改革、加快推进数字政府建设，强化事中事后监管，湖北省建立了数字政府建设督查评估机制，将相关工作任务列入重点督查事项，并制定了年度市（州）、省直部门政务服务“一网通办”考核指标，每季度对政务服务“一网通办”工作情况进行考核通报。引入第三方机构定期对数字政府绩效评价、政事企合作等内容进行评估，实现督查评估工作制度化、规范化、常态化。充分发挥督查评估的导向作用，形成工作推进的良性循环。

（二）明确发展思路，打造赋能开放平台

加强集约化、一体化建设，是破解移动政务服务应用散乱、运维分散和资源浪费等问题的关键。湖北省移动政务服务建设经历了最初的移动化移植阶段、中期的形态整合阶段，当前，正在向平台化建设模式发展；从最初的碎片化、割裂化、中期的形态整合，逐步走向整体协同时代。

1. 强化标准规范，引导规范化高质量发展

为实现移动政务服务平台规范化、标准化、集约化建设和互联互通，湖北省发布了两个湖北地方性标准：《DB 42/T 1728. 1—2021 政务服务移动端建设规范第 1 部分：应用接入》《DB42/T 1728. 2-2021 政务服务移动端建设规范第 2 部分：旗舰店建设》。通过建立标准规范体系、安全保障体系和运营管理体系，推进服务事项、办事流程、数据交换等方面标准化建设，塑造“鄂汇办”统一政务服务品牌形象，引导各地各部门按照统一标准、统一规范，在“鄂汇办”上建设市州与省直部门旗舰店。

目前，湖北 17 个市（州）旗舰店已全部在“鄂汇办”上线。同时，为更好地推进各厅局、各市州政务服务、公共服务和便民服务的接入，湖北省

建设了应用开放平台与应用汇聚平台，可实现接口注册、调用、接口认证鉴权、流量控制、服务监控等功能，并为各地、各部门开通主账号，提供政务服务平台公共入口、公共通道和公共支撑，保障应用接入整体符合“鄂汇办”移动端平台技术要求，实现政务服务线上线下融合以及政务服务事项移动端办理，既确保了服务的一致性，也提升了对接工作效率。

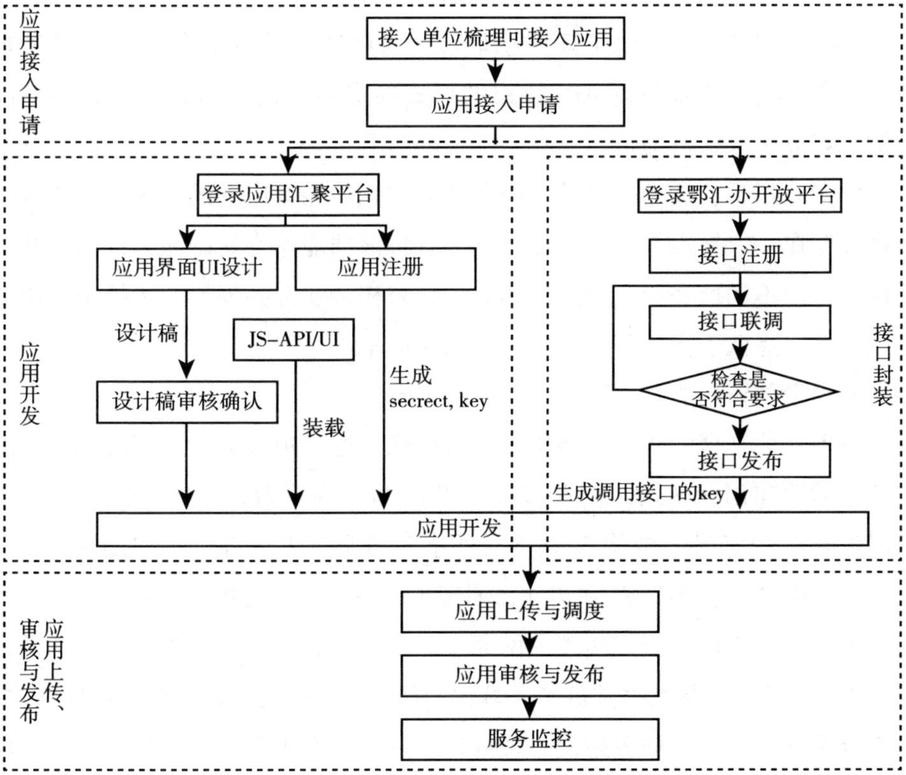

图 1　鄂汇办 App 应用接入总体流程示意

2. 打造赋能平台，促进厅局市州协同共建

移动政务服务建设如果缺乏统一的系统部署，各个应用系统往往成为无法互联互通的信息孤岛，同时，也面临分散建设、重复开发等问题。只有加强政务信息资源跨部门、跨层级互通和协同共享，充分利用已有设施资源，推动平台资源整合和多方利用，才能提升移动政务服务建设效能，最大限度

利企便民。因此，移动政务服务建设需要构建一个更为开放并安全的生态环境，汇聚各级政府、各部门的移动信息化需求，向全省政务系统提供标准化的产品开发功能，快速实现政务系统之间的数据获取和服务调动，让现有政务服务移动化改造和移动应用开发变得更加简单。

此前，“鄂汇办”上所接入的服务均由各政务服务单位自行开发并承担管理责任，存在部分支撑功能难以获取或重复建设的问题，例如用户认证、实人扫脸、消息推送、电子证照获取等。为解决各政务服务单位的开发难题，湖北省将相关服务以 API 接口的形式在应用开放平台发布，各地各部门按照规范获取开发即可。

以实人扫脸功能为例，政务服务领域对此功能有广泛的需求，但获取相关服务存在一定技术与资金门槛，湖北省将该功能作为基础能力发布至开放平台，帮助不动产登记、婚姻预约登记、公积金业务办理等一大批服务快捷上线，大大降低了多个部门的开发时间及成本。

3. 激发创新热情，协助部门拓展应用场景

应用开放平台的构建，将协同发展落到实处，极大地激发了各地、各部门的主动性和创新热情，湖北省以“鄂汇办”为平台，积极协同各地、各部门创新应用场景，围绕多个“一件事”开展流程再造、优化体验试点，将“高效办成一件事”落到实处，涌现了一系列标志性的实践成果。

湖北全省不动产登记实现一网通办。依托全省一体化在线政务服务平台及“鄂汇办”，湖北大力推进“互联网+不动产”登记，着力打破数据壁垒，打通自然资源、住房城乡建设、税务、金融、公安等部门间数据通道，实现不动产登记事项“自助申请、自动审核、自助交税、自助缴纳”全程网办自动化服务，各市州均可异地办理不动产登记、查询业务，做到了“资料零提交”“零等候”“零跑腿”。目前，17 个市州均在“鄂汇办”上开设了不动产登记网上办事大厅，实现不动产登记全省一网通办。

鄂州“我要上学”招生平台全程网办。为深化“放管服”改革，规范义务教育招生行为，促进教育公平，提高便民服务水平和效率，鄂州市教育局优化升级了“我要上学”招生平台，并接入“鄂汇办”教育专区，作为

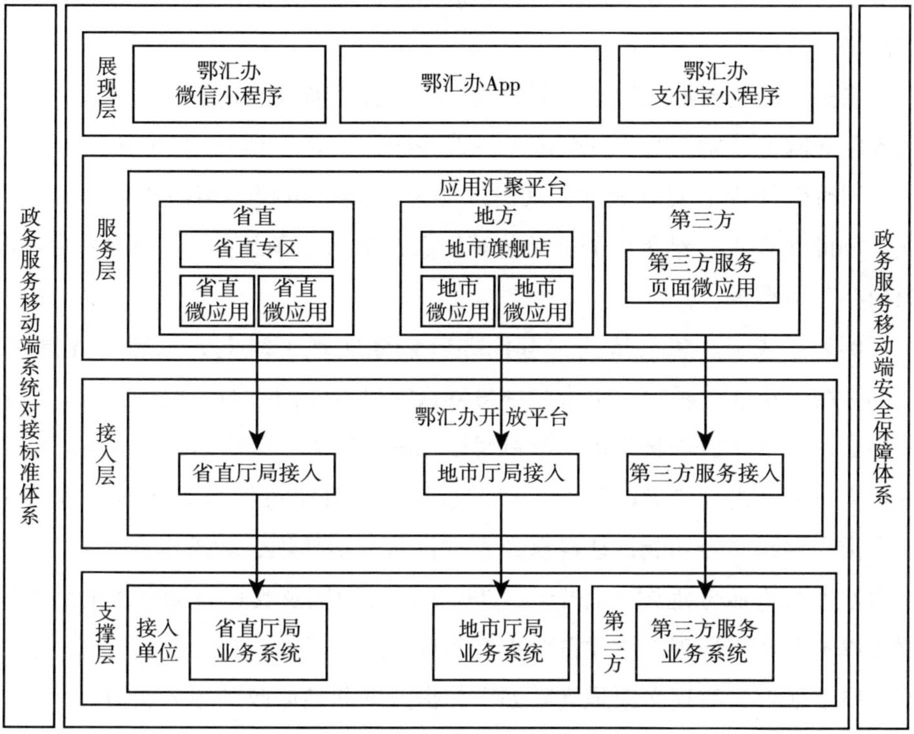

图 2　湖北政务服务移动端应用开放平台架构

2021 年鄂州市主城区小学、初中招生唯一渠道，通过大数据比对，完成入学条件审核、确认，并发放线上《入学通知书》，从报名、审核到录取全程在线上进行，减少家长及学生跑动。

此外，随州试点“智慧停车”，利用无感支付解决“停车难、停车乱”难题，助力城市治理；孝感试点“孝融通”，由地方金融工作局牵头，利用移动政务服务平台帮助个人及企业解决融资难题……

（三）线上线下融合，提升服务能力

基于移动终端可随身携带和随时使用的特性，社会治理模式正在从单向管理转向双向互动，从线下转变为线上线下融合。因此，移动政务服务在提供线上服务的同时，应不断优化服务资源配置，重构各类服务场景，注重把分散在各线上平台和线下窗口的服务资源整合形成围绕市民和企业服务的立体网络。

当前，湖北已形成线上线下功能互补、合一通办的政务服务模式，基于政务服务网及“鄂汇办”，建立“一人一档、一企一档”，打造用户专属空间；同时融合线下实体大厅，实时同源发布网上申报、预约叫号、事项受理、审批（审查）结果、服务评价等信息，推出“预约办”“自助办”“视频帮办”等服务。

例如：咸宁嘉鱼县依托“鄂汇办”创新实现了线上人工帮代办模式，帮办客服人员通过视频、语音为办事群众提供专业的一对一线上咨询、线上指导、线上帮办、资料初审、政策解读、邮寄服务，解决目前网上办理缺乏专业人员互动沟通指导的问题；潜江市打通“鄂汇办”与政务大厅叫号系统，推出预约叫号功能，让群众办事少排队、不扎堆；武汉市在“鄂汇办”推出政务自助服务地图，将全市1000余台自助机及支持自助办理的数百项服务以地图形式展现，方便群众查看附近自助机所在位置及开放时间。通过线上线下融合，实现多渠道高效办事，提升湖北整体政务服务能力。

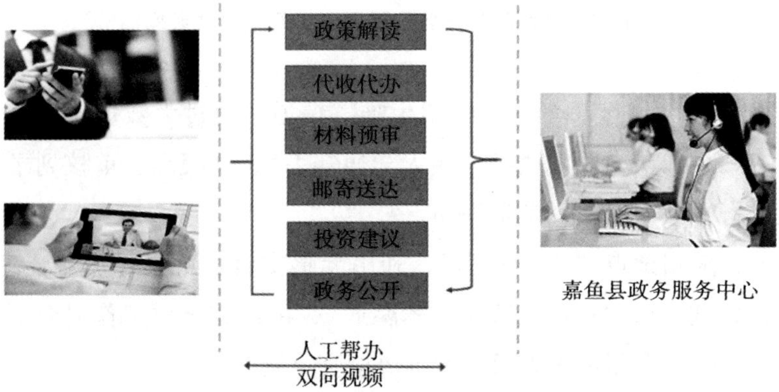

图3　“鄂汇办”App人工视频客服流程

（四）用户需求导向，不断优化体验

一项对省级政务服务App在苹果应用市场评价情况的统计分析显示，

大部分省级政务服务 App 的评价量不高，并且评分相对集中在 1.5~3.5 分，仅有部分省级政务服务 App 的评分在 4 分以上，在用户评论中，可以发现“注册不友好”“用户体验程度差”“希望尽快优化”等内容。由此可见，公众对于政务服务 App 的满意程度仍处于较低水平，政务服务 App 的服务供给、保障等方面仍存在较大提升空间。

移动政务服务应从政府供给导向向用户需求导向转变，对服务流程、服务能力、安全保障等进行重塑，逐渐提高服务群众、企业的效率，改善服务体验，建立评价体系，科学有效提升政府服务效能。

湖北省一直致力于提升“鄂汇办”用户体验，不断加强本身服务能力，同时扩展政务服务渠道，积极对接第三方平台，开发了鄂汇办支付宝小程序、鄂汇办微信小程序；将鄂汇办办事能力输出到自助服务终端，以触达更多有办事需求的群众。此外，基于各平台的特性与用户需求，还进行了个性化定制开发，例如，借助微信公众号与微信小程序消息的高触达率，“鄂汇办”提供了办件状态消息订阅、高考成绩查询订阅等服务，将原本需要用户手动查询的服务，变为定制化的主动推送，降低操作性成本。

在易用性方面，“鄂汇办”依托省大数据平台，实现 100 余类证照可在线领取，包括居民身份证、户口簿、结婚证、不动产权证、社保卡等；同时，通过与统一受理平台系统对接，已实现亮证及核验功能。在恩施来凤县政务服务中心，市民通过“鄂汇办电子卡包”领取的电子身份证、户口簿等电子证照，在办理业务时与实体证照原件具有同等效力，市民无须出示实体证件，也能完成业务办理。

（五）创新运营模式，加强品牌宣传

平台的建设是第一步，让群众用起来是第二个重要命题。为实现移动政务服务从“能用”向“好用”转变，湖北省改变思路，从“重建设、轻运营”到“抓统筹、强运营”，组建数字化运营管理团队，建立了一体化平台运营管理体系：以专项运营分析，持续优化产品、提升用户体验；以多维立体运营，扩大宣传引导，提升品牌形象；以厅局联合运营，实现融合推广，

促进业务协同；以运营资源整合，结合外部资源，拓展应用场景。

为提升“鄂汇办”的群众知晓度，打造了“鄂汇办”的“朋友圈”，建立起包含微信服务号、订阅号、支付宝生活号、头条号、微信视频号、抖音号等的新媒体矩阵，作为宣传推广的阵地；为满足群众办事咨询需要，打造了“小鄂教你办”“政务小百科”“政务情景剧”等一系列生动有趣、实用性强的原创栏目，并在省内各媒体、自媒体广泛传播；为营造“鄂汇办”亲和、有温度的品牌形象，设计了小鄂（女生）、小楚（男生）动漫形象及专属表情包，使“鄂汇办”的形象实体化，让政务更贴近民生。为提升老年人智能技术应用水平，“鄂汇办”还将宣传开展到了线下，走进社区举办系列“智慧助老”活动，通过现场手把手教学，切实帮助老年用户学会“掌上办事”。

随着专业化、全方位、多渠道运营推广工作的持续开展，各新媒体账号总粉丝数持续增加，“鄂汇办”的利用率也得到有效提升，2021 年 12 月“鄂汇办”页面访问量为 2.6 亿次，较 2019 年的 253 万次增长 10176%。

四　发展方向的启示

《全国一体化政务服务平台移动端建设指南》，具有较高的指导性、操作性和前瞻性，是各地区各部门移动政务服务建设的基本遵循。湖北省正处于数字化转型的关键时期，在顶层设计、体制机制、运行模式、服务创新等方面，具备为移动政务服务建设提供新思路和新实践的基础。依据建设指南的要求，结合湖北省对移动政务服务建设的探索，进一步推进其平台化、协同化、标准化、规范化发展，积极探索移动创新实践，不断提升政务服务体验，将是移动政务服务建设的发展方向。

（一）聚焦总入口，推动集约化协同化发展

政府治理模式创新要从政府组织模式、治理体系变革、资源配置机制等全新的视角着手发力。改变过去“以部门为中心”的工作模式，从服务供给侧角度，构建形成一个逻辑上不分层级、不分部门的整体型政府。湖北省

坚持以“鄂汇办”为统一服务入口原则，持续推动全省整体协同，按照“应接尽接”“应上尽上”原则，实现服务全覆盖。

1. 打造旗舰店建设模式，推动应用资源整合集约化

进一步完善平台建设，充分发挥其对外统一提供服务能力，积极打造旗舰店建设模式。目前，17 个市州旗舰店已全部上线“鄂汇办”。接下来，将引导市州持续完善本地区旗舰店，有条件的县（市、区）可建市州旗舰店县级分店；推动公安、人社、税务、医保、卫健、民政、体育、文旅等提供高频服务的省直部门在“鄂汇办”开设部门旗舰店，为企业和群众提供一站式服务；鼓励其他省直部门建设部门旗舰店或服务专区。

2. 强化多端业务融合，推动移动政务服务协同化

多端、多渠道、多业务融合，可更大范围触达有办事需求的群众，提升政务服务可获得性和易用性，是移动政务服务发展的方向。在渠道层面，湖北省将持续推动相关服务应用在政务服务平台移动端、政务服务大厅、自助终端等服务渠道统一管理、同源发布、一体化服务，并将进一步规范第三方平台移动政务服务的接入和运营，对各渠道服务应用（App、小程序等）进行统一管理和监测；在业务层面，充分发挥一体化平台统一身份认证和数据共享支撑作用，不断扩大身份认证服务和电子证照应用领域，实现跨地区、跨部门互信互认、“无感漫游”、“无感通办”；推动移动端与实体行政服务大厅、自助服务终端等平台预约服务，实现多渠道间紧密融合、数据同源、体验一致。

（二）聚焦体验感，遵循用户满意建设风向

当前，移动政务服务用户体验有待提升，办事便利化是用户体验的重中之重。如何以用户需求为导向，逐渐提高服务群众、企业的效率，将是一个需要长期探索的命题。

1. 注重收集用户反馈，引导移动政务服务建设

遵循以“用户体验”“用户满意”为核心评价标准的政务服务移动端建设风向，以包容性、可用性等为设计原则，注重收集用户反馈，定期通过用户调查、实地访谈等方式，收集并分析用户需求，逐渐利用互联网思维对

"鄂汇办"进行建设、运营和优化，持续推动政务服务从"能办"转向"好办"，以此践行以人民为中心的发展思想，体现建设服务型政府的理念。

2. 积极运用互联网技术，提供个性化智能化服务

湖北省将持续对"鄂汇办"用户中心进行优化，不断丰富完善用户身份信息、行为数据，利用新技术充分感知用户的多样需求，挖掘分析用户行为习惯，围绕企业和群众办事需求，智能匹配与用户密切相关的资讯或服务，实现个性化推送、精准化服务，如公积金社保动账提醒、缴费到账提醒、证照到期提醒、预约取号提醒、政策"免申即享"等；同时，运用人工智能等技术优化"鄂汇办"搜索服务功能，提升便捷度和智能化水平；持续优化智能客服，集智搜、智问、智答、智导、智办于一体，方便企业和群众快捷精准获取服务信息。

3. 结合新媒体手段，呈现多样化服务指引

常规办事指南存在信息冗余、缺乏直观的问题。湖北省正积极优化"鄂汇办"办事指南，针对高频事项、复杂业务等，鼓励和支持各地、各部门组织一线业务骨干，以图文、短视频等新媒体方式准确展现办理流程、审批政策、注意事项等，确保群众看得懂、学得会、用得上。

（三）聚焦场景化，不断创新服务功能和方式

未来，如何让移动端发挥更大作用？拓展服务领域、深耕服务场景、创新服务模式将是主要赛道。通过用户使用数据，不断感知和发现新的用户场景，通过场景的研究、策划与设计，积极创新服务功能和方式，提供多样化场景化服务，不断提升企业群众办事便利度。

1. 推进集成服务改革，提供一站式套餐式服务

围绕企业、个人全生命周期的办事服务，聚焦多部门联办、跨地区通办的政务服务事项，通过事项关联、表单整合和流程再造，构建适合在移动端办理的集成套餐式服务，推动实现"新生儿落户""申领失业金""企业开办"等事项"一事联办"。特别是提升企业服务专区办事能力，集成涉企高频服务事项与涉企电子证照，实现企业开办、电子营业执照申领等事项全程

"掌上办"。同时，围绕企业在政策获取、融资贷款、人才招聘等领域的需求，整合银行等第三方机构服务能力，消除企业用户痛点。

2. 推广"扫码亮码"服务，拓展便民服务专区

在户政、社保、住房、医疗等相关事项办理中推广"扫码亮证"服务；推出"身份码"，并与人、证绑定，拓展其在医保购药、交通出行、旅游观光、文化体验、社区管理等高频服务场景的应用，实现"一码通办"。

3. 赋能特色专区建设，深化平台开放和部门参与

重新理解移动政务服务平台的价值是突破移动政务服务发展瓶颈的题中应有之义。移动政务服务平台应以 App 为核心，以丰富多元的智能化 API 应用为生态，发挥省级一体化平台移动端的用户、数据、算法及创新能力价值，赋能各地、各部门积极开展场景拓展和应用创新，才可能适应城市发展与用户需求。

"鄂汇办"将充分发挥平台作用，结合湖北省特色与优势资源，鼓励各地各部门自主创新特色服务，建设诸如"碳交易""大学生服务""文旅服务""档案服务""三农服务""金融服务""环保服务"等专区。

（四）聚焦标准化，积极构建应用管理新模式

标准，是高质量发展的基础。推进移动政务服务标准化，逐步破解长期以来各级移动端建设存在的标准不统一、数据不互通、技术支撑和安全保障体系不完备、应用建设各自为政等问题，推动移动政务服务实现规范管理和协同服务。

1. 完善事项管理标准，提升开放平台支撑能力

在《政务服务移动端建设规范》基础上，完善"鄂汇办"标准规范，对服务应用上线管理、审核机制、问题协调处置流程等进一步细化，明确责任分工，确保"鄂汇办"稳定有序运行。同时，加快建设"鄂汇办"应用管理系统，完善移动政务服务应用注册、审核、发布、监测等功能，按照统一标准对本地区各级各类移动政务服务应用进行分级分权限管理，推动服务应用在鄂汇办、小程序、政务服务大厅、自助终端等多端统一管理、同源发

布，实现一体化服务。

2. 持续完善安全体系，全面保障数据防护能力

安全是移动政务服务发展的前提。移动政务服务必须强化用户隐私保护，严格规范用户信息采集，以切实有效的措施和技术保护好国家机密、商业秘密和个人隐私，落实国家网络安全法，维护信息安全，确保形成可信、安全的电子政务系统运行环境。

湖北省积极优化升级安全态势感知，对接入的第三方服务实行全生命周期监控，并在原有的风险评估和压力测试基础上，引入业务办理层级的安全模型，提高安全防护的精准度；打造智能化安全预警响应体系，增强轮巡核检频次，提升安全风险发现能力及应急处置能力；积极响应软件国产化适配要求，提升核心功能在国产软硬件上的兼容性，并持续对其性能优化升级。

（五）聚焦运营引领，擦亮政务服务新名片

当前，湖北省级层面移动政务服务平台的运营工作正有序进行，利用新媒体、政府网站、政务服务场所、公共场所等积极开展一体化政务服务平台移动端宣传推广工作，不断提升公众知晓度，帮助企业和群众充分了解和便利获取移动政务服务。但部分地区对移动政务服务仍存在“重建设，轻运营”的问题，接下来，湖北省将通过有效保障措施，引导全省协同实现“持续运营”“安全运营”“创新运营”；加强运营管理队伍建设，创新运营服务模式，形成配备合理、稳定可持续的运营保障力量；激发各地、各部门共同运营，积极调动线上线下媒体资源，协同推广，推动移动政务服务健康有序发展。

五　结语

数字化发展大幕已经拉开，作为新业态新模式的移动政务服务，它的出现是一次技术革命，更考验政府如何通过移动性的应用，面向社会提供服务，从而建构起满足公民需求的公共服务基础性设施。随着网络平台、数字

应用、智能设备等不断进化，移动政务服务的模式、体验、能力及需求历经了多次转型，同时，也提高了用户对移动政务服务在线体验的要求与标准，提升了用户对服务的温度、深度与精准度的感知能力。因此，在国家有要求，人民有需求的现状下，移动政务服务建设在提供线上服务的同时，要以用户需求为导向，擦亮整体移动政务服务品牌，不断优化服务资源配置，不断提升一体化政务服务能力和水平，为推动政府数字化转型、推进治理体系和治理能力现代化贡献应有力量，让企业和群众办事更便利，让营商环境更优良，让城市运转更智慧。

参考文献

《中华人民共和国国民经济和社会发展第十四个五年规划和 2035 年远景目标纲要》，2021。

国家互联网信息办公室：《数字中国发展报告（2020 年）》，http：//www. cac. gov. cn/2021-06/28/c_ 1626464503226700. htm，最后检索时间：2021 年 9 月 21 日。

《省人民政府办公厅关于印发湖北省深化“互联网+放管服”改革工作方案的通知》，鄂政办函〔2018〕22 号，2018 年 3 月 29 日。

中央党校电子政务研究中心：《〈2019 移动政务服务发展报告〉在 2019 中国电子政务论坛发布》，http：//www. egovernment. gov. cn/art/2019/8/2/art_ 476_ 6196. html，最后检索时间：2021 年 9 月 19 日。

张汉青：《我国移动政务服务进入加速发展期》，《经济参考报》2019 年 7 月 25 日，第 7 版。

《湖北省推进数字政府建设实施方案》，http：//www. scio. gov. cn/xwfbh/xwbfbh/wqfbh/39595/40712/xgzc40718/Document/1657150/1657150. htm，最后检索时间：2021 年 8 月 17 日。

李季：《“十四五”期间电子政务发展趋势展望》，《行政管理改革》2020 年第 11 期。

李晓昀、邓崧、胡佳：《数字技术赋能乡镇政务服务：逻辑、障碍与进路》，《电子政务》2021 年第 8 期。

《国务院办公厅关于印发全国一体化政务服务平台移动端建设指南的通知》，国办函〔2021〕105 号，2021 年 9 月 29 日。

B.15

以数字赋能激活为民服务高质量发展新引擎

——天津数字社会综合应用平台“津心办”

天津市大数据管理中心*

摘　要： 天津数字社会综合应用平台“津心办”以服务群众为己任，以汇聚服务、建设专区为抓手，夯实平台基础服务能力，上线“瞰天津、阅津彩”专区，打出“资讯+服务”利民利企的组合拳；以App+智慧柜员机的服务模式，率先唱响“线上+线下”融合发展协奏曲；推动政务服务“一张网”和城市治理“一张网”在“指尖”合一，画好“一网通办”与“一网统管”的同心圆，不断探索政务服务新路径，始终坚持精心、敬心、用心、暖心的服务宗旨，为群众提供更加智能化、便利化的服务，已成为天津的一张亮丽“数字名片”。下一步，“津心办”将着力推动平台建设规范化，保障网络安全，提高服务效能，促进平台持续发展。

关键词： “津心办”　数字社会　融合发展　服务为民

为深入贯彻落实习近平总书记关于建设网络强国、数字中国的重要论述，践行以人民为中心的发展思想，天津全面推动“津心办”数字社会综

---

* 项目组成员/作者：王作仁（天津市大数据管理中心干部，主要研究方向为电子政务、智慧城市、关键基础设施）、时美、季烨、耿博耘、郎彬辉、卢静、王扬。

合应用平台建设工作，以“精心、敬心、用心、暖心”为宗旨，以需促进，让群众办事零跑腿，充分享受数字红利。

自2019年12月26日改版上线以来，“津心办”已持续服务两年，迭代更新到3.0版本，建成了App、支付宝小程序及微信小程序三个访问渠道，累计注册人数已超过1500万，累计访问量超过5.6亿次，最高日访问量突破1000万次，上线了市级政务服务事项1360余项、便民服务事项460余项，服务人群持续扩大、服务事项持续丰富、访问数量持续增加，“津心办”真正成为民生服务的“多面手”、市民群众的“掌中宝”。

一　规划引领、定位转变，为民服务提档升级

（一）坚持规划引领，提前布局谋划

制定《天津市加快数字化发展三年行动方案（2021—2023年）》，推动数字社会建设，迭代升级“津心办”数字社会综合应用平台，优化城市数字化发展“新底座”，构建天津数字化发展新格局。制定《“津心办”天津政务服务移动端2021年工作任务要点》（津网信办通〔2021〕5号），起草《天津市一体化政务服务平台移动端建设工作方案（2021—2023年）》，进一步加强和规范“津心办”平台建设，推动更多服务事项网上办、掌上办，以智慧、高效、便捷的数字民生服务提升人民群众获得感、幸福感、安全感。

（二）服务能力聚合，平台定位升级

进一步整合全市各部门政务服务移动端，汇聚全市各市级部门、各商业机构的民生服务事项，以模块化的形式整体接入政务服务事项，将“津心办”天津政务服务移动端升级打造为天津数字社会综合应用平台，成为天津民生服务、民生资讯的统一入口，天津政务服务移动端的唯一入口，统一为市民群众提供服务。重点打造“惠民就医”“疫苗接种态势全感知”“人

才直通车”“银发智能服务”“无障碍出行”等应用场景，推动公共服务向“需求引导供给”转变，提升基本公共服务均等化水平。

（三）依托四级网信体系，建立工作架构

依托“三级确保、建设四级、多级完善”网信工作格局，构建了由各区、各委办局和各商业机构相关人员组成的“津心办”数字社会综合应用平台组织体系。按照“统”“建”“用”分工协作的模式，加强工作协调，有序推进应用建设，以安全可控为前提，在促进数据共享、优化业务流程、降低运营成本、提升协同效率上做文章，合力推动“津心办”建设，形成常态化推进、任务清单管理、信息报送、评估评价、揭榜挂帅及合作交流等保障机制。

二　夯实基础、抗击疫情，推出疫情防控闭环服务

（一）疫情防控初期上线多个服务专区

上线“防控疫情天津在行动”服务专区，推出疫情谣言粉碎机、发热门诊定点医院、患者相同行程查询、查看周边疫情、新冠疫苗接种查询、通信大数据行程卡、疫情风险等级查询等民生服务应用，实时准确播报全国及天津市疫情数据和防控进展权威信息，普及疫情防护和健康知识，以聚合服务的方式让市民群众安全防控、健康防控。为全面落实“六稳”“六保”工作，推出“企业复工复产轻松办”专区。发布天津市惠企政策信息及复工复产资讯，方便企业办事，上线“小微企业金融帮扶”板块，一站式集纳各大银行服务小微企业信贷功能，帮助小微企业解决疫情期间融资难、融资贵问题。在疫情防控常态化后，在“惠企直达”中保留相关功能，继续服务各类企业。

（二）疫情常态化防控相关功能更健全

上线 40 家三级医院（42 处院区）预约挂号功能，方便市民享受更加便

捷的医疗卫生服务；推出疫苗接种记录查询及“津盾”功能，与核酸检测记录查询、行程核验等功能共同构筑免疫长城；在电子卡包中新增电子社保卡，集合社保多项功能，实现跨省服务“零跑腿”。

（三）借鉴兄弟省市经验，提前布局谋划

结合国内疫情突发的情况，综合参考各地政务服务移动端、“健康码”应对方式，提出了天津具体落地的工作举措，起草完成了《提升完善“健康码”实施方案》，从业务流程、基础支撑、实际应用、组织模式等 4 大方面 7 个工作点梳理现状、分析问题、找出不足，提出服务解耦、提高并发、增加缓存等 13 条有结点、可落地的工作举措。同时基于 2021 年人口普查结果，根据“2/8 原则”，按照承载全市人员在 1 小时内全部亮码的基本要求，推算出三端秒级并发需求，实施服务器扩容，确保天津数字社会综合应用平台“津心办”系统安全稳定运行。

（四）积极应对“奥密克戎”，多措并举保障系统稳定

一是制定《“津心办”天津数字社会综合应用平台运行保障应急预案》，强化组织领导、明确责任分工，细化处置流程，确保各工作组协同开展持续检测、事件判定、应急处置、故障复盘等工作。二是增加 App 端在线缓存、离线缓存功能，解决在高并发场景下，大量用户请求下载首页数据包导致系统网络及服务资源占用的问题和“津心办”服务器端出现故障时，客户端无法展示首页及使用健康码的问题。三是强化疫情防控全流程服务能力，在国家政务服务平台及“津心办”上架“核酸检测筛查采集信息查询”功能，方便市民查询近期是否参加核酸检测筛查及补录相关数据。

三　汇集服务事项、整合服务入口，服务效能持续提升

（一）服务事项的量、质显著提升

为全面提升“津心办”服务能力，制定并印发《天津市一体化政务服

务移动端“津心办”提升应用服务能力专项工作方案》，开展了整改整治专项工作，汇集了“天津公安”“健康天津”“天津人力社保”“金医宝”“住房公积金管理中心”等多个市级部门App的民生服务功能。2021年，新上线民生服务事项110余项，较2020年提升约40%，其中办理类服务事项占比超过50%，真正发挥了“津心办”天津数字社会综合应用平台作用，提供全周期的多样、均等、便捷社会服务。

（二）电子卡包功能持续优化

完成市公安局身份证、户口簿、行驶证、居住证等4个高频电子证照的对接工作，完成市人社局、市民政局等12个单位的51个电子证照上线工作。截至目前，“津心办”App“我的卡包”累计上线106个电子证照，其中，个人证照36个、法人证照70个。

（三）加快与国家政务服务平台应用同步

梳理《国家政务服务平台移动端应用同步清单》及《国家政务服务平台移动端回传“津心办”事项清单》，加强和国家平台的沟通，优化对接模式。截至目前，与国家政务服务平台共对接政务服务事项135项。

四　推动专区建设，强化“一站式”服务能力

（一）以聚合服务打通服务梗阻

上线“跨省通办”专区，从“全市通办”向“跨省通办”进军。一是按照“健康码”服务、社会保障、生活服务、医疗卫生等分类方式提供32项公共应用服务。二是实现学历公证、学位公证、机动车驾驶证公证等134项高频热门服务的“跨省通办”。三是提供按主题、部门分类对“跨省通办”政务服务进行筛选、办理的功能。四是开设“互动交流”专区，提供“咨询建议”“调查问卷”“好差评”等功能。上线“京津冀一网通办”服

务专区，提供社会保障、医疗卫生、交管出行等各类便民服务事项 80 余项。在更大范围实现“海量通办、事事易办”，进一步解决跨地区政务服务效率低、跑腿多、办事慢问题。

（二）以聚合服务织密服务网络

推进适老化改造，上线老年人关爱专区。一是定制老年人界面风格，让操作更便捷化，让服务更人性化。二是上线养老关爱卡包，提供“健康码”和电子社保卡等电子卡包，便于老年人出行、就医。三是集合社会保障、交通出行、看病就医、生活消费、文化娱乐等 5 大主题，共计 23 项养老高频服务事项，方便老年人获取服务，让老年人一键办理少跑腿。四是及时发布更新养老政策信息，方便老年人及时了解养老政策。

便利外籍人士使用“津心办”，开设国际专区。一是集合外籍人士专属服务，提供了天津健康码英文版、国家防疫健康码英文版、外国人签证预约服务、三级医疗机构查询、出入境服务大厅查询、常用电话查询等多个服务事项。二是加强城市对外宣传，采用文字和视频相结合的方式，突出展现天津特色和城市文化。

（三）以聚合服务提升服务效能

为方便群众在清明期间祭扫，推出清明祭扫专区。主要公开全市殡仪馆、全市经营性公墓以及市直属单位收费价目等信息，公开骨灰撒海、节地生态安葬办理流程及相关注意事项，为市民群众提供方便。同时提供网上祭扫、在线续期、骨灰迁移预约等网上办理事项，让“信息多跑路、百姓少跑腿”，方便群众祭扫。

为贯彻落实党中央、国务院关于巩固脱贫攻坚成果同乡村振兴有效衔接的决策部署，继续高质量推进脱贫地区发展和乡村全面振兴，上线了“乡村振兴”专区。一是汇聚农业相关的服务事项，主要包括农机购置补贴用户申请、农村信息化示范基地查询等事项。二是集合消费帮扶商城，与建设银行、农业银行、工商银行联合，将集公益、数字、监管、统计于一身的专业化消费帮扶服务平台提供给市民。三是及时发布更新农业及帮扶相关政策，在提供办事服务的同时，方便查询农业及帮扶相关政策。

（四）以聚合服务转变服务方式

为使“城市大脑”中具有牵引性、普惠性、感知性的应用场景更好地服务企业群众，推出“城市大脑”专区。专区主要包括惠民直达、惠企直达、社会治理等板块，“惠民直达”板块提供社保服务、公积金服务及便民缴费等百姓日常涉及的服务事项，切实打通服务群众的难点、堵点问题；“惠企直达”板块可让企业享受到企业服务、税务服务以及金融服务；“社会治理”板块提供以“随手拍”为代表的社会治理服务，让百姓参与到社会治理工作中，实现为民服务端和城市治理端的深度协同。

开设“津心办旗舰店”，以部门、各区、商业机构为单元提供聚合服务。截至目前，已上线公安、市场监管、税务、医保、卫健等委办局旗舰店13个，西青区、武清区、滨海新区、东丽区、南开区等区级旗舰店6个，建设银行、能源集团等商业机构旗舰店2个。实现了用水报装、用气报装等功能掌上办、一次办，医保卫健等功能一站式服务，同时结合定位功能，精准提供各区的服务及资讯。

五　创新模式、融合发展，探索民生服务新路径

（一）以政策资讯赋能民生服务

率先开通新闻资讯服务，上线“瞰天津、阅津彩”专区。从时事新闻、政策解读、重大事记三个角度打通政策资讯“最后一公里”，以滚动新闻形式呈现中央层面、天津市内政治、经济、文化、社会等方面重大时事信息，让市民在“津心办”上享受越来越多便民服务的同时，及时获取最权威、最新的新闻资讯。同时，聚焦企业群众与政府部门间政策信息不对称的问题，升级推出“津策通”2.0版。全时性呈现天津市政府、各区、各委办局

等单位发布的政策信息及相关政策解读，通过政策“指引”服务，服务“落实”政策，让政策落实落地。目前已发布政策文件900余件、政策解读490余份，“一图读懂”80余个，真正实现“一端多能”。

（二）与市政府门户网站一体化融合

按照国务院办公厅网站集约化工作安排，根据《天津市人民政府办公厅关于印发天津市政府网站集约化工作方案的通知》（津政办发〔2019〕32号）的要求，通过加挂标识、设置入口、同源建设等方式，将“津心办”与市政府门户网站一体化融合，将“津心办”打造为市政府门户网站移动端统一入口，整体接入市政府门户网站发布的重要信息、政策、互动等内容，通过政务新媒体更好地传播党和政府声音，提供多渠道、便利化的掌上服务。

（三）以智能技术赋能民生服务

聚焦满足人民群众基本数字公共服务需求，为使群众充分享受数字红利、让办事更加高效便捷、让服务更“懂”群众，我们迭代上线“智能搜索”“智能客服”“千人千面”等智能化功能。通过事项关系图谱，实现关键词精准查找及关联性语义、全流程相关事项等一次搜索可得；以预置知识库、智能交互、人工客服等互补方式，全方位解决群众问题；通过标签点选、服务归集、数据分析等流程，精准推送服务事项，让智能化带来便利服务触手可及，实现了从“被动服务”向“主动服务”的转变，真正让服务意识“跑”在群众需求之前。

（四）“一网通办”与“一网统管”融合发展

为进一步贯彻落实党中央关于治理体系和治理能力现代化的工作部署，着力加强市民的参与感、获得感、幸福感，天津坚持画好“服务”与“治理”的同心圆，将数字社会综合应用平台“津心办”与全市一体化社会治理信息化平台“津治通”联通联动，形成民生服务“一张网”和城市治理“一张网”在“指尖”合一的“两津联动”发展格局。市民可以通过“津心办”中的“随手拍”功能，将发现的各类问题拍照定位上报，系统会及时将相关问题推送至“津治通”平台，进入事件流转处理程序，由对应负责人员跟踪解决，让市民真正参与城市共治共享，进一步满足市民对美好生活的新期待。

（五）“线上”与“线下”融合发展

线上加快“津心办”App、支付宝小程序、微信小程序等建设工作，将“津心办”打造为民众“好用、爱用”的数字社会综合应用平台。线下与建设银行天津分行等机构深入合作，在部分建行网点加挂“津心办”智慧政务服务网点，增设智慧柜员机，设置政务服务专区，集合高频政务服务事项；与相关社区合作开展“津心进万家、方便伴您行”活动，为社区居民讲解“津心办”使用方法，交流互动使用体验，将“津心办”暖心服务送至基层社区，切实打通民生服务“最后一百米”。

六 下一步工作重点

“津心办”将继续围绕构筑数字时代城市新业态、赢得竞争新优势，持续创新服务模式、拓展服务渠道、延长服务手臂、提升服务能力，在服务为民的方向上大步迈进。

（一）抓规范化发展，提升服务效能

落实《全国一体化政务服务平台移动端建设指南》文件精神，制定天津数字社会综合应用平台“津心办”建设方案及建设接入、服务质量等相关标准，推动“津心办”平台侧及各类服务事项规范化建设，加快融入全国一体化平台移动端服务体系，探索实现“津心服务，全国可办”，进一步提升民生服务、政务服务的服务能力。

（二）抓保障体系建设，筑牢网络安全阵地

“津心办”作为全市数字社会综合服务平台，在汇聚事项、统一服务的

同时，也“汇聚”了网络安全风险，2021 年遭受各类网络安全攻击达 525 万次。要进一步落实《网络安全法》《数据安全法》《个人信息保护法》等法律法规，着力提升网络安全防护能力，积极应对网络攻击威胁，化解网络安全风险，确保更加安全、可靠、不间断地为民服务。

（三）抓思维转变，坚持“运营为王”，助力数字社会建设

要进一步转变服务思维，适应新时代下的“运营为王”服务思路，认识到服务始于上线。创新运营服务模式，扩大社会参与，激发市场活力，以运营的思维、策略推进“津心办”健康、可持续发展。

参考文献

天津市大数据管理中心：《“津心办”给群众提供最尽心的服务》，《中国建设信息化》2022 年第 1 期。

《天津市人民政府关于印发天津市加快数字化发展三年行动方案（2021—2023 年）的通知》，津政发〔2021〕14 号，2021 年 8 月 23 日。

孟若冰：《打造“新底座”构建新格局》，《天津日报》2021 年 8 月 28 日，第 2 版。

天津市大数据管理中心：《一网统管，用数赋“治”——天津市数字化社会治理创新实践研究》，《中国建设信息化》2022 年第 1 期。

《天津市人民政府办公厅关于印发天津市深化商事制度改革进一步为企业松绑减负激发企业活力若干措施的通知》，津政办规〔2020〕23 号，2020 年 12 月 13 日。

B.16

苏服办：江苏省构建平台驱动型移动端政务服务体系

徐光辉 *

摘　要： 移动端正迅速成为政府面向社会提供线上政务服务的主要渠道，本文通过江苏省打造“苏服办”App成为全省数字政府的掌上总门户的案例，从现状分析、路径探索、具体举措、成效分析、未来展望几个方面进行了详细梳理和总结，提出了平台驱动的移动端掌上政务服务的方法框架。旨在依托国家一体化政务服务平台的基础能力和标准规范，为我国移动端建设分散、多头管理、重复投入、水平参差、标准不一探索出一条具有江苏特色、全国普适的解决之道，充分发挥省级大数据管理部门、省级业务部门、设区市政府三方面的积极性，实现移动政务服务应用统一管理、同源发布、一体化服务的协同发展局面。

关键词： 移动端政务服务　苏服办　平台驱动　分级运营　多渠道　标准化

一　前言

自2018年以来，国家陆续发布了关于持续深化“互联网+政务服务”改革的相关文件，要求加强政务服务平台移动端标准化、规范化建设和互

---

* 徐光辉，硕士学位，江苏省政务服务管理办公室党组书记、主任，主要研究方向：“放管服”改革、数字政府建设、大数据创新发展等。

联互通，创新服务方式、增强服务能力，推动更多政务服务事项网上办、掌上办①。江苏省按照国家有关决策部署，积极推动政务服务事项“掌上办、指尖办”，取得了积极成效。

按照全国一体化政务服务平台移动端的建设要求，本文总结了江苏政务服务移动端建设的实践，对平台化的设计思路进行探究，形成平台驱动的移动端掌上政务服务的建设框架，通过平台化的支撑达到了统筹整合、集约建设、同步接入、同源发布、同质服务的效果。

二　发展概述

（一）现状分析

江苏依托全国一体化政务服务平台已初步建成包括 App、小程序、公众号等多渠道的江苏政务服务移动端，截至 2021 年底，江苏政务服务移动端实名用户 1.12 亿，月活跃用户 3590 万。

江苏基于省数字政府政务中台，以统一的中台服务能力驱动移动端平台化的发展思维构建了移动政务服务基础支撑体系，全省移动端一体化构建平台、全省移动端集约管理平台、全省政务服务应用整合接入平台、运维和运营分析平台等应用支撑平台建成使用。全省各地区各部门综合运用平台，按照移动端政务服务应用接入和共享标准，创新移动政务服务，已接入各类政务服务应用 2966 个，在便民利企方面发挥了积极作用，为平台化实践提供了发展基础。

“苏服办”移动端经过持续迭代，形成了多渠道多层级的矩阵模式，横向支撑 App、小程序、公众号等渠道，多端各有侧重，渠道全面覆盖；纵向贯穿省、市、县（市、区）各层级，强化分级运营、促进联动创新，全面推进全

① 《国务院办公厅关于印发全国一体化政务服务平台移动端建设指南的通知》，国办函〔2021〕105 号，2021 年 9 月 29 日。

省政务服务移动端标准化、规范化建设和协同化、一体化服务。各地各部门踊跃探索、积极创新，在省级统筹和顶层设计框架下不断耕耘，先后涌现出“我的南京”“灵锡”“苏周到”等广受企业和群众好评的政务服务移动端。

随着全省移动端政务服务的广泛开展，问题和挑战也随之出现，如服务应用持续增长，分散建设运营模式难以为继；服务应用不同源不同质，管理成本居高不下；各地移动端云网、数据库分散建设，大数据挖掘利用能力不足；应用安全防护、高并发支撑水平待提高等，需要运用系统性、平台化思维解决。

（二）平台驱动的优势

1. 集约建设优势

以集约化发展理念为指引，江苏依托数字政府基础支撑底座，充分发挥一体化政务服务平台、大数据共享交换平台和政务云平台的枢纽作用，统一云平台、统一应用管理、统一用户体系、统一好差评、统一消息服务、统一搜索服务、统一数据共享、统一质量监测、统一安全管理，为全面提升全省移动政务服务水平提供公共基础支撑能力。各地各部门依托全省集约化公共基础设施开展移动政务服务建设，减少重复投入，提高服务效能，进一步促进了全省移动政务资源整合和互通共享。

2. 规模优势

江苏依托平台化服务模式，对各地各部门“游离”“分散”的移动端进行了“收编”，江苏移动政务服务体系化、规模化优势凸显，用户注册量、平均访问量等指标呈逐年上升趋势，巨大规模的用户成为检验江苏政务服务移动端整体服务质量和支撑能力的“体验官”，为政府部门带来一手的使用反馈和评价，帮助政府不断优化用户体验监测机制，主动发现薄弱环节，补齐短板，促进服务能力和支撑体系持续提升完善。

3. 运营优势

按照江苏特有的建设模式，各级政务服务移动端分级授权、分级运营，各地各部门充分发挥本地化优势，积极开展各项运营工作，对运行过程中产生的问题和建议进行有序流转、及时响应、留存追溯，在提升移动政务服务效能上持续发力，形成全省政务服务移动体系“比、拼、赶、超”的良好竞争局面，全面促进江苏移动政务服务“一个品牌、省市协同、特色发展”。

三　建设模式

为贯彻落实党中央、国务院有关深化“放管服”改革要求，江苏在推行“不见面审批”改革过程中，逐渐探索形成了具有地方特色的移动政务江苏模式，初步建立了江苏政务服务平台生态体系，进一步凸显“苏服办”品牌效应。

（一）省级统建赋能各地应用

江苏不断加强政务服务移动端体系基础支撑能力保障，充分发挥数字政府基座提供的云网支撑、数据支撑和应用支撑作用，全面开放各类公共基础支撑能力，为加速提升全省移动政务服务网络通、数据通、业务通、应用通水平提供了有力保障。同时通过全省一体化政务服务平台移动应用管理系统，统一汇聚省级部门的服务，将其作为全省标准应用下沉分发至各地各部门，赋能各地政务服务移动端和旗舰店建设。依托平台化的势能提质增效，不断提升创新服务能力。

（二）标准清单管理服务接入

为加快推动全省移动政务服务由“能用”向“好用”转变，江苏编制了全省统一的标准应用接入清单，同步建立配套管理制度和更新机制，发挥各地各部门移动政务服务探索创新积极性，充分利用全省一体化政务服务平台，构建清单式的业务应用新体系，入驻数字政府掌上总入口“苏服办”App。依托江苏移动政务服务应用管理系统统一对外输出标准化的应用服务，保证数据共享、服务同源，实现服务应用统一管理、统一监测，持续向企业和群众提供标准化、规范化、便利化的应用服务。

（三）分级运营激发各地活力

基于省级政务服务移动端前端统一标准建设框架，各地区可对旗舰店进行个性化设计，综合呈现“标准化+个性化”的前端页面，各级移动端旗舰店分级建设、分级运营，与当地政务服务移动端充分联动，打响本地政务服务品牌。各地各部门基于旗舰店、省级部门服务专区和自有移动端开展各类服务接入工作，以特色化、本地化应用服务等为宣传要素进行运营宣传。通过旗舰店和自有移动端“多点开花”，共同打造“苏服办”品牌体系。

（四）统一监测提高服务质量

基本建成应用审核、应用上下架、应用统计、应用监控、安全质量检测等多维度的应用监测管理体系，按照统一技术标准规范对应用埋点，实现地区和部门政务服务移动端主管部门对应用使用情况的实时采集和实时监测，形成应用热度、地域分布、组件使用、应用时长、渠道输出、异常分析等多维度、全方位的统计分析，充分利用统计分析结果为应用的迭代升级、运维保障、运营推广提供数据支撑。

（五）标准规范保障上下统一

在建章立制、标准建设、严格监管方面下苦功，基于国家政务服务平台标准规范体系，制定并动态更新江苏政务服务平台运行管理规范、技术和数据标准规范、运维和运营管理规范、安全保障规范，指导全省政务服务移动端建设，统一规划部署、统一标准建设、统一规范应用。重点推进“存量”的充分衔接和“增量”的集中建设，以统一标准规范引领全省移动政务平台一体化、服务一体化、保障一体化①。

（六）闭环管理促进应用质效提升

建立服务应用评估管理机制，围绕移动端服务应用进行全生命周期管理和相互监督促进，由省级定标准、搭框架，部门提供高频应用，省市建立特色站点，确立了应用接入、审核、发布、上下架、运行、评价、反馈、改

① 赵明：《建设数字政府提升治理效能》，《群众》2021 年第 6 期。

进、监督、考核等全流程评估管理体系。通过实时量化全视角跟踪分析，积累形成总体效能评估、不满意评价聚类、部门（地区）画像、营商环境、“一件事”集成服务等各类服务应用效能分析主题，持续增强辅助决策能力，形成高质量的信息专报和多维度监督格局，通过闭环跟踪管理并纳入全省高质量考核促进应用质效不断提升。

四　主要措施

（一）构建江苏移动政务服务体系

坚持省级统筹，加强顶层设计，按照统一规划、统一标准、统一建设、统一管理原则，构建江苏移动政务服务体系，打造“苏服办”品牌，作为全省政务服务移动端总入口和总枢纽，整合全省移动政务服务资源，协同各级移动政务服务能力，形成以“苏服办”为核心的全省一体化政务服务移动端集群。

1. 移动端政务服务体系架构

江苏一体化政务服务平台移动端政务服务体系架构如图 1 所示。

2. 省政务服务移动端

省政务服务移动端是全省移动政务服务的总入口，提供统一公共基础支撑和全省政务服务查询、咨询、办理和预约服务，对内与设区市和省级部门对接，汇聚全省政务服务应用，对外与国家和外省（市）政务服务移动端对接，将全省服务应用同步上传至国家平台和长三角“一网通办”专区。省平台通过建设全省移动应用管理系统，将省级部门、地市服务应用按全省统一标准进行接入，接入后的应用全部由全省移动应用管理系统进行统一管理、统一监测，并统一发布到省政务服务移动端，同时也可下沉到各地政务服务移动端。

3. 市级政务服务移动端

设区市服务应用原则上由省政务服务移动端统一对外提供服务。市级政务服务移动端，充分利用省政务服务平台提供的统一支撑能力，完成服务应用的统一汇聚。另外也可建立符合全省统一标准的地市移动应用管理系统，

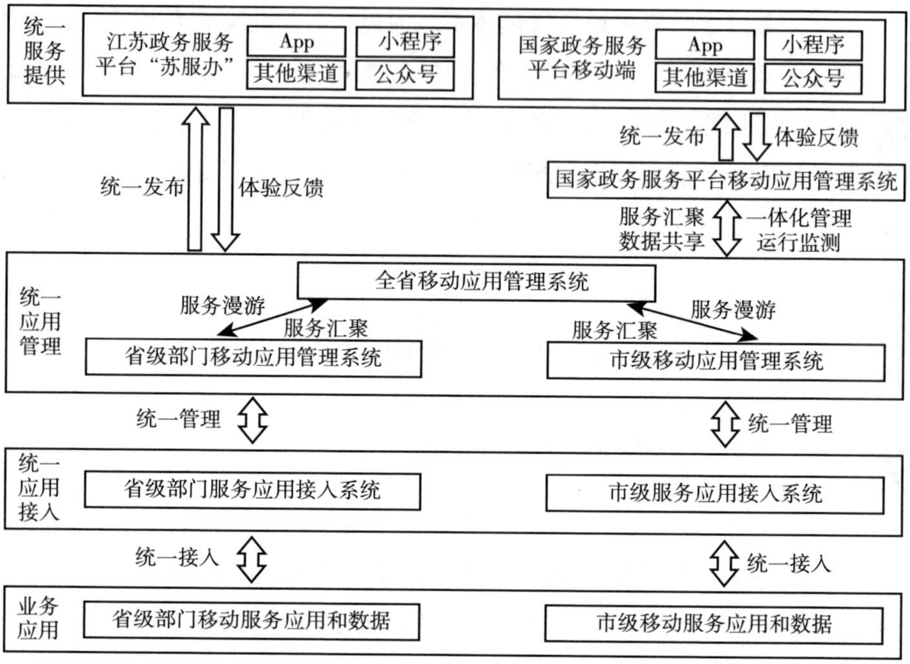

图1　江苏一体化政务服务平台移动端政务服务体系架构

完成服务应用的接入，并保证应用数据与省政务服务平台数据同步。所有服务应用全部汇聚到省级移动应用管理系统，实现服务应用统一管理、统一监测。同时通过全省移动应用管理系统能将服务应用下沉，实现服务应用共享协同、跨域漫游。

（二）构建政务中台

按照“省一级建设、省市县三级应用”模式，建设江苏数字政府政务中台，有机连接前端业务和后端基座，通过对政务业务颗粒化、流程可视化、表单规则化重构快速实现用户需求，提供技术组件和公共服务，作为数字政府信息化支撑底座，全面支撑“苏服办”移动端品牌体系构建，形成标准化能力，为各级各类政务服务平台建设和业务场景搭建赋能。广泛运用大数据、云计算、区块链、人工智能等新技术，政务中台提炼并形成基础性组件化技术能力，满足各类政务信息系统标准设计、灵活构建、快速迭代的要求，切实提升信息化建设一体化统筹水平和服务供给能力。

通过政务中台，对“苏服办”的业务整合能力、产品研发能力、数据运营能力进行提升，实现多渠道移动端应用的快速开发和迭代，构建了整体协同、响应迅速的政务服务多端矩阵体系（见图2）。

（三）强化标准化能力

1. 多端同源能力——为应用快速开发和接入提供标准化环境

移动政务服务汇聚和承载不同地方不同政府部门的服务，需要将不同机构、不同标准、不同渠道的各类信息和服务功能经过聚合、转换，封装成统一标准、统一管理、统一展现的应用单元或服务接口，使各端能够根据不同场景需要进行调用和发布。而移动多端门户系统和多端应用开放系统，通过提供统一的接入标准与丰富的功能组件助力应用快速开发，并对应用进行全生命周期管理，同时采用多种内置样式组件与自定义组件可视化编辑的方式对移动多端的布局、信息及服务内容进行统一建设、分级运营，实现应用服务的集中供给，进一步保障多端服务的同质同源，构建出一套全新的多端管理应用生态服务体系。

2. 并发支撑能力——构建移动端稳定运行基石，支撑高并发访问

基于微服务架构设计，为政务服务多端一体化建设提供底层技术支撑，通过服务治理、容器服务和分布式技术等核心技术的应用，运用高性能多级缓存技术、分布式存储技术、分布式任务调度技术、分布式数据传输控制技术，解决服务认证、性能瓶颈、服务调用关系等问题，提高访问请求的处理效率和服务端负载能力，有效保障移动端在高并发状态下的稳定性和持续性。

3. 快速迭代能力——减少移动端发版次数，支撑业务快速“上新”

随着移动政务服务的普及，移动政务服务承载的服务内容和功能也越来越多，当面对社会性突发事件时，还需要在政务服务移动端快速提供应急服务，如疫情时期的健康码和行程卡。然而随着政务服务移动端的飞速发展，App从单体型应用逐渐演进到现在的平台型应用，开发和运维难度随之加大，使用传统的开发方法难以快速响应需求，在这种环境下，要求移动端能够以创新为驱动，持续支撑产品和服务的快速迭代。利用移动端一站式研发

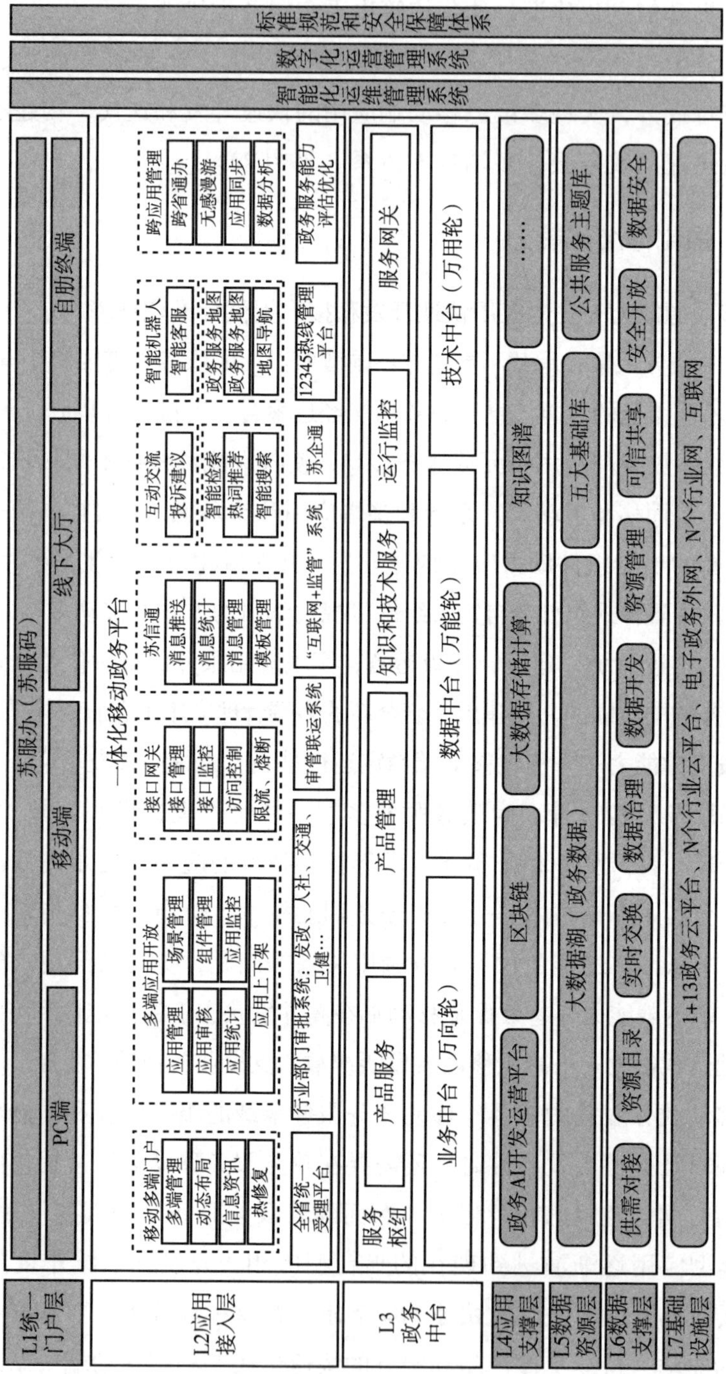

图2 江苏政务中台架构示意

平台，将政务服务领域典型服务场景和业务流程，封装并形成移动多端建设所需的各种基础公共组件，通过“开箱即用”方式为各类政务服务移动端的快速构建和迭代赋能，实现移动端服务快速“上新”。同时创新运用热更新技术，让移动端的版本迭代可以不用发布应用市场，有效减少发版次数，实现用户无感化即时更新。

4. 服务监控能力——实时监测移动端健康度，异常故障智能预警

针对政务服务移动端，采用智能化运维技术为政务多端运行提供服务器稳定监测、系统自动化部署、隐私信息保护、数据稳定性监测、业务异常监测等服务，可以实时监测政务服务多端的硬件环境、软件环境、应用接口、访问数据等运行状态以及入侵访问、内容篡改等攻击情况。一旦发现安全漏洞和网络攻击情况，立即进行异常报警和应急处置，通过各种消息提醒渠道第一时间通知责任人。故障修复后，自动生成报告，对本次异常情况进行研判、分析，给出整改建议，预防二次伤害。

5. 运营分析能力——及时掌握多端运营情况，有效支撑政府决策

为优化和改进政务服务效能，江苏持续强化移动端政务服务运营分析能力，基于数据可视化，结合算法分析、数据建模、智能标签等技术，对分类统计汇聚的数据进行深度剖析，挖掘数据价值，深化数据应用，为政府科学决策提供依据。各级政府和部门可以通过数据表现和排名情况主动发现薄弱环节，从而进行重点整改优化，通过统一运营分析促进政务服务质量和服务效能提升。

6. 自动化测试能力——保障移动端“品质落地”，提升市场竞争力

为保证移动政务服务稳定高质量运行，采用移动云测系统对移动政务服务 App 进行性能、功能、安全、兼容的自动化测试，增强移动政务服务一体化安全防护能力，极大提高测试效率。同时根据政务服务平台业务特点和测试团队技术能力，提供自动化测试的应用方案，提高政务服务 App 质量和市场竞争力。通过自动化测试技术积累，提供自动化测试技术方案，可以运行更多更烦琐的测试、缩短回归测试时间，大大减少人工投入成本。通过大量真机测试，主动发现软件兼容性、稳定性问题并提供安全性、性能、功能、兼容性相关测试报告及修复建议，为移动政务服务升级优化做辅助支撑。

（四）强化高质量考核运行

江苏持续加强服务应用质量保障，定期开展一体化政务服务平台能力评估考核工作，合力推进全省移动政务规范有序发展，结合全省政务服务移动端发展实际和工作重点，制定了可获取、可量化、可考核的科学指标体系，对设区市和省级部门移动政务服务相关工作的开展情况组织专项监督，并实施动态调整，形成常态化通报机制，并将一体化政务服务平台能力提升工作纳入高质量发展考核和营商环境考核范围，对落实不力的地区和部门进行通报。

五　应用成效

（一）以集约化建设为导向，实现掌上政务服务分级整合

江苏根据各地各部门移动端政务服务事项多少、业务量大小，分类确定了两种集约化整合路径，取得了积极成效。第一类，事项少、业务量小的地区和部门使用“苏服办”App 统一对外提供服务；第二类，事项多、业务量大的地区和部门保留本级政务服务移动端，将原先分散在各个业务条线的服务应用进行有机梳理合并，整体接入“苏服办”移动端。此外，各地各部门移动端围绕实际需求，拓展与群众日常生活密切相关的便民服务应用，如保险、家政、医护等，实现更大范围服务事项“掌上办、指尖办”。通过对各级移动政务资源的集约化整合，有效打破条块分割和部门壁垒，提升了全省移动政务体系集约化、规范化水平。

（二）以数字政府技术底座为支撑，提升各级政务服务效能

江苏持续深化“不见面审批”改革，不断完善支撑体系建设，各地各

部门依托江苏省数字政府技术支撑底座，充分发挥智能感知、云网环境、数据共享、应用技术四大基础支撑平台的作用，在省级顶层设计框架下，结合本地实际，积极探索实践，陆续涌现出一批贴合群众需求、具有本地特色、用户反响积极的政务服务移动端。同时，在数字政府总体框架下，构建以政务中台为纽带的能力支撑体系，陆续推出了一批具有江苏特色的支撑型应用。一是云网支撑，为全省政务服务移动端提供完整的大数据计算、存储、网络、安全资源等基础服务能力。二是数据支撑，提供政务服务数据资源，为满足各类移动应用数据需求提供支撑。三是应用支撑，上线“苏服码”，聚合了个人和法人的身份信息、各类实体卡证和二维码，打通线下办事场景，免去办事群众因忘带材料重复跑腿的麻烦；推出“苏企通”，以优化营商环境为牵引，围绕企业全生命周期服务场景，实现惠企政策精准推送、免申即享，审批服务一页呈现、一件事通办，发展诉求统一流转、一键通达，形成全方位、一体化、全流程线上线下相结合的服务企业长效机制；打造“苏信通”，规范了各级政务服务平台消息订阅和消息推送的行为与流程，各地各部门依托“苏信通”实现消息快速精准触达，保障用户接收消息的时效性，提高用户使用体验。江苏以数字政府技术底座为支撑，积极运用信息化技术创新实践，初步形成了“苏”字系列移动政务服务品牌应用体系，持续提升各级政务服务效能。

（三）以省级统一对接为保障，减轻基层重复对接负担

为减轻基层负担，避免层层对接带来的效率低、成本高等问题，江苏确立了省级部门信息化系统与省一体化政务服务平台统一对接的模式，协同提供移动端政务服务。通过全省移动应用管理系统，实现省级各部门移动应用统一接入、统一管理、统一汇聚到“苏服办”移动端。设区市政务服务移动端按需申请、统一输出，为全省企业和群众提供服务。

（四）以高质量应用提供为驱动，放大政务服务品牌效应

各部门按照全省统一移动应用标准清单接入要求，结合本部门工作实际

积极落实对接，依托“苏服办”推广宣传，获得了广泛关注和好评。其中省卫健委对接上线“居民健康档案”应用，通过该应用，全省居民可在手机端一键查询本人就诊记录、诊疗费用、体检报告、接种记录、核酸报告、影像报告等医疗健康记录；省财政厅对接上线了“电子票据”应用，实现了财政电子票据一站式开票、查验、下载、报销、入账和财政票据全流程动态监管，有效减少纸质票据的打印，为用户和医保部门的票据调取和查阅提供方便；省人社厅对接上线“个人权益单查询”应用，通过该应用，全省参保人员可以查询社会保险权益状况的基本情况。全省统一移动应用标准清单的制定和落实，输出了一批质量高、访问多、反响好的服务应用，进一步推动政务服务向“指尖”延伸，实现以更方便、快捷、优质、高效的政务服务助推高质量发展。

六　未来展望

（一）国家、省、市协同联动

从全局着手，向外对接联通国家政务服务平台移动政务服务应用管理系统，向内整合全省移动政务服务资源，实现业务应用统一集成、部署与管理，解决信息孤岛、安防疏漏、运营困难等问题，建立整体联通、业务协同的一体化移动服务体系。从全省着手，横向联通省直部门、企事业单位，纵向联通省辖市、省直管市（县），以“一网通办、一网统管、一网协同”为导向，打造全省移动政务一盘棋的信息化布局。

（二）端、小程序、公众号差异化发展

江苏政务服务移动端将充分发挥各渠道优势，打造多端一体化协同、差异化发展新格局。一是继续深化“苏服办”App 作为全省政务服务移动端总枢纽的定位，与各地各部门政务服务移动端充分联动，创新服务方式、增强服务能力，推动更多政务服务事项网上办、掌上办；二是择优选取高频、

轻量级的服务应用接入小程序，借助小程序平台生活化、社交化属性和海量用户基础实现服务应用的迅速触达，延展政务服务覆盖边界；三是强化“苏服办”公众号内容输出，围绕时事热点、重大活动、群众关切等，加强权威信息发布，强化政策宣传解读，及时回应群众关切，成为传播政声、服务企业群众的主力军、主渠道，以“苏服办”龙头账号为引领，构建协同联动、整体发声的服务矩阵，提升传播力、引导力、影响力。

（三）从碎片式到场景化服务

通过整合多部门、碎片化、断点式审批服务，将政务服务模式由“点式”审批转变为“链式”审批，基于数字平台与数据共享，协同和平衡权力流程、数据流动与用户需求，对人、数据、服务三者关系进行重构，打造场景化掌上政务服务一件事创新服务。

（四）掌上数字政府服务

创新运用掌上数字政府建设抓手，建立起协同性高、反应速度快的社会治理体系，进一步从平台顶层设计入手，围绕政务服务、便民服务和公共服务，打造整体性、协同性、一体化的掌上数字政府总入口，构建数字治理、政务协同的良好发展生态。同时，以新技术应用为支撑，不断提高政务效率和治理效能，努力让政务服务更便利、社会治理更精准、政务运行更高效、数字社会更美好、数字生态更健康，形成具有时代特征、江苏特色、人民满意的掌上数字政府[①]。

参考文献

金震宇、房迎主编《“互联网政务服务”实践（五）》，经济日报出版社，2021。

① 《省政府办公厅关于印发江苏省“十四五”数字政府建设规划的通知》，苏政发〔2021〕61号，2021年8月31日。

张士永：《着力打造政务服务“好差评”江苏样本》，《群众》2019 年第 20 期。

《国务院关于加快推进政务服务标准化规范化便利化的指导意见》，国发〔2022〕5 号，2022 年 3 月 1 日。

B.17

"i武汉"小程序移动政务适老化应用初探

张贵达　李宗华　胡　俊*

摘　要： "i武汉"政务服务小程序以武汉市智慧城市基础平台为支撑，依靠大数据和深度学习技术，实现"一码互联"，提高民生服务水平。同时，"i武汉"小程序在建设过程中着重关注老年人"数字鸿沟"问题，在程序界面设计、健康码申请等领域推出适老化改造，力求简单易懂；在养老金年审、优待证办理和高龄津贴等领域实现线上办理，减少老年人出行压力。"i武汉"小程序建设启示我们在政务服务平台移动端建设中要聚焦服务短板，关注少数群体；要注重内容创新、宣传方式创新，提高政务服务平台使用率，使政务服务项目真正惠及人民。

关键词： "i武汉"　民生服务　移动政务　适老化应用

一　老年人数字化应用现状与问题

数字政府建设成为推进国家治理体系和治理能力现代化的有效手段，"掌上办""指尖办"成为政务服务标配。在近两年，随着移动互联网、人脸识别、AI等新技术的运用，老百姓和政府打交道时"门难进、脸难看、事难办"的"老皇历"正在成为历史。

---

* 张贵达，硕士，武汉市政务服务和大数据管理局党组书记、局长；李宗华，博士，武汉市政务服务和大数据管理局党组成员、副局长；胡俊，博士，武汉市政务服务和大数据管理局电子政务推进处副处长。

但对于不少老年人来说，因不会使用智能手机和互联网，在就医、消费、出行等诸多方面的幸福感大打折扣。出示健康码、社保资格认证、在手机上预约就诊挂号……这些对于年轻人再寻常不过的事情，却难住了不少老年人。“前段时间，去医院看病需要提前约专家，人家说可以网上约，我也不知道怎么操作”，因为不太会操作智能手机，武汉市民李阿姨遭遇“网上办事难题”。这样的事例并不少见，随着智能手机、数字化进程加速重塑社会生活，老年人面临的“数字鸿沟”问题也日趋显露。

如何帮助老年人跨越“数字鸿沟”，成为摆在全社会面前的一个课题。因此，为助力老年人更好地拥抱“数字生活”，智慧城市项目组积极行动，全力提供更周全、更贴心、更直接的信息化数字服务，让老年人共享信息化发展成果。

二 “i 武汉”小程序建设背景和现状

武汉市政务服务和大数据管理局按照《武汉市加快推进新型智慧城市建设实施方案》和市智慧城市基础平台建设要求，优化提升民生服务水平，打造武汉市民生服务移动端总门户“i 武汉”小程序。根据武汉市推进民生服务“一码互联”工作方案要求，至 2021 年底，“i 武汉”小程序上线了 136 项民生服务事项、32 类电子证照、8 个应用场景以及 9 个部门专区。截至 2021 年底，“i 武汉”小程序访问量突破 3200 万人次，注册用户数 2900 万。“i 武汉”小程序功能通过迭代更新，现已覆盖疫情防控、缴费、医疗、养老、社保、交通、文化、旅游等便民服务领域，市民体验感和获得感得到进一步提高，小程序完成从“可用”到“好用”的转变提升。

三 “i 武汉”适老化应用案例分享

（一）健康码适老化与线下老幼健康码的应用

在疫情防控常态化阶段，健康码成为“抗疫”的一个重要手段，老年人高效、便捷地使用健康码成为“i 武汉”防疫工作的重点。对此，“i 武汉”小程序坚持“以老年人为本”的设计理念，设计师从老年人的视角出发，切实去感受老年人的不同需求，设计出适应老年人生理以及心理需求的健康码功能。围绕线上产品适老化设计、线下打印纸质健康码的设计思路，进行功能建设与改进（见图 1）。

1. 线上的适老化设计改进

（1）UI 界面设计里放大字体，配色采用护眼色系，让老年人看字不费劲。同时减少了菜单层级，突出常用功能，让老年人使用步骤更精简。

（2）语音导航帮助，语音指令设计，功能调用一步到位。

（3）改进信息分类机制，制定一套老年人适用的信息推荐、分类算法。

2. 线下打印纸质健康码

（1）若被申请人年龄未满 18 周岁或者 60 周岁以上（含 60 周岁），可进入老幼健康码申请，填写、上传相关资料。

（2）如申请人和被申请人存在户籍关系，系统自动通过户籍关系核验，可“一键”生成凭证。

（3）如核验未通过，可按系统提示上传被申请人身份证、户口本等证明材料，待系统完成识别校验后，拍摄被申请人照片即可生成可保存打印的“健康通行凭证”（见图 2）。

科技是创造更好生活的手段和工具，应当根据人们的需求不断创新和改进，在网页的适老化改造过程中，如何体现数字温暖，让老年人跟得上互联网时代步伐，是我们一直思考的问题。通过适老化改造，一是老年人浏览阅读更轻松了，政务应用增加了字体放大、语音播报等功能，页面信息更加醒目；二是线上办事更简单了，相关应用专门为老年人推出了简化的搜索、办理等操作流程，让老年人网上生活更加便利。

（二）养老金在线年审

养老金认证每年都在进行，很多地区为防止他人冒领造成养老金损失，对退休人员都有每年集中进行养老金资格认证的规定。要求退休人员在一定

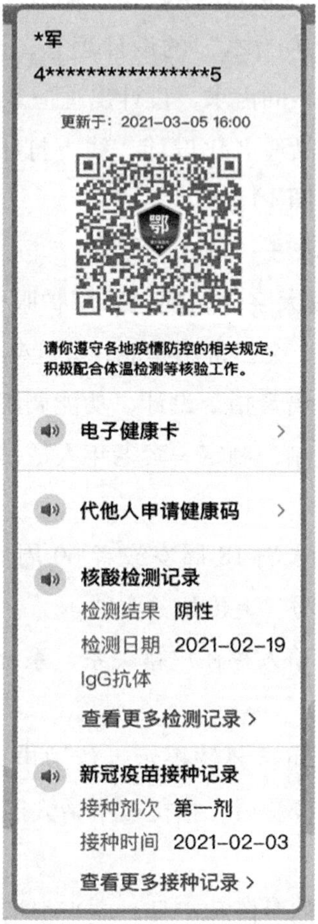

图 1　“i 武汉”健康码界面

时间内到指定部门办理认证。

但是我们都知道，那些年纪越大的老年人出趟门越不容易，特别是丧失了行动能力的老人。对于有困难的老年人来说，每年的养老金资格认证十分麻烦。之前就曾经有一则九旬老人由家人抬着爬上 3 楼做社保年审的新闻，引发了大家的争议。

为解决群众身边“急难愁盼”问题，武汉市推进“我为群众办实事”实践活动，“i 武汉”与人社局对接，在养老金资格认证上运用了“人脸识

图 2　老幼健康码代申请及健康通行凭证界面

别”技术，把“互联网+”运用到政务服务中，基于“i 武汉”移动端小程序提供的便捷服务，不受时空限制，便捷性和及时性更强（见图 3）。

2021 年，老年人通过“i 武汉”小程序线上办理年审共计 11543 次。现在养老金资格认证可以在家通过手机在线办理，整个过程 5 分钟即可完成，另外“i 武汉”针对老年人不会使用智能手机的痛点，增加了家人代办理的流程，使老年人养老资格的认证再也不是一个“麻烦”的事情。提升了群众的幸福感，响应了“我为群众办实事”的政策思路。

（三）老年人优待证办理

老年人优待证的用途非常广，武汉市各年龄段老年人持证可分别享受若干项优待，包括景区免费、优先就诊、免费挂号、免费乘车等。为贯彻落实党中央、国务院关于老龄工作的决策部署，“i 武汉”从实际出发，立足

图 3　老年人养老金在线年审界面

“最多跑一次”改革，创新服务模式，提高为老年人服务的水平，让老年人享受到更多看得见、摸得着的实惠。

“i 武汉”与民政部门对接，坚持以数字化改革为牵引，通过流程业务重塑，加强数据开放共享，实现老年人优待证智能速办，不断夯实业务数据化、数据业务化。对每年新增老年人办证基本实现“到龄即办、送证上门”。只要是年满 60 周岁的老人就可以在“i 武汉”小程序免费办理老年人优待证，实现在线申办、免费快递到社区一条龙服务，全程网办，一次也不用跑。老年人优待证在线办理开通以来，已为数千位老人提供便捷服务（见图 4）。

“i 武汉”小程序设置老年人优待证的电子证照，利用区块链在数据防篡改方面的特性，打通了电子证照共享数据的存储、共享、管理等环节，保证了数据共享在事前、事中、事后全流程周期的可审计，保证流程可追溯。

图 4　老年人优待证办理界面

（四）高龄老人津贴发放

为进一步弘扬中华民族尊老爱老的传统美德、提高武汉市老年人优待水平、完善老年人社会保障体系、让老年人共享改革开放发展成果，根据《武汉市智慧城市建设第一批应用场景清单》的要求，需利用大数据和人工智能核验高龄人员状态，实现不见面发放和查询。

“i 武汉”小程序与民政部门对接，上线高龄津贴发放记录查询，满足老人与其家人对高龄津贴查询需求。作为社会治理核心主体的政府，要全面感知社会状态，必然要充分利用互联网，尤其是移动互联网生产和传递的数据信息。对此，“i 武汉”小程序协助民政部门，对符合享受高龄津贴条件的老年人实行动态管理。希望以大数据技术与人脸识别技术取代原有线下登门走访、视频连线的方式。既实现为高龄老人送去关怀的初衷，也满足政府管理与社会治理的需求，提高管理效率，提升治理水平。自 2018 年以来，共为全市 38 万高龄老人办理津贴发放（见图 5）。

发放高龄生活补贴是党和政府为了让高龄老人颐养天年、生活得到有效保障而实施的一项惠老工程，也是党和政府惠民政策的具体体现，让高龄老人老有所养、老有所依，真正将党和政府的关怀送到了高龄老人心坎上。

图 5　高龄老人津贴发放界面

四　“i 武汉”小程序新技术应用

国务院办公厅颁发《全国一体化政务服务平台移动端建设指南》。文件指出，要坚持创新驱动，积极运用大数据、区块链、人工智能等技术手段，提升移动政务服务个性化、智慧化水平。发挥区块链在促进数据共享、优化业务流程、提升协同效率、强化安全保障等方面的作用，为进一步提升移动政务服务效能提供有力支撑。

武汉市智慧城市基础平台的四大中枢是促进城市数据资源融合共享、支撑全市智慧城市建设的重要新型基础设施。四大中枢之间互为补充，形成交互机制，形成统一整体以支撑上层应用。目前，武汉智慧城市项目已上线运行大数据、人工智能、区块链、应用支撑等四大中枢。数据中枢建立了市大数据能力平台，向上连通了省大数据平台，向下连通了各区大数据平台，形成全市统一政务数据资源池，初步建成人口等基础数据库，已对接全市228个业务系统共5103项数据，可共享数据总量82亿条，每日共享数据近6000万条，向社会开放数据2.69亿条，通过数据共享交换等方式支撑了451项数据应用。人工智能中枢已接入多家企业算法服务，按需接入城市视频资源，支撑“城管智能处置”“渍水点视频AI预警”等各类场景建设，累计发现占道经营、非机动车乱停、乱搭乱建、积水识别等13类事件共8877件。区块链中枢上链电子证照32类，支撑市税务局建设“税链通”场景。应用中枢整体使用单位为114家，注册数据交换接口2600余个，各类接口累计调用次数达47277万余次。

在武汉市智慧城市建设的总体框架下，按照“五统一”（即统一服务入口、统一服务标准、统一界面设计、统一服务监管、统一运营推广）原则，秉承“最好服务、最快办事、最高满意”宗旨，整合汇聚服务事项、拓展提升服务领域、打造武汉民生服务移动端总门户，实现民生服务事项“掌上办”“指尖办”。项目实施过程中通过大数据、区块链、人工智能等新一代信息技术在经济社会各领域的融合应用和开发，促进了全市智能经济和数字经济发展，有利于进一步培育壮大新技术、新业态、新经济，进一步夯实全市高质量发展的新动能。

（一）大数据技术

一码互联将市民码数据库作为核心数据库，集合了武汉公积金、人社、教育、卫健、交通、生活、公安、文旅等领域的数据信息，核心数据库的数据可以用于账号关联库、业务数据库、用户数据库等，以此来实现数据共享、流程优化等可以为民生疏解堵点的服务。

除此之外，一码互联还通过构建政务图谱，来理清权力、事项、主题、材料、数据之间的关系，依托大数据挖掘和分析的手段，为事项、主题套餐、材料提供申请表单应用政务信息、申请材料应用电子证照、压缩承诺期限、减少跑动次数等优化建议，在部门开展政务服务优化工作时发挥引导作用，进一步推动实现政务服务的少填、少报、少走、快办，提供便捷优质的政务服务。

通过以上技术，可以真正提升互联网+政务服务的体验：免跑路、免填表、免证件、政务服务终端程序、政务管家、快速检索。

（二）人脸识别技术

近几年来，深度学习方法基本统治了人脸提特征算法，这些算法都是固定时长的算法。早前的人脸提特征模型都较大，速度慢，仅使用于后台服务。但最新的一些研究，可以在基本保证算法效果的前提下，将模型大小和运算速度优化到移动端可用的状态。

1.“人脸比对”是衡量两张人脸之间相似度的算法

人脸比对算法输入的是两张人脸特征（注：人脸特征由前面的人脸提特征算法获得），输出的是两个特征之间的相似度。人脸验证、人脸识别、人脸检索都是在人脸比对的基础上加一些策略来实现。相对人脸提特征过程，单次的人脸比对耗时极短，几乎可以忽略。

基于人脸比对可衍生出人脸验证、人脸识别、人脸检索、人脸聚类等算法。

2.“人脸验证”是判定两张人脸图是否为同一人的算法

它输入的是两个人脸特征，通过人脸比对获得两个人脸特征的相似度，通过与预设的阈值比较来验证这两个人脸特征是否属于同一人（即相似度大于阈值，为同一人；小于阈值为不同人）。

3.“人脸识别”是识别出输入人脸图对应身份的算法

它是输入一个人脸特征，通过与注册在库的 N 个身份对应的特征进行

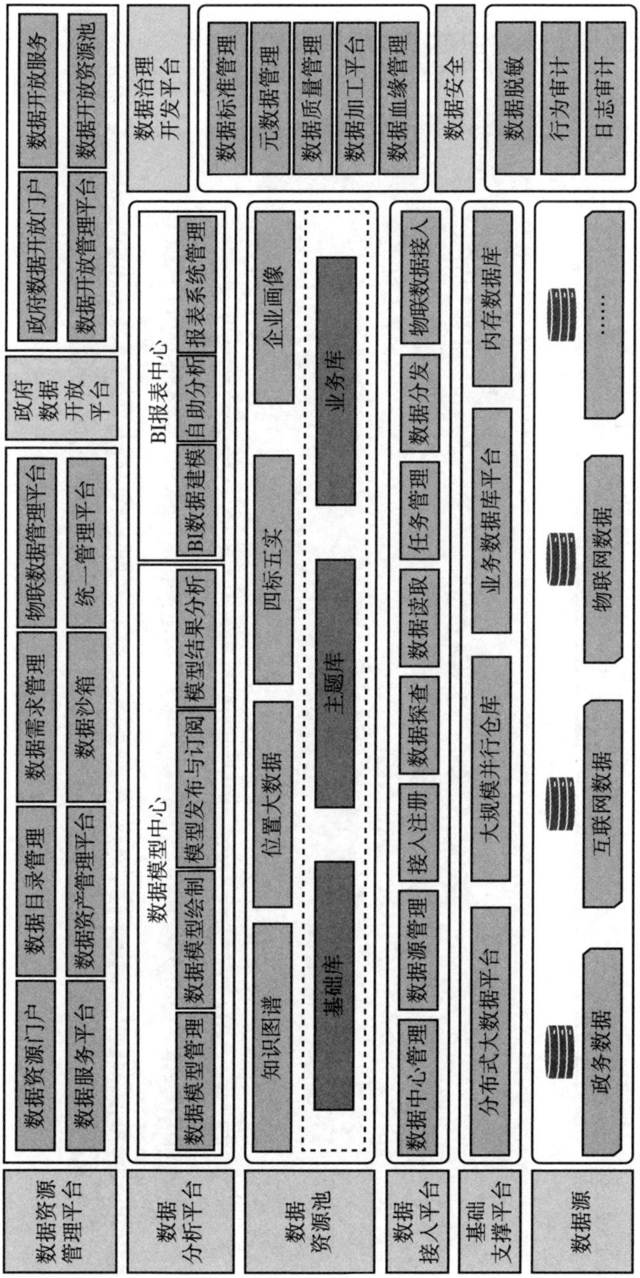
数据资源管理平台
数据资源门户
数据服务平台
数据目录管理
数据资产管理平台
数据需求管理
数据沙箱
物联数据管理平台
统一管理平台
政府数据开放平台
政府数据开放门户
数据开放管理平台
数据开放服务
数据开放资源池
数据分析平台
数据模型中心
数据模型管理
数据模型绘制
模型发布与订阅
模型结果分析
BI报表中心
BI数据建模
自助分析
报表系统管理
数据治理开发平台
数据标准管理
元数据管理
数据质量管理
数据加工平台
数据血缘管理
数据资源池
知识图谱
位置大数据
四标五实
企业画像
基础库
主题库
业务库
数据安全
数据脱敏
行为审计
日志审计
数据接入平台
数据中心管理
数据源管理
接入注册
数据探查
数据读取
任务管理
数据分发
物联数据接入
基础支撑平台
分布式大数据平台
大规模并行仓库
业务数据库平台
内存数据库
数据源
政务数据
互联网数据
物联网数据
……

图6 数据资源分层

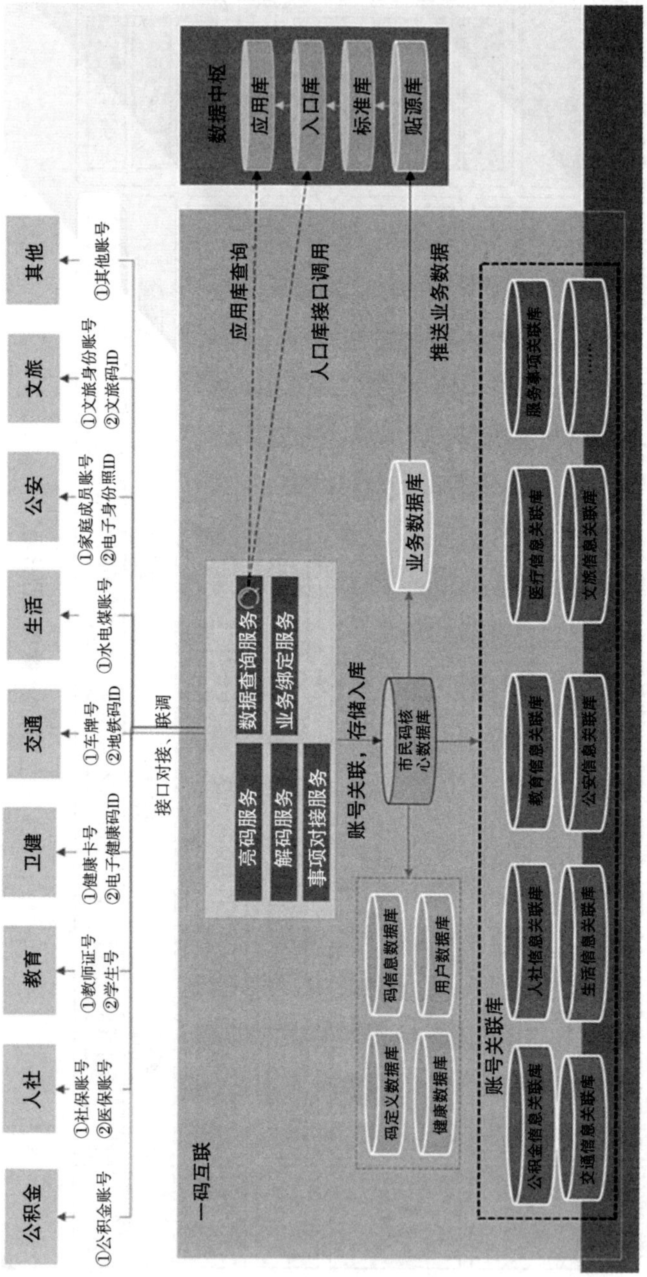

图7 数据接口及核心应用数据库

逐个比对，找出“一个”与输入特征相似度最高的特征。将这个最高相似度和预设的阈值相比较，如果大于阈值，则返回该特征对应的身份，否则返回“不在库中”。

4. “人脸检索”是查找和输入与人脸相似的人脸序列的算法

人脸检索通过将输入的人脸和一个集合中的所有人脸进行比对，根据比对后的相似度对集合中的人脸进行排序。根据相似度从高到低排序的人脸序列即人脸检索的结果。

5. 黑名单识别

借助 AI 中枢的以图搜图及动态人脸识别算法构建市政黑名单人脸库，把需要通过计算机视觉技术识别的人员信息（包含姓名、性别、身份证号、人脸照片等信息）加入比对数据库，通常理解为视图库或人员库；然后按照相似度报警阈值对检测事件进行设置，系统将在各出入口抓拍的人脸照片与比对数据库中的人脸特征数据实时比对，如果人脸的相似度达到设定报警阈值，系统可以通过视觉信息提示等方式进行预警，显示对应的黑名单人员出现的时间与地点，方便业务人员采取进一步处理措施。

（三）区块链与电子证照

1. 电子证照数据的存储与接入

由于区块链是一个共享的账本，为了保证电子证照数据的私密性，不会将共享数据直接存储在区块链上，而是通过智能合约将其锚定为区块链上的数字资产。当以数据库方式提供时，将政府业务库中共享的数据同步一份到其前置机的数据库中后，再将该部分共享数据在数据库中的访问信息加密后作为数字资产的元数据；当以数据文件方式提供时，是将政府业务库中可共享的数据经过加密后，写到数据库的文件系统中，形成一个共享数据文件，再将该共享数据文件的完整性哈希值作为数字资产的元数据存储在区块链上，而共享数据文件本身依然存储在政府业务库前置机的数据库中。

数据共享方通过区块链客户端发布数字资产时，数字资产被记录在交易负载中后提交到预置智能合约，实现数字资产的发布。

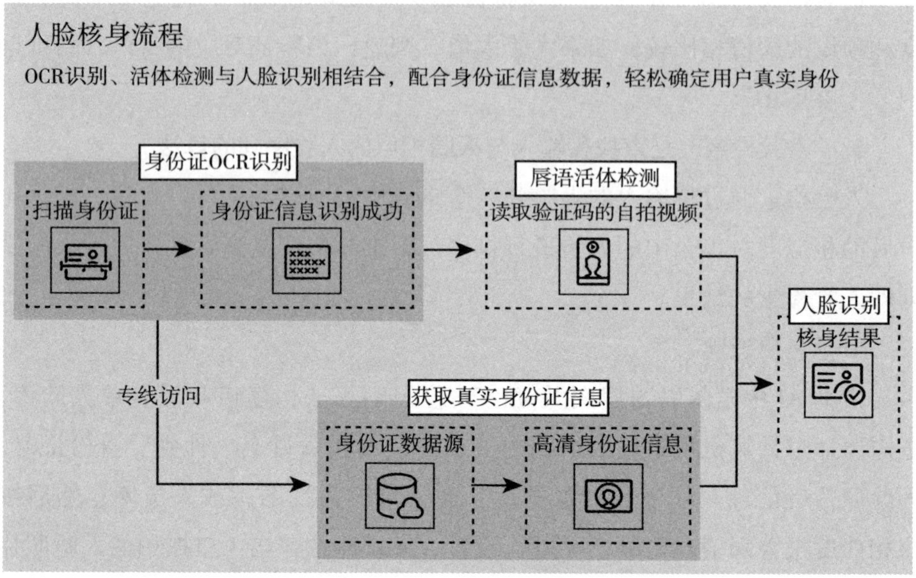

图 8　人脸核身流程

可信电子证照实际上是采用一种链上链下相结合的存储方式，以此来实现共享数据的存储与接入，并能保障数据在存储上的私密性和区块链的存储效率。这样做的好处是，在区块链的持续记账过程中，可防止区块链的链上数据过度膨胀，保障交易效率。具体而言，对占用空间较小的文本数据直接采用链上存储，对占用空间较大的数据或者文件则对访问这类数据的元数据信息采用链上存储，对文件本身采用链下存储。链下存储的可以是任意网络文件系统、文件链接、点对点分布式文件系统，如 IPFS 等。

2. 共享数据注册与发布

区块链通过将共享数据转化为数字资产，再通过智能合约来对共享数据即数字资产在区块链上进行注册与发布。发布数字资产的智能合约由政府业务系统提供，并由政府业务系统通过其前置终端部署在区块链上。智能合约部署完成后，其合约的内容可被区块链中所有参与方共享和查看，但智能合约的所有者只有一个，即该智能合约的部署者也即政府业务系统。通过智能合约，政府业务系统可以方便地实现链下共享数据与链上数字资产的关联。

基于智能合约实现数字资产的注册与发布，智能合约的所有者即为该数字资产的所有者，以此来明晰数字资产的所有权。智能合约的每次触发执行均会对触发消息的发送者做一次用户权限检查，只有数字资产拥有者即智能合约的所有者才有权更改智能合约的共享规则，甚至转移数字资产的所有权。

此外，数字资产所有者可以在智能合约中预先设置一个可授权数字身份列表，列出具有共享数字资产获取权限的需求方，并维护该列表。智能合约在执行时会匹配请求者身份，只有列表中的数字身份才能通过智能合约来请求共享数据。

可以以出生医学证明为例，给出电子证照数据共享的流程和部署架构：市民的出生医学证明数据存储于政府内网的业务系统，通过前置终端将经过 Hash 运算和电子签名的某个市民的数据发送给他本人，并在区块链上保存为电子证件。出生医学证明联盟链位于政府部门内外网的隔离区，查验终端通过专用通道访问链上的数据完成对电子证照的查验，以此做到用户只拥有本人数据的访问权限，提高数据的安全性与私密性。

五 "i 武汉"小程序项目建设经验总结

自 2020 年人社部下发《关于进一步优化人社公共服务切实解决老年人运用智能技术困难的实施方案》以来，武汉市主动作为，践行"我为群众办实事"，通过完善服务政策、优化服务措施等方式，进一步为老年人提供更便捷、更周全、更贴心、有温度的数字化信息服务，不断拓宽老年人共享"数字红利"的阳光大道，为其幸福晚年生活带来更多便利。

（一）"i 武汉"小程序项目建设方面

聚焦服务短板，因地制宜推出扎实举措，围绕老年人相关的场景服务，推出"长者服务专区"，拓宽老年人办事渠道和服务场景，助力老年群体畅享生活。长者服务专区集成了目前老年人常用的老年人健康码、核酸、疫苗

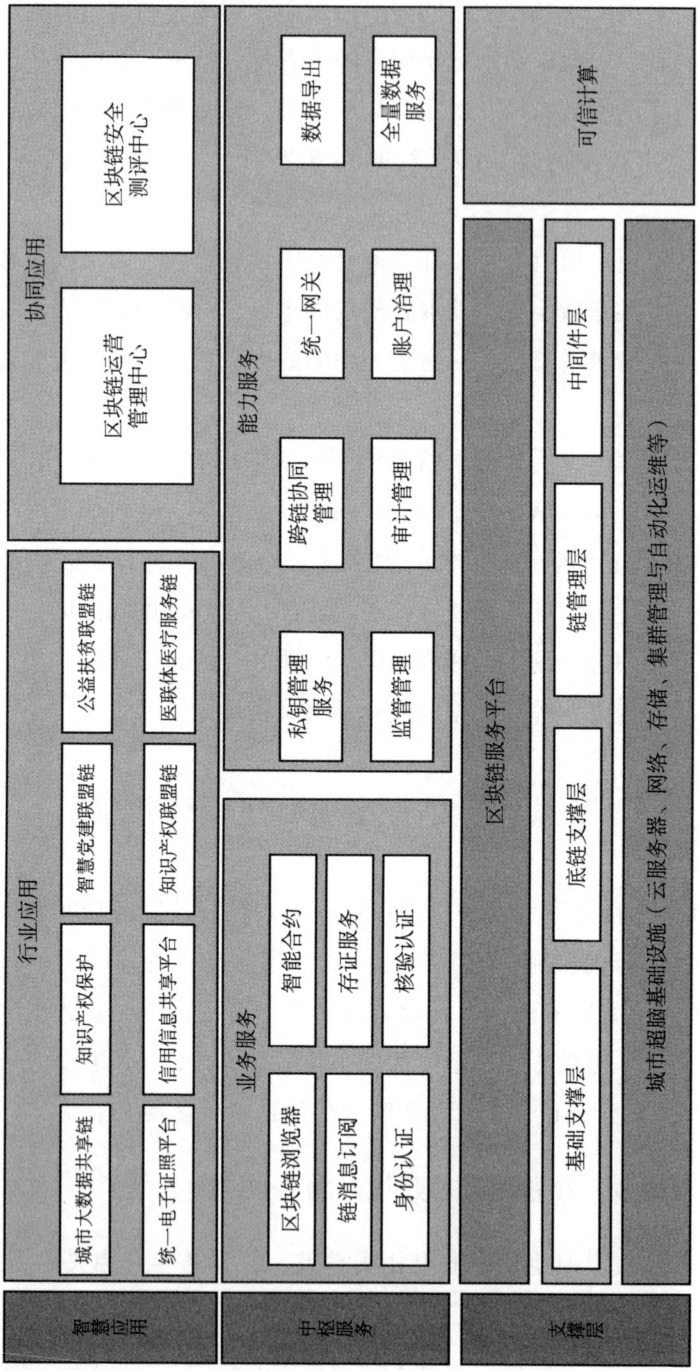

图9 电子证照数据共享的流程和部署架构

接种记录与养老待遇相关的事项服务，包括养老资格认证、老年人优待证、社保医保查询、医院预约挂号、养老机构查询等近 10 项高频服务，覆盖社保、医保、医疗等服务，为老年人提供方便（见图 10）。

图 10　“长者服务专区”界面

（二）“i 武汉”小程序运营方面

“i 武汉”小程序访问量突破 3200 万人次，注册用户数 2900 万。通过“i 武汉”小程序功能的迭代更新，现已覆盖疫情防控、缴费、医疗、养老、社保、交通、文化、旅游等便民服务领域，市民体验感和获得感得到进一步提高，民生服务事项有效使用量进一步提升，功能进一步完善，小程序完成从“可用”到“好用”的转变提升。在提高使用率上，最需要的是积极地推动宣传。行政单位开发的小程序如果不能让民众知晓和使用的话，也就失去了意义。

1. 内容传达方面

政务类运营可从选题策划、内容制作、视觉处理、创意宣传等多个方面入手，打造政务新媒体运营整体解决方案，实现新媒体环境下高效、专业、安全的宣传。老年群体不会每天刷网络，细碎的知识不便于老年群体整合理解，所以在制作宣传内容时，针对一件事需从事件定义、条件、如何申领、过程等等，每一个方面都讲清楚。使每一篇都具有较完整、有使用参考意义的内容。

2. 视觉传达方面

在保证政务信息正确传达的基础上，从群众角度出发，用群众熟悉的语言，把政务内容宣传出去。用长篇文章的形式，可以提供详解解答信息；用H5、短视频等新形式，可以拉近群众与政务部门的距离；图解、漫画等，可以把枯燥难懂的报告或政策转化成一幅幅简明扼要的图片；活泼的微信排版、口语化的语言风格，让群众不仅能看懂，还会主动转发。针对不同的内容，用不同的表现形式。如“i 武汉”公众号在制作“老年人优待证”内容时，篇幅内容较多较长，就把跟生活场景相关的内容方面，制作成插画长图的形式，便于群众理解，辅助记忆。在设计方面，可以参考小程序上老年人专区，将字号调大、辅助语音、设计简洁等；从各个方面为老年人群体着想，让老年朋友轻松搭上“数字快车”。

3. 宣传渠道方面

老年群体不会花大量的时间在手机上，在传播时，同样也要避免单一的互联网宣传，加上线下场景、电视场景等作为辅助，使宣传内容出现在老年人可遇到的每个生活场景中。如社区定期举办老年人宣讲活动、在小区公告栏张贴海报、社区工作者开展线下解答等。

下一阶段“i 武汉”小程序将继续保持“以人民为中心”的初心，帮助老年群体跨越“数字鸿沟”，持续深化政务改革、转化政府职能，优化应用功能、强化服务运营能力，以“数据多跑路，群众少跑腿”为目标，最终实现百姓办事不出门、政府人员不见面审批，建成一流的移动政务服务平台。

参考文献

韦杰：《区块链技术在电子证照的应用与研究》，《电脑知识与技术》2020 年第 22 期。

邢泽宇：《服务有力度　适老有温度》，《中国劳动保障报》2021 年 12 月 10 日，第 1 版。

张义：《基于深度学习的非受控场景下人耳检测和识别》，北京科技大学博士学位论文，2018。

案例分析篇

Reports on Case Studies

B.18

从“掌上可办”到“掌上好办”“四个坚持”助推移动政务服务高质量发展

邵 高*

摘 要： 《全国一体化政务服务平台移动端建设指南》的出台对于各地区和部门的政务服务平台移动端标准化、规范化建设提出了新要求。本文立足于江西省实践和实情，指出江西省在推进移动政务服务高质量发展中应坚持以下四个方向：一是坚持统筹规划，加强移动端集约化建设；二是坚持用户导向，推动政务服务“掌上好办”；三是坚持创新发展，以技术驱动打造特色服务；四是坚持长效运营，持续提升用户体验。江西省将切实推进移动政府服务从“掌上可办”向“掌上好办”转变，以推动移动政务服务高质量可持续发展，形成政府省心、公众放心的良性循环。

* 邵高，研究生学历，江西省政务服务管理办公室主任，主要研究方向为移动政务服务、电子政务。

关键词： 移动政务服务　政务服务　“赣服通”

2021年11月，国务院办公厅印发了《全国一体化政务服务平台移动端建设指南》（国办函〔2021〕105号，以下简称《建设指南》），文件的出台，对各地区和部门的政务服务平台移动端标准化、规范化建设提出了新要求，为实现移动政务服务应用的统筹整合和集约化管理、增强数字政府效能、推动数字政府改革夯实了基础。为落实好《建设指南》相关要求，江西省结合实践，需要坚持以下四个方向。

一　坚持统筹规划，加强移动端集约化建设

《建设指南》将坚持统筹规划作为基本原则，分别从层级架构和技术架构两个方面明确了全国一体化政务服务平台移动端的总体架构。一是全国一体化政务服务平台移动端包括国家政务服务平台移动端、国务院有关部门政务服务平台移动端和各省（自治区、直辖市）政务服务平台移动端。强调国家政务服务平台移动端的总枢纽定位，厘清了各级移动端的职责和功能定位，为实现政务服务渠道统一管理、同源发布、一体化服务夯实基础。二是全国一体化平台移动端技术架构主要包括基础支撑层、应用管理层和服务提供层。明确了移动端各技术层级建设的具体要求，有效推进建设架构清晰、规范管理的全国一体化政务服务平台移动端技术架构。

近年来，江西省与国家部署要求保持高度一致，按照全省统一架构、多级联动建设模式，江西省统一建设移动政务服务“赣服通”平台的前端入口和后台系统，全省11个设区市分厅和100个县级分厅全部上线运行，实现省市县三级掌上政务服务全覆盖。各级分厅按照统一标准对本地区各级各类移动政务服务应用进行规范管理，实现统一身份认证、统一证照共享、统一电子印章等公共支撑以及事项管理，目前，“赣服通”共上线6800余项服务，36个省级部门116个数据孤岛全部打通，基本实现江西移动政务服务“一张网”。

二　坚持用户导向，推动政务服务“掌上好办”

《建设指南》要求各地区和国务院有关部门围绕企业和群众办事需求，进一步优化政务服务平台移动端功能，不断丰富集成套餐式服务和“扫码亮证”“一证通办”“无感通办”等应用场景，持续提升移动政务服务便利化水平。江西始终坚持以群众需求为导向，切实把“赣服通”打造成为群众和企业解难题、办实事的重要平台，推动政务服务事项从“掌上可办”向“掌上好办”转变，让人民群众真正享受到数字化发展成果。

一是倾听群众心声。“赣服通”在党史学习教育栏专门开辟“我为群众办实事”板块，广纳群言、广集民智，广泛解决企业、群众“急难愁盼”问题。群众可通过“赣服通”直接提出意见建议和需要解决的问题，通过江西12345政务服务便民热线受理转办平台进行办理。截至目前，共收到群众反映需要解决的问题399个，主要涉及城乡治理、民生保障、政务服务等方面意见建议及求助，已办结398个，其中282个直接办结，116个派发工单办结，未办结的1个已转相关单位抓紧办理，并向反映问题的群众进行了全面回访，回访满意率100%。

二是健全好差评系统。满意不满意，企业群众说了算。为充分发挥广大企业群众的监督评价作用，“赣服通”上线的所有服务全部加入评价功能，所有服务的评价数据全部接入全省“好差评”系统，综合分析企业群众的诉求和意见，及时归纳梳理政务服务工作上的堵点和难点，不断提高工作人员的服务意识和责任意识，充分调动工作人员的工作主动性和积极性，切实增强企业群众的获得感和满意度。

三是持续推出套餐式服务。为有效缩短企业群众办事时间、材料重复提交、办事多次跑腿等问题。截至目前，“赣服通”已推动全省各地、各部门上线20余项“一件事”服务，其中“婚育户一链”办服务，将原本需要办理的“5件事”整合成“一件事”。通过流程再造、数据共享、表单去重、一窗受理等方式，将原来需要跑4个部门、分5次办理、填138条信息、传

5个材料优化为仅需在线填写15条信息、无须上传任何材料即可办成，极大提升了服务体验。"赣服通"还积极推动企业注册开办全流程掌上办理、"一网通办"，最慢2个工作日办成。

四是着力推进"跨省通办""省内通办"。截至目前，"赣服通"已上线跨省通办服务46项，企业群众通过专区办理社保缴费、异地就医备案、异地公证等10余个热点服务4560余次，收到用户好评100余条，与广东省佛山市、浙江省衢州市、湖南省株洲市、贵州省贵阳新区等9个省份的36个地市（区、县）实现跨省通办；省内通办事项达1673项，范围覆盖省内11个地市的40个区县。

三　坚持创新发展，以技术驱动打造特色服务

《建设指南》提出要充分发挥移动互联网泛在、连接、智能等优势，积极运用大数据、区块链、人工智能等技术手段，提升移动政务服务个性化、智慧化水平。创新移动政务服务提供方式，坚持政府主导，鼓励多方参与，规范政府部门与第三方平台合作，推动移动政务服务健康有序发展。江西以"赣服通"建设为抓手，持续推动"互联网+政务服务"创新。

一是技术创新引领。江西与阿里巴巴和蚂蚁集团紧密合作，协同推进政务服务数字化和智能化转型，率先将区块链技术引入"赣服通"，建成全国首个全省性"区块链+政务服务"基础平台、推出全国首个全省性的融合评价分——赣通分。2021年4月，"赣服通"通过聚合政务金融资源，首次采用100%自主研发的原生分布式国产数据库OceanBase，运用"区块链+可信授权"安全管理机制，打破政务领域与金融领域的数据壁垒，实现金融服务"网上办、掌上办、马上办"，形成全国首个拥有综合性金融服务专区的省级政务服务平台。

二是创新服务模式。江西依托全省统一的电子证照系统、"区块链+可信授权"安全服务能力，进一步拓展电子证照线上线下的场景应用，全力打造"无证办理"新模式，实现减材料、免材料。截至2021年底，完成南

昌市、萍乡市、九江市、新余市、鹰潭市、吉安市、宜春市、抚州市等 8 个地市大厅，完成新建区、红谷滩区、瑞昌市、泰和县、共青城等 78 个区县无证办理大厅建设；推动生育登记、居民身份证补换领、医保异地备案申请等 1854 项高频服务实现无证办理，为群众办事提供电子证照替代纸质材料 37 万余次。

三是优化“适老”服务。“赣服通”以“区块链+数据+模型+场景”为支撑，创新性推出“老年模式”，为老年群体提供大字版本和语音服务功能，设置常用服务推荐办、爱心专窗帮你办、不用出门掌上办、大厅服务预约办、自助服务就近办等 5 个主要模块。聚焦城乡居民养老待遇领取认证、刷码乘车、水电燃缴费、医保支付、赣通码代领、社保缴费、全省艺术展览查询等高频事项和服务场景，打造便捷、暖心、安全的高品质专属服务，让老年人更好共享数字信息的发展成果。上饶市民政局依托“赣服通”上饶分厅，引入大数据比对机制，优化办理流程，整合数据资源，通过移动端申请，全面实现高龄老人补贴发放“一次不跑”。2021 年 3 月实现全市高龄老人补贴线上发放，上饶市高龄老人补贴管理系统运行至今，共生成补贴发放 71.4 万人次，发放补贴总金额 4897.2 万元。

四　坚持长效运营，持续提升用户体验

《建设指南》强调，要“加强运营管理队伍建设，创新运营服务模式，形成配备合理、稳定可持续的运营保障力量。利用新媒体、政府网站、政务服务场所、公共场所等积极开展全国一体化平台移动端宣传推广工作，不断提升公众知晓度，便于企业和群众充分了解和便利获取移动政务服务”。

一是要运用创新发展思维构建主动服务新模式。在“赣服通”建设过程中，始终把企业群众的需求和满意作为政务服务建设的出发点和落脚点，对用户数据和业务数据进行深度学习和智能挖掘，全面根据用户需求和习惯体验优化配置服务资源。“赣服通”为每位用户智能画像并创建属于用户自己的数字服务专区，汇聚个人和企业数字常用服务数据，用户只需认证授

权，即可实现用户信息授权关联、到期服务自动提醒、涉企政策自动推送、关联服务直接办理。目前，专区已汇聚社保、医保、公积金、交管、市场监管等 20 余类个人和企业数字服务。

二是要科学引导群众使用移动政务服务平台。注重人性化宣传引导，聚焦高频服务，突出平台实用性，通过增强服务黏性和服务功能，让群众乐用、常用、爱用“赣服通”。结合服务功能，统一设计宣传海报、易拉宝、功能视频、操作指南等，部署在各地进行宣传推广，在江西卫视晚间黄金时间播放宣传片，让群众充分认可“赣服通”。特别是新上线服务宣传，要第一时间让群众知晓。通过科学合理的人性化宣传引导，“赣服通”已经成为家喻户晓的“江西品牌”和人人爱用的“掌中宝”。

《建设指南》的出台为全国一体化政务服务平台移动端建设提供了强有力的政策支持和技术指导。下一步，江西将严格按照文件要求，以更加开放的姿态、更加务实的作为、更加创新的举措，持续推进“赣服通”标准化、规范化建设和互联互通，创新服务方式、增强服务能力，千方百计为民服务解难题，真正将“赣服通”打造成为全省企业群众干事创业事事顺、万事通的重要平台，全力推动江西成为全国政务服务满意度最高省份之一。

参考文献

《打造“赣服通”升级版　建设政务服务“新高地”——全国人大代表、江西省委副书记、省长易炼红接受人民网专题访谈》，《赣商》2020 年第 5 期。

金国军：《“赣服通”上线江西数字经济迈上新台阶》，《中国工业报》2020 年 7 月 10 日，第 2 版。

万仁辉：《插上“数字翅膀”　为民服务更“聪明”》，《江西日报》2021 年 6 月 7 日，第 5 版。

《国务院办公厅关于印发全国一体化政务服务平台移动端建设指南的通知》，国办函〔2021〕105 号，2021 年 9 月 29 日。

B.19

南京市政务服务移动端现状及发展趋势研究

杜忠焱 *

摘　要： 2021年11月，国务院从全局高度对移动政务服务平台建设作出总体规划部署，南京市积极响应，有效促进了移动政务服务资源整合和平台集约化建设。基于智慧南京的建设成果，2014年，南京市紧抓国家首批“互联网+政务服务”综合试点城市契机，在全国率先推出了政务服务平台移动端——“我的南京”App，设立了新冠肺炎疫情防控、大学生服务专区、房产交易与不动产登记服务等多个特色应用场景。在“我的南京”App建设应用的过程中，南京市总结了一系列创新经验，一是基于实名认证，推进资源整合；二是推进数据整合，实现业务协同；三是主动开放共享，促进合作共建；四是坚持以用促建，实现数据反哺。尽管“我的南京”App建设还存在缺乏系统性和标准化的规划布局、移动端重复建设、部门业务系统上线政务服务平台移动端难度较大、平台支撑能力不强等问题，但南京市将聚焦标准化体系、一体化建设、多场景应用、规范化管理、统一支撑和同源共享，破解当前建设困境，发挥好“我的南京”App的作用。

关键词： 移动政务服务　新型智慧城市　一体化政务服务平台

---

* 杜忠焱，南京市政务服务管理办公室信息技术处副处长，主要研究方向为一体化在线政务服务平台建设。

一　国家和部分先行省市政务服务平台移动端建设情况分析

（一）国家政务服务平台移动端推进情况

近年来，各地区、各部门积极探索创新移动政务服务应用，推动高频政务服务“掌上办、指尖办”，极大方便了群众和企业办事。但总的来看，各级各部门政务服务平台移动端建设相对分散、标准规范不统一、技术支撑和安全保障体系不完备、数据共享不充分。2021 年 11 月，国务院办公厅印发《全国一体化政务服务平台移动端建设指南》，从国家层面对移动政务服务平台建设作出总体规划部署，有效促进移动政务服务资源整合和平台集约化建设，推进各地区各部门移动端标准化、规范化建设和互联互通，为推动数字政府改革打下坚实基础。

国家政务服务平台移动端是全国移动政务服务的总枢纽，为各省（自治区、直辖市）和国务院有关部门政务服务平台移动端提供公共入口、公共通道、公共支撑，为企业和群众提供查询、预约、办理、投诉建议和评价反馈等一体化服务。总体而言，“两级架构”全面构建移动政务服务全国统筹格局，“三项创新”主动适应数字政府改革新需求，“四类优化”紧贴政务服务移动化建设方向，“五大统一”有效提升政务服务平台支撑能力。

（二）部分先行省市政务服务平台移动端建设情况

近年来，广东省与国家部署要求保持高度一致，充分发挥电信运营商和省内信息技术企业的人才、技术优势，与三大基础运营商和腾讯、华为合作规划建设了以粤省事、粤商通、粤政易为代表的广东数字政府“粤系列”移动端，按照“统建共管、整体联动、开放融合、赋能发展”原则，积极推进各级各类移动政务服务整合，有效激发出政务服务整体效能，助力营商环境持续优化。

2018 年 5 月，“粤省事”作为全国首个政务服务微信小程序正式上线，标志着以政务服务“App+小程序”为主要服务渠道的移动政务新时代的开启，也标志着以“独立型”政务App为特征的时代开始迈向以“多元开放”为特征的新时代。

杭州市与阿里巴巴合作，运用云计算、区块链、人工智能等最新技术，率先开发电子证照、电子印章、电子签名等应用支撑，统一身份认证、统一查询与咨询、统一网办入口，特别是统一使用“浙里办”作为全省唯一的政务服务平台移动端，有力提升网办深度，持续提升公众的获得感和体验度。

（三）江苏政务服务平台移动端建设现状

江苏是全国第三个政务服务移动平台接通所有设区市的省份。2017年上线的江苏政务服务App，依托全国一体化政务服务平台，陆续推出App4.0、支付宝小程序、微信小程序和服务号四大产品，率先开通政务服务全过程评价功能，实时检验网上可办事项及移动端高频热门应用的服务效能。探索建设了“旗舰店”“主题服务”“一号答”“全过程评价”“服务集群”“我的卡包”六大功能，全面升级了江苏政务移动端生态体系，为全省群众、企业、社会组织提供行政审批、公共服务、信用监管、绩效评价、公共资源交易等方面的服务。群众可直接对事项设立、应用上线、办件服务、证照共享、结果送达等进行实名制评价，对评价中的问题和需求，以“一号答”工单进行流转办理。江苏政务服务App已推出近3000项应用，包括领取苏康码、领取电子结婚证、提取公积金、查询中高考成绩等爆款服务，实名用户超过3200万，月活跃用户超过1800万（见图1）。

二　南京市政务服务平台移动端发展状况

（一）“我的南京”App发展思路和基本情况

1. 发展思路

近年来，南京市紧抓国家首批“互联网+政务服务”综合试点城市建设

图 1 “江苏政务服务” App 界面

契机，全面落实国办关于加快推进全国一体化政务服务平台建设意见，着力提升政务服务能力，为深入推进“放管服”改革、优化营商环境进行了有益探索，形成了一批富有创新性的改革成果。早在 2014 年 8 月，南京市在“互联网+政务服务”领域开展试点，在全国率先推出了城市级的政务服务平台移动端——“我的南京”App。目前，“我的南京”App 实名注册用户数已突破 700 万，月活跃用户数稳定在 300 万以上，用户黏度在全国同类 App 中持续位居前列，在全国范围内有较大的知名度和影响力。

“我的南京”App 作为一款城市级的移动政务服务软件，自 2014 年上线运行以来，一直以“智慧城市”建设为基础，以“信息惠民”为宗旨，整合政府相关部门和公共事业单位的相关服务资源，为南京居民提供医疗、交通、政务等方面的信息服务。经过 7 年的积累沉淀，形成相对完善的服务体系，已成为南京极具影响力的本地政务服务平台移动端。通过服务功能拓展、用户流量集聚和数据资源汇集的良性循环，“我的南京”App 已经从提供单一功能服务向场景化服务转变、从面向个人服务向面向企业服务与个人服务并重转变，从提供功能服务向提供数据服务转变。根据第三方数据（易观千帆）统计，“我的南京”App 在各大本地资讯、本地生活 App 中综合指数排名第一。

图 2　“我的南京”App 界面

2. 基本情况

“我的南京”App 在建设过程中，坚持以用户需求为导向，不断丰富应用功能，目前共上线超 4000 项在线服务功能，2021 年新上线多个便民服务项目，涉及社保、公积金、公安、交通、环保、旅游、信用、金融等多个领域。通过对城市多领域服务的整合，解决了线上服务入口繁多的痛点，真正“让信息多跑路、让百姓少跑腿”。平台集成度和用户数全国领先，获得了国家信息系统优秀成果一等奖、江苏省科技进步奖、智慧江苏重点示范工程、江苏省十佳 App 等诸多荣誉，中央电视台新闻联播也对其进行了多次报道（见图 3）。

（二）“我的南京”App 特色应用场景及成效分析

1. 新冠肺炎疫情防控

新冠疫情以来，按照南京市防控要求，“我的南京”App 开设了“疫

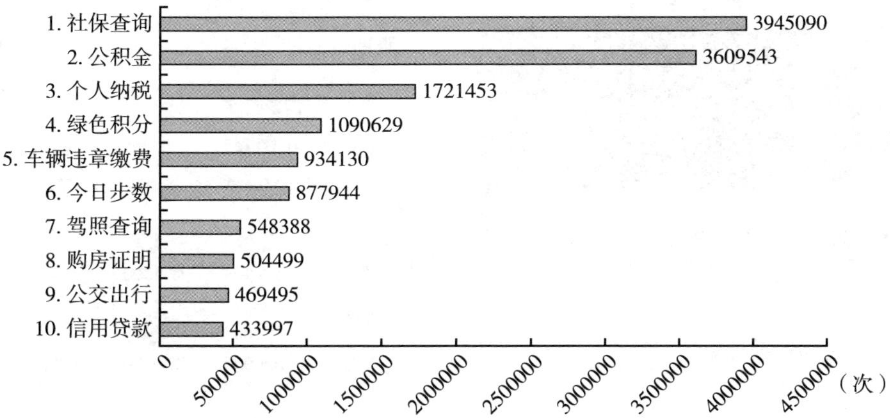

图 3 “我的南京”App 访问量前十名

情防控网上服务”专区，及时发布国家、省、市疫情数据和重要通告提示，提供发热门诊和医保定点药店查询、口罩预约、在线问诊、在线心理咨询、医院服务、疫情信息自主申报、“我为防疫献良策”等相关“不见面”服务和交互功能，为市民掌握疫情动态、获取服务信息提供了支撑，也为政府决策提供了参考。自服务专区上线以来，“我的南京”App日均访问量在 1300 万次以上。16 家医院（平台）在线问诊访问量超过 20 万次，收集自主申报的疫情信息超过 1 万条，预约口罩超过 247 万人次（见图 4、图 5）。

2. 大学生服务专区

2020 年 9 月，“我的南京”App 在为市民提供的城市服务基础上，专门上线了大学生服务专区，融合集成了市委、市政府各部门的大学生服务应用，包括生活服务、见习实习、求职招聘、就业创业、人才落户、社保服务、公益活动等 8 大类服务应用，服务在宁大学生的学习、生活、创新、创业，协同团市委、商务局、文旅局、交通局等部门，共同为大学生量身定制了游园券、健身券、读书券、美食券、交通券和金点子券等线上线下福利，让在宁大学生充分感受智慧城市建设带来的便捷服务（见图 6、图 7）。

图 4　核酸检测界面

图 5　健康医疗界面

3. 房产交易与不动产登记服务

2017 年 5 月 4 日“我的南京”App 正式开通线上电子购房证明申请功能。市民只需要在“我的南京”上填写家庭的基本信息，通过跨部门间的数据共享，与公安、民政、不动产等各部门进行数据比对，后台完成用户资格审核，几分钟就可以在线上开具成功。该功能上线当天就开出了一千多张证明，比线下 9 个网点的审批总量还要多，大大降低了窗口排队率，提升了用户体验。

“我的南京”App 还与线下房产交易与不动产登记服务深度融合。市民线下办理房产交易与不动产登记后，就可以随时在“我的南京”App 上查看全流程的进展情况、“一键”缴清所有税费，享受免费的 EMS 快递所有权证、票据到家。

图 6　大学生服务专区界面

图 7　就业创业界面

4. 医保社保等全过程在线服务

2017 年 11 月 1 日，人社部门开始 2018 年居民医保缴费，“我的南京” App 同期上线社保卡在线补卡和居民参保功能，当天完成 222 人补办社保卡，参保 396 人。全市 50 多万需缴纳居民医保的市民有一半以上是通过该功能缴费。截至 2020 年 10 月，医保在线结算开卡量达到 68.5 万（见图 8、图 9）。

5. 优质服务保民生

（1）消费券线上报名摇号

为促进消费、推动服务业全面复苏，2021 年 3 月，南京市政府面向市民和困难群体发放 7 大类、总额 3.18 亿元的消费券。为保证消费券发放的合法合规、公平合理，此次消费券的发放通过“我的南京” App 进行线上登记、摇号，超过 200 万人通过“我的南京”提交了申请，通过三轮摇号，共向 57.1 万名市民发放了 67 万张电子消费券。

图 8　社保界面

图 9　医保界面

（2）信用贷款线上授信和下款

“我的南京”App 基于用户实名注册信息，通过构建用户信用模型，自动计算信用贷款额度；实现不见面预评估，线上完成授信、下款。目前，全市已有约 2.5 万市民享受到这一普惠金融服务，放贷金额超过 83 亿元。

（3）商业健康险

2018 年 12 月 7 日，“我的南京”App 上线了“惠民健康保”的保险产品，只要有南京社会保障卡的市民，不管年龄、职业、是否有慢性病，都不需要做体检，只要 49 元，就可以为老百姓在医保范围内提供 100 万元上限的报销额度。而且上线实施了商业保险的在线理赔和快赔系统，资料齐全且无争议情况下三个工作日即可结案，科技加上创新，切实减轻了市民就医负担。

（4）民办小学报名

按照《南京市教育局关于做好2019年义务教育阶段招生入学工作的通知》要求，2019年全市试行民办小学网上集中报名，5月8日起，“我的南京”App开放报名通道，提供“民办小学报名”入口，每名适龄儿童可通过平台最多选报2所民办小学。截至当年5月12日，登记家长数27846人，累计报名成功20801人。

（5）养老服务时间银行

2019年7月，南京市政府印发《南京市养老服务时间银行实施方案（试行）》，12月，“我的南京”App上线“养老时间银行”专栏，志愿者可以在线电子接单，为老年人提供养老服务，并按一定的标准记录储存服务时间，当志愿者年老需要时可提取积累的服务时间，用来兑换自己所需要的服务。

养老服务时间银行专栏通过引入区块链、人工智能和大数据应用技术，与市公安、市发改、团市委等5个部门10类数据进行实时比对，确保时间银行安全、便捷、规范运行。自上线运行以来，全市已有1061个时间银行运营服务点，申请注册志愿者共计19979人，累计审核通过12838名志愿者，服务对象注册量为13684人，完成有效订单14774个，服务匹配率达92.86%，目前志愿者累计存储时间达8593.25小时，时间总池余量为5391466小时。

（三）“我的南京”App创新经验总结

1. 实名认证、资源整合

联合政府部门、运营商、互联网企业、银联等多方资源，以实名制认证服务方式解决了“互联网+公共服务”的身份认证问题。基于全线上的用户实名认证，将后台整合的跨部门数据主动推送到个人“掌上”，无须用户多号绑定、多次认证、多点查询，实现了公共服务从“广播式”到“精准化、个性化”的跨越式转变，极大提升了政府公共服务的用户体验（见图10、图11）。

图 10　注册界面

图 11　基本信息界面

2. 数据整合、业务协同

基于区块链技术建立了跨部门的电子证照共享平台，解决数据实时共享、鉴权变更和安全利用之间的矛盾，以政府各部门资源共享，跨部门业务协同来提供线上公共服务，涉及公安、人社、房产、税务等多部门联合审核的情况，可开展跨部门数据比对，进行线上审核，摒弃了传统服务模式中的信息分割、检索复杂、流程烦琐等弊端，解决了百姓多次认证、多号绑定、多方查询的问题。切实强化以用户体验为中心的理念，能够线上完成的流程，不需要用户跑腿；能够后台整合的信息，不需要用户提交。

3. 开放共享、合作共建

在安全保障和隐私保护的前提下，向社会主体进行平台开放，“我的南

图 12　预约挂号界面

京”App 开创了政府各部门和社会主体共同参与惠民服务的共建模式，平台提供实名认证、资源开放和大流量的用户导入，各类服务提供方依托这一基础平台提供交通、社保、健康、信用、支付等专业服务。

4. 以用促建、数据反哺

以用促建构建了城市级的智慧应用服务“云管端”生态平台，形成了城市运行大数据生产、采集、分析、利用、服务的良性循环。“我的南京”App 通过拓展服务功能吸引了大量用户、通过扩大用户规模集聚了更多服务功能，实现了平台的服务与用户数量之间的相互促进和双向强化。同时也体

图 13　政务服务界面

图 14　数据共享逻辑

现了政府和市民的良性互动和数据反哺，形成了以服务换数据，以数据提升服务的良性循环和城市大数据生态系统（见图 14、图 15）。

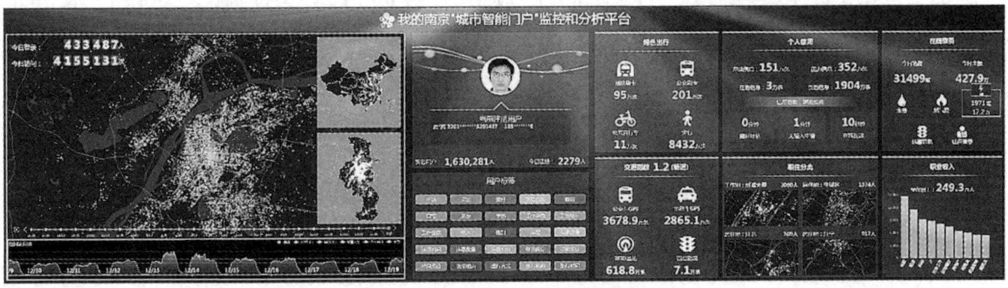

图 15　监控大数据智能分析

三　“我的南京”App 建设中存在的问题

（一）缺乏系统性、标准化的规划和布局

因为整体规划还不够全面，“我的南京” App 作为全市移动门户总入口的现实和理想之间有差距。缺乏系统性、标准化的规划和布局，导致 App 存在“未达到标准”“供给分散”“整合能力有待提升”等问题。在承接上级政策精神的行为中习惯性“复制粘贴”，这往往导致“水土不服”。但如果过分地自主“创造”又容易导致“一事一端”。所以要采用标准化的系统建设和整体性的系统评估，在一定的区域范围内采用标准化在线服务系统，方便区域性的协同治理，让每个层级和部门为优化政务服务献计献策，发挥整体大于部分之和的聚集效应，避免“数据孤岛”和“各自为政”。

（二）欠缺统一接口标准，移动端重复建设问题严重

出于历史发展原因，政府部门电子政务系统大多是各自建设，缺乏统一标准，自 2016 年以来，国家虽然已先后出台《“互联网+政务服务”技术体系建设指南》《全国一体化政务服务平台移动端建设指南》《国家电子证照六项标准》等网上政务服务建设指导文件，但具体到地方操作层面，还需要加大政策推进落实力度，进一步健全配套操作细则，尽快明确通用、统一

的元数据标准，以便地方一体化政务服务平台通过数据挖掘、关联技术等措施，对政务服务数据进行有效整合，过滤掉无效、重复的数据，为公众提供优质的便于再利用的政府数据资源。

（三）部门业务系统上线政务服务平台移动端难度较大

当前，各地都在按照国家的要求，加快一体化政务服务平台移动端的建设，但从实践经验来看，由于业务部门条线系统，尤其是国家、省建系统之间存在系统不通问题，在政务服务信息对接与共享过程中存在较大障碍，"信息孤岛"现象依然存在。目前，南京市不同的业务政务系统（如市场监督管理、税务、商务、社保、公安、卫健、民政等）依然是分散、异构（数据标准不同）、相对封闭的，部门内部业务系统也存在不同的子系统，相互之间数据不交互，跨部门的联结和沟通机制尚缺，信息共享还不够通畅，部分业务系统上线"我的南京"App 还存在一定难度。

（四）平台支撑能力不强，亟须强化五个统一

长期以来各级移动端建设存在标准不统一、数据不互通共享、应用建设各自为政等问题，移动政务服务规范管理和协同服务效果不显著。2021 年 4 月，广东先行先试探索出台省级政务服务平台移动端管理办法，对省市两级政务服务平台覆盖范围和服务质量实施标准化管理，并依托省政务大数据中心汇聚各级办事数据，持续为全省数据开放共享和开发利用、实施省域治理"一网统管"提供鲜活数据支撑。同样，"我的南京"App 亟须强化政务服务平台支撑能力，统一标准规范、统一清单管理、统一身份认证、统一数据共享、统一应用管理。

四　政务服务平台移动端发展趋势

（一）聚焦标准化体系，出台完善规划和法规

一是要科学规划，做好顶层设计。以《全国一体化政务服务平台移动

端建设指南》为蓝本，依托全国一体化政务服务平台，按照省级部署，进一步科学论证、细化完善建设规划，打造政务服务平台移动端建设标准化指导体系，通过专家论证，政府、企业和群众多方深度参与的方式，提高指导的精准性、实用性、针对性、配套性。

二是出台完善法规，加强考核与监管。出台并完善移动政务发展所需配套的法规，做到有法可依、有法必依，在规划和法规执行过程中，要注重全过程监督、反馈，听取多方批评，及时归集汇总群众评议，建立台账，根据职责追踪整改，根据情况变化滚动完善顶层设计和法规。在阶段性任务完成后，要做好验收评估，进一步优化后续建设。

（二）聚焦一体化建设，加快线上线下深度融合

我们应该发挥移动政务服务的先行优势，不断拓展移动政务服务在受理渠道、业务服务等方面的深度和广度，尽快将以往各级部门分散建设的服务应用整合到统一的政务服务平台移动端，实现“应接尽接”“应上尽上”，以公安、人力资源和社会保障、教育、卫生健康、民政、住房城乡建设等领域为重点，积极推进覆盖范围广、应用频率高的政务服务事项加快向移动端延伸，实现更多政务服务事项“掌上办”“指尖办”。

进一步加快实体大厅向掌上“24 小时不打烊”在线大厅的迁移，同时要推进两个大厅深入融合，实现预约、咨询、受理、办理、查询、反馈、支付、邮寄等环节的线上线下无缝衔接，使办事群众享受到“无缝隙”、“一体化”和“无差异”服务。

（三）聚焦多场景应用，持续提升服务便民效果

依托全国一体化政务服务平台移动端，围绕企业和群众办事难、办事慢、办事繁等问题，深入了解服务需求，精准配置服务资源，根据数据分析和用户反馈，持续提升网上政务服务的需求精准化、供给精准化和服务精准化水平，将过去“以部门为中心”的办事模式，转变为“以群众为中心”的服务模式。

围绕用户需求和重点服务，打造贴合用户需求的场景化服务应用，优化掌上搜索，注重服务引导，精简显示内容，杜绝从满大厅找窗口变成满屏幕找应用，切实提升移动政务服务的便捷性和友好性。

优化个人和企业专属空间，汇聚各类政务服务记录，综合利用大数据等新技术应用，实现从“人找服务”转变到“服务找人”，如在身份证、行驶证、驾驶证等证件到期时主动提醒，甚至实现“老年优待证”“抵押注销登记”等量大面广、与群众和企业关系密切事项的“无感智办”，在群众和企业想办未办或未想到办时就将事情办成。

（四）聚焦规范化管理，切实保障用户数据安全

建立数据安全运营监管平台，形成集数据安全态势感知、风险评估监测预警、应急处置应对、区块链信用溯源、工业控制系统安全监管等于一体的数据安全管理系统。贯彻落实新出台的《数据安全法》，研究制定《南京市政务数据安全规定》，落实数据主管单位、数据使用单位责任，建立完善安全审查和分类分级保护制度，实现数据全流程全生命周期管理，确保数据可追溯、可定位。出台措施加大对涉密信息和个人信息的保护力度，严厉打击非法窃取、收集买卖转移等侵权行为，做到既运用好各部门、各条线数据资源，打破数据壁垒，又充分保护数据安全，防止造成对国家利益、个人利益的侵害。

（五）聚焦统一支撑，推进政务服务移动体系建设

切实抓好“五个统一”。根据现有政务服务平台移动端的责任主体、建设模式、业务标准、体系架构各不相同的现状，协同相关单位严格按照国家统一标准改造和对接移动端，提供高质量移动政务服务。聚焦与企业和群众生产生活密切相关的高频事项，推动实现相关服务应用在移动端、电脑端（PC 端）、自助终端等同源发布、统一管理，充分依托国家政务服务平台统一身份认证系统，统一各级政务服务平台移动端身份认证体系，运用政务服务平台数据共享能力，支撑移动端“扫码亮证”“一证通办”“无感通办”，

规范本地区本部门移动政务服务应用管理，切实做好各渠道服务应用管理和监测。

（六）聚焦同源共享，实现政务服务资源跨域流动

依托国家政务服务平台移动端的总枢纽地位，进一步细化南京移动政务服务建设职责和功能定位，依托江苏政务服务 App 南京站建设“我的南京”站点，推进市区各部门移动政务服务应用向“我的南京”站点、“我的南京”App 汇聚，实现市区各部门移动政务服务应用在江苏政务服务 App 南京站、“我的南京”App 同源发布、统一管理。

发挥好“我的南京”App 先行优势，进一步提升品牌价值，依托庞大的用户基础、数据基础和功能基础，助力全市实现省、市移动政务服务统一数据源、统一管理，更大范围形成数据同源共享的新环境。

围绕创新行政管理和服务方式的要求，依托国家政务服务平台移动端的枢纽作用，统一业务规则和标准，大力推动“多地联办”“全国通办”，打破地域阻隔和部门壁垒，有效满足企业和群众异地办事需求，提升跨地区、跨部门、跨层级的政务服务能力。南京当前应主动对接长三角的上海、杭州、合肥等核心城市和南京都市圈其他城市，逐步走通南京都市圈通办、长三角通办的路子，为全国移动政务服务通办提供优秀案例。

参考文献

靳小平、海峰：《我国移动政务的驱动要素、存在问题及发展对策》，《中国社会科学院研究生院学报》2018 年第 4 期。

徐薇：《移动政务在基层应用中存在的问题及对策研究》，河北师范大学硕士学位论文，2020。

易兰丽、黄梅银、田红红：《美国移动政务建设及其对我国的启示》，《电子政务》2019 年第 3 期。

孙逸凡：《智慧政府背景下的移动政务 App 研究》，东南大学硕士学位论文，2019。

张妍：《中国省会城市移动政务 App 建设问题研究》，长春工业大学硕士学位论文，2020。

《国务院办公厅关于印发全国一体化政务服务平台移动端建设指南的通知》，国办函〔2021〕105 号，2021 年 9 月 29 日。

邓玲、顾颖、蔡潇：《“互联网+政务服务”环境下政务 App 建设的探索与研究——以江苏省 N 市政务 App 为例》，《改革与开放》2020 年第 19 期。

B.20
"冀时办"建设现状与发展思考

河北省政务服务管理办公室

摘　要： 河北省委、省政府深入贯彻落实党中央、国务院工作部署，以提升移动政务服务能力和群众获得感为目标，持续建设优化省级移动政务服务平台"冀时办"，基于"数据多跑路，群众少跑腿"的理念，着力解决各级各部门政务服务App建设管理分散、标准规范不统一、数据共享不充分、技术支撑和安全保障体系不完备等突出问题，一站汇聚全省各级办事应用，为广大群众及企业提供社保、医疗、交通、公积金、住房、出行、婚育、税务、企业开办等民生领域2000多项便民应用；提供水费、电费、燃气费、热力费、学杂费等18种2000余项缴费服务；实现电子证照手机端申领、亮证；整合提供各类在线咨询、投诉、建议服务，实现了全省政务服务的"掌上办、随时办"。

关键词： 冀时办　移动政务服务　便民利企

党的十八大以来，党中央、国务院高度重视政府治理体系和能力现代化，习近平总书记多次作出重要指示，强调"要运用现代信息技术，推进政务信息联通共用，提高政务服务信息化、智能化、精准化、便利化水平，让群众少跑腿"。河北省委、省政府坚持以人民为中心的发展思想，将"互联网+政务服务"作为深化"放管服"改革的关键环节，结合实际多措并举。按照全省一盘棋、平台一体化的总体思路，开发统一政务服务移动端"冀时办"，集合了各级各类移动政务服务应用，实现统一管理、同源发布、一体化服务，服务渠道覆盖了 App、支付宝和微信小程序，为企业和群众提供泛在可及的移动政务服务。

一 奋楫笃行，筑牢“掌上好办”坚实基础

“冀时办”作为全省统一的政务服务移动端，是满足群众办事需求、建设数字河北的重要一环，是河北省数字化改革面向群众、企业的总入口，集成汇聚全省政务服务、城市生活等领域各类场景化应用，历经 3 年迭代升级，整体框架、综合布局、事项数量、服务种类、用户体验、安全保障等方面均有质的飞跃。

“冀时办”具备首页、预约办事、城市名片、互动等五大核心功能板块。“首页”板块运用互联网时代的用户思维，打造便捷服务、常用服务、轮播专区、为您推荐、上新应用、热门服务、特色专区、老年专区 8 大服务区。“预约办事”板块为企业和群众提供在线预约和线上办理行政审批事项服务，支持省级 651 项和各市 462 项政务服务事项的在线办理。“城市名片”板块提供各市特色便民应用服务，方便各地用户迅速找到所在城市特色服务，增强用户地方归属感。“互动”板块实现咨询、评价、投诉、建议等用户需求的快速受理。还有一个板块是用户的个人空间，提供“我的预约”“我的钱包”“我的卡包”“我的办件”等多项服务，具有充值、亮证、追踪办件流程、查询办件历史等功能（见图 1）。

“冀时办”在服务贴心度、使用便捷度、安全保障性等方面狠抓质量提升，推动应用从“掌上可办”向“掌上好办”转变，实现“全面办、真能办、我要办、安心办”。

一是实现全面办，上线便民应用 2517 项，涵盖 13 个地市、46 个厅局，以及个人和企业全生命周期的办事服务。

二是突出真能办，坚持“优政、利企、便民”定位，按照“量质齐升、突出办理”的总体上线目标要求，上线办理类应用 699 项、各类缴费服务 2062 项。

图 1　“冀时办”界面展示

三是凸显我要办，主动迎合互联网时代的用户思维，以用户为中心，设置 21 个“我要”主题服务，立足回应民生热点，服务企业优化营商环境。

四是确保安心办，利用先进的科技手段，守好数据安全底线，通过系统测试、攻防演练、制度完善等手段，构建全方位、多层次、一致性的防护体系，加强数据安全管理、强化风险防控能力和用户隐私保护，不断完善用户信息安全管理措施，让企业和群众安心使用。

二　履践致远，提供公平普惠服务

着眼于企业群众对政务服务移动端多元化的需求，“冀时办”不断强化各项功能，打造服务专区，满足不同群体的办事需求，为便民利企、激发市场活力和社会创造力提供有力支撑。

一是设立“常用服务”区。选取社保、医疗、公积金、婚育、不动产、缴费等 34 个民生热点领域设立专区，纳入高频便民应用及行政审批事项，

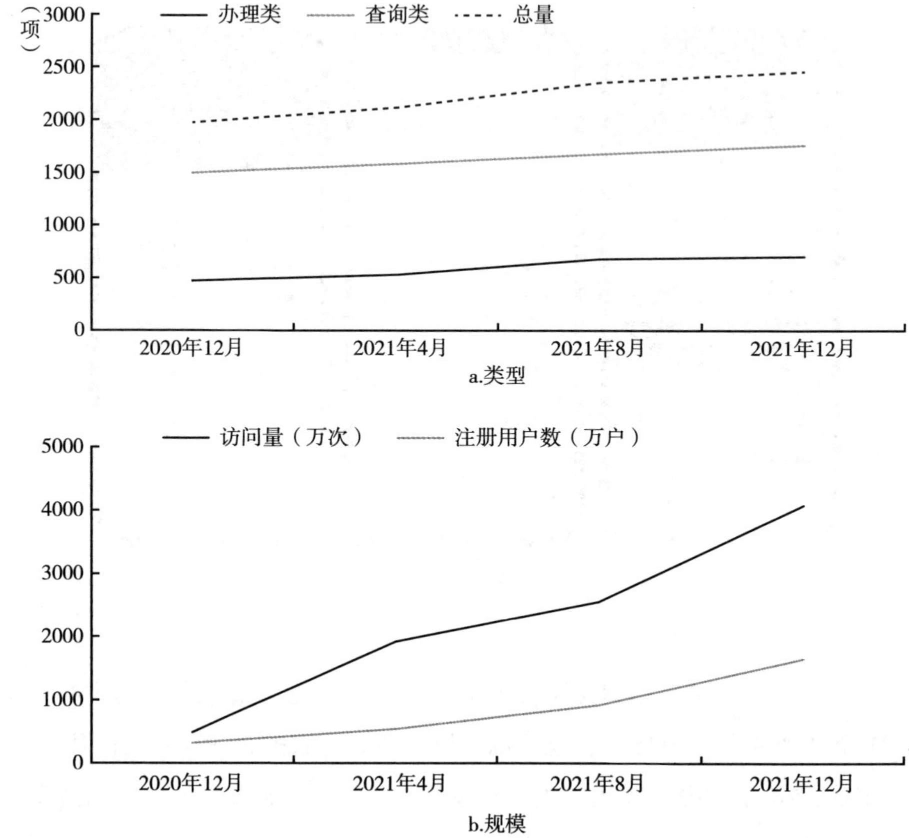

图 2 “冀时办”发展历程

一体化提供相关服务。有效解决用户办理同类事项需跳转多个模块的问题，实现“进一次门、能办尽办、应办尽办”。

二是开设“老年专区”。将养老生存认证、预约挂号、养老机构查询等老年人所需服务集中展示，并作字号放大、对比度增加等适老化改造，助力老年群体跨越“数字鸿沟”，安享智能生活。

三是打造“特色专区”。服务不同社会群体，坚持需求引领、精准定位。设立向退役军人提供就业及社会优享服务的退役军人专区、服务外贸企业的外贸企业专区、服务住建企业的数字住房专区、助力乡村振兴的美丽乡村专区、解读现行有效的国家及河北省政策的政策直通车专区等特色专区。

四是上线“互动”专区。“冀时办”汇聚百姓诉求与心声，将12345平台、报警举报、评价投诉、领导留言板等功能汇聚至“互动”专区。在为倾听群众意见、接受社会监督提供新渠道的同时，提升运用移动互联网主动服务的能力。

三 踔厉奋发，打造泛在可及服务

不断了解公众诉求，持续创新服务模式、延长服务触角、拓宽服务渠道、增强服务功能，打造泛在可及的政务服务。

一是线上线下融合办。聚焦政务服务碎片化、割裂化等问题，将“冀时办”作为线上线下融合的关键载体，无缝衔接线上线下服务。线上申报及大厅办理业务的进程及结果，可通过“冀时办”全程查询。通过线上申请开具的各类证明证照，可以线下亮证、查验并办理相关业务。为线下大厅提供事前预约、事中人脸识别及事后扫码评价的全环节支持。办事过程中使用人脸识别辅助，有效防止公民身份被冒用、“被法人”等情况出现。

二是政务服务身边办。为打通政务服务“最后一公里”，借力建设银行乡村振兴服务平台及营业网点资源，在全省700余个建行网点3000多台智慧柜员机上线高频政务服务156项，实现政务服务24小时“身边办”。向“裕农通”输出13个政务服务主题、1160项便民应用，在村委会、综合服务站等地部署近两万个智能互动大屏，上线便民应用139项，打造“村口办事大厅”。

三是城市名片本地办。针对各市特色，“城市名片”在承载了省内13个城市的本土化、特色化政务服务，展现了各市政务服务数字化水平的同时，进一步引领城市智慧政务发展、进步、创新，树立城市良好政务服务形象，在促进各市互相学习赶超、扩大招商引资等方面具有重大意义和作用。

四是金融服务线上办。优化营商环境，为小微企业发展注入信心和活力，“冀时办”专设“金融服务”功能模块，向新开立企业提供对公开户银行预约服务，并提供多家银行小企业贷款服务，上线“信用贷”“医保贷”，科学精准助力小微企业复元气、添动力、强活力。

图 3　“冀时办”城市名片本地办

四　淬炼超越，促进智慧便捷服务

顺应企业和群众新要求、新期盼，坚持便民导向，树立建设服务型政府的理念，不断提升政务服务智慧化、便捷化水平。

一是基层电子证明指尖开。依托“冀时办”，利用电子签章、电子证照、实人认证等技术手段，实现乡、村级证明线上申请、审批、开具、查询等全流程手机办理。办事群众通过“冀时办”在线填报证明名称、证明用途、证明内容等详细申请信息，完成在线申请。村或乡镇工作人员通过“冀时办”进入“基层电子证明”审批专区，对居民群众提交的证明申请进行在线审批。审批环节完成后，办事群众可在“冀时办”浏览和下载电子证明。通过“基层电子证明系统”，全省 300 多万在外务工人员不需要再回到户籍所在地开具证明，电子证明实现“随时申请、随处使用”，切实减少了群众跑动次数。

二是电子证照手机亮证。坚持创新引领、需求导向，依托全省统一电子证照库，筛选民生需求中的高频应用场景，积极拓展贴近企业和群众所需的电子证照应用。实现不动产登记证明、出生医学证明、结婚证、教师资格证等200余种电子证照手机端查询、下载、亮证。以取水许可证为例，申请人在河北政务服务网办理取水申请批准文件、取水许可证真伪确认等事项需要提交取水许可证时，通过“冀时办”App扫脸实人认证后，可以自动从电子证照库提取到加注件，不需要再提交纸质证照。利用区块链技术，实现电子证照关键数据及全流程关键要素上链存证，基于去中心化的信任机制，多方共识记账、共同维护数据，保证电子证照数据不可伪造、不可篡改，保证电子证照数据流转安全可控、全流程操作行为可追溯（见图4）。

图4　“冀时办”电子证照手机亮证

三是持续上线高频应用。以民生热点为核心，覆盖社保、医保、婚育、公积金、养老等重点服务；围绕便企利企，包含企业设立申请、对公开户预约、印章在线申请、增值税小规模纳税人申报、个体工商户年报报送、小企业贷款等贯穿企业设立、用工、报税、融资、投资等发展全过程的热点事项，方便企业足不出户完成政务事项办理。

铢积寸累，日就月将，“冀时办”持续改革、取长补短，结合河北省特点，上线高频应用、优化注册流程、细化服务分类、增强安全保障。经过不断优化升级，受到社会各界的认可与好评。在国务院开展的对31个省级政府和新疆生产建设兵团一体化政务服务能力评估中，河北省连续两年进入全国前十，站稳全国第一方阵；“国家政务服务”移动端中由“冀时办”提供的应用数量位于全国前列；在中国电子信息产业发展研究院指导、中国软件评测中心主办的“数字政府服务能力暨第十九届中国政府网站绩效评估”中，“冀时办”荣获“全国省级政府优秀政务App”称号；在北京国信和复旦大学联合发布的“掌上好办”31个省份移动政府服务评估中，河北省位列A档。

下一步，河北省将进一步提升“冀时办”标准化、规范化建设水平，消除各级各部门政务服务移动端建设分散、多端体验不一致等问题，纾解移动端建设标准不一、底层支撑架构不同、信息共享和业务协同困难等问题。到2022年底，实现全省各级各部门自建移动政务服务应用以“冀时办”为唯一渠道对外提供服务，形成以“冀时办”为总枢纽的移动政务服务体系。以群众办事便利化为目标，提升移动政务服务普惠化、泛在化、便捷化水平，让大众共享社会发展成果。

参考文献

原付川：《加快打造服务型政府　吸引企业扎根发展》，《河北日报》2019年1月19日，第5版。

解楚楚：《"冀时办"全渠道用户突破 1 亿人》，《河北日报》2022 年 8 月 16 日，第 1 版。

田小东：《马克思社会治理思想研究》，西华大学硕士学位论文，2021。

邓岩：《论社会主要矛盾转化条件下人民满意的服务型政府建设——学习习近平总书记关于建设人民满意的服务型政府的重要论述》，《社会主义研究》2020 年第 1 期。

习近平：《牵住数字关键核心技术自主创新这个"牛鼻子"》，《中国建设信息化》2022 年第 15 期。

B.21
提升移动政务服务供给水平 打造“一件事一次办”湖南工作名片

湖南省政务管理服务局

摘　要： 为不断深化“一件事一次办”改革，提升网上政务服务能力和政务服务供给水平，满足企业群众“掌上办”“指尖办”需求，湖南践行以人民为中心的发展思想，开发建设“一件事一次办”微信小程序，打出“战略上谋篇布局、问题导向寻突破点、探索创新丰富服务应用、技术革新稳定系统、用户体验反馈诊断优化、线上线下宣传推广”组合拳。“一件事一次办”微信小程序建成运行以来，深受企业群众欢迎，上线推广仅7个月注册用户数即突破千万，成为全国注册用户增长速度最快的省级政务服务移动端。

关键词： 湖南省　电子政务　“一件事一次办”　政务移动端

近年来，湖南省委、省政府按照党中央、国务院的决策部署，不断创新体制机制，出台实施一系列政策措施，加快推进“放管服”和“一件事一次办”改革。在全力打造数字政府、推进政务信息化、提高政府管理效能和服务水平进程中，湖南省政务管理服务局联合建设银行打造了“一件事一次办”微信小程序。集政务、公共、生活服务于一体，覆盖省、市、县、乡、村五级，涵盖企业、公民“全生命周期”事项体系，牵头对接46个厅局、14个市州，接通300多个接口；实现296件“一件事一次办”事项可查可看可办，上线公安、税务、民政、卫健等领域100项高频服务，提供全省城乡居民社保、灵活就业保险、水电燃气等共 13 类 200 项缴费服务。

“一件事一次办”小程序以聚焦“好用”为目标，标准化对接政务服务事项，打造了“省级政务服务和公共服务汇聚的最大平台、各级政府办事服务的集结号、老百姓办事的总入口”。小程序于 2020 年 12 月 30 日正式上线，2021 年 4 月开始全面推广，仅 7 个月时间用户量就破千万。截至 2021 年 12 月 31 日，新增注册用户超过 1187 万个，平均月活跃用户数达 90 万个以上，累计访问量 2.02 亿次，累计提供服务 4285 万次，湖南成为全国政务移动端用户增长速度最快的省份，其获得湖南省委、省政府的高度评价（见图 1）。

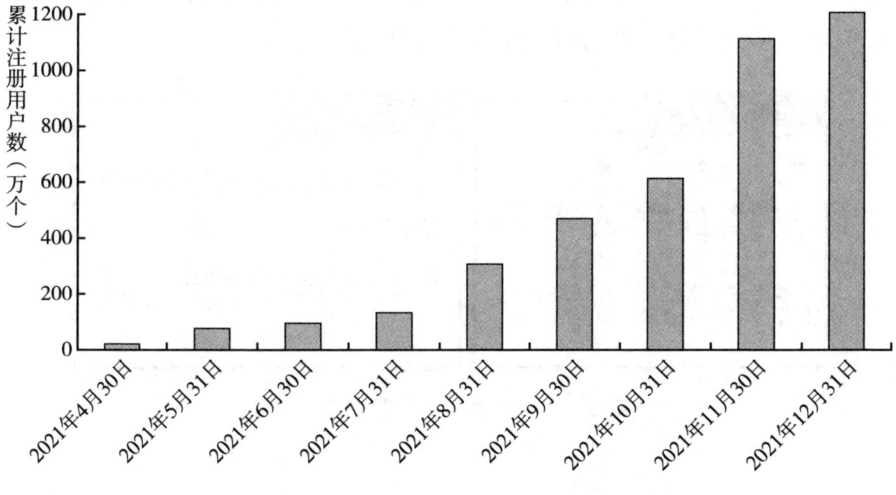

图 1　“一件事一次办”注册用户增长变化

“一件事一次办”是湖南省首创的政务服务品牌。2019 年 4 月，省政府办公厅印发《“一件事一次办”改革工作实施方案》，改革正式启动。在国务院办公厅的精心指导下，通过两年多的努力，改革工作取得突破性进展，改革效应不断放大，治理效能日益凸显，以看得见的政务服务变化提升了企业群众的获得感。“一件事一次办”上升为国家法治政府建设、“放管服”改革制度性举措，得到党中央、国务院的充分肯定并在全国推广，2019 年以来党中央、国务院及国家有关部门推介湖南省“一件事一次办”经验做法 15 篇次。2021 年 8 月，中共中央、国务院印发的《法治政府建设实施纲要（2021—2025 年）》明确提出“大力推行‘一件事一次办’”；国务院办公厅在中国政府网全国一体化政务服务平台开辟“一件事一次办”专区。目前，“一件事一次办”改革已在全国各地广泛复制推行，百度搜索“一件事一次办”关联结果超过 1 亿条，“一件事一次办”微信小程序注册用户突破 1200 万个。“一件事一次办”品牌效应不断增强，影响力持续扩大，成为全国知名政务服务品牌，为全国“放管服”改革创造了湖南经验。

“一件事一次办”微信小程序虽是小程序，却是大工程！它给企业群众办事提供了快速便捷、高效精准的服务，体现“指尖上”的社会治理，“心坎里”的民生温度，成了暖民心的“网红”品牌，为人民网、《湖南日报》等权威媒体多次报道，获得群众企业广泛认可。

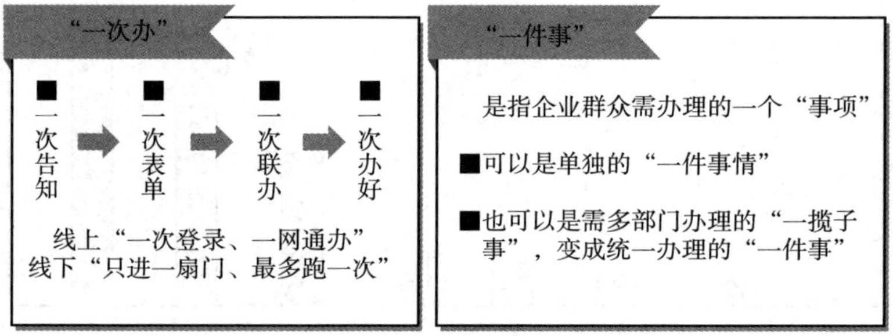

图 2 “一件事一次办”概念释义

一 强统筹领导，战略上谋篇布局

（一）湖南省政府高度重视政务服务移动端建设

省政府办公厅印发的《湖南省 2021 年政务管理服务工作要点》中，将打造“一件事一次办”工作名片放在了首位；制定《“一件事一次办”微信小程序 2021 年度运营维护工作要点》进行统筹安排。3 月向全省各市州、区县下发《关于加强“一件事一次办”微信小程序应用推广工作的通知》，强有力地宣传推广小程序。

（二）打造“1+1+N”的“大政务”体系

推广应用省级政务服务移动端（“1”），汇聚40项以上全省高频便民服务，打造10个特色专区，汇总接入20个以上省直部门和市州政府政务服务移动端，同步叠加乡村金融体系（“1”），将更多政务服务加载至全省2.46万个村部，全面推进N大生态融合赋能（“N”），促成N个垂管领域科技平台与政务的融合对接，不断丰富“大政务”生态场景。

图3　“一件事一次办”小程序界面展示

二　聚焦痛点难点，基于问题导向寻突破点

湖南省从系统盘点改革过程中的“短板”“弱项”出发探索推出的“一件事一次办”改革这一重大创新举措，也是湖南致力于优化营商环境、便民利民惠民的政务服务品牌。“痛点”“堵点”在哪，老百姓关心的点在哪，“突破点”就在哪。为了精准找到“症结”所在，湖南开展一系列调研走访，针对所发现的问题“对症下药”，通过建立健全政务管理服务标准规范体系、完善平台体系、优化目录流程、强化考核督察等方式，全面提升政务服务效率，变过去每个部门每个环节“跑一次”为现在全流程全周期“跑一次”或“一次都不跑”，变过去企业群众“跑腿”为现在数据“跑路”，变过去的政府部门一环套一环、互为前置条件的“串联审批”为现在的政府部门间相互容缺、协同推进的“并联审批”“联合评审”“跨层跨域联办”，大幅减少企业群众办事跑动次数、递交资料份数和办理时间等。

（一）搭平台，基本实现高频事项全覆盖

“过去开便利店要经历注册登记、发票申领、印章刻制、社保登记、银行预约开户等11个环节，交32份材料，全部办完少则1周、多则1个月，现在只需在小程序里提交材料就可申请办理”。近一年来，大量企业群众使用小程序，深刻感受到“一件事一次办”改革为日常生产生活带来的便利。“一件事一次办”微信小程序横向联结政府垂直部门，分批对接各个省直厅局、1849项办事服务，重点打造政务大厅预约取号专区、公安专区、养老专区、健康专区、乡村振兴专区、数字人民币专区等特色专区；纵向打通省、市、县、乡、村五级，实现服务全省全覆盖。同时，聚焦“好用”目标，打破传统办事的条条框框，标准化对接政务服务事项，做到“五级60同”和减材料、减环节、减时限、减跑动次数，实现“预约可办”“指尖可办”；分批下发“一件事一次办”事项清单，全力推动业务整合和流程再造，加快系统互联互通，全面推行联合审批、多图联

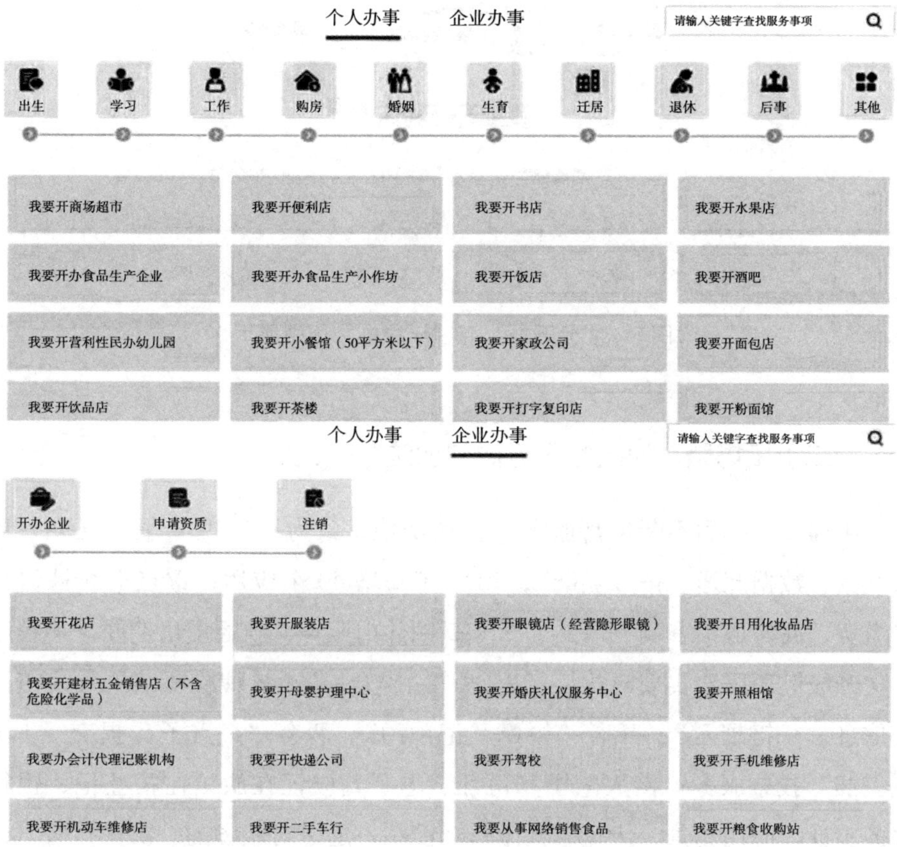

图 4　“一件事一次办”涵盖内容

审、多评合一、区域评估等集成服务，通过流程上的“物理集成”，收获“化学反应”效果，2021 年又对已下发的前三批 296 件“事”进行再梳理、再优化，完成“一事一标准”标准化改造，实现同一件事全省无差别受理、同标准办理。

截至 2021 年 12 月 31 日，从各地办理政务情况来看，企业群众办理“一件事一次办”事项的办理环节平均压缩 70%以上、材料平均减少 60%以上、办理时间平均缩短 80%以上，办事难、办事慢、多头跑、来回跑等问题得到有效缓解，企业群众收获了爽爽的体验感、暖暖的幸福感。

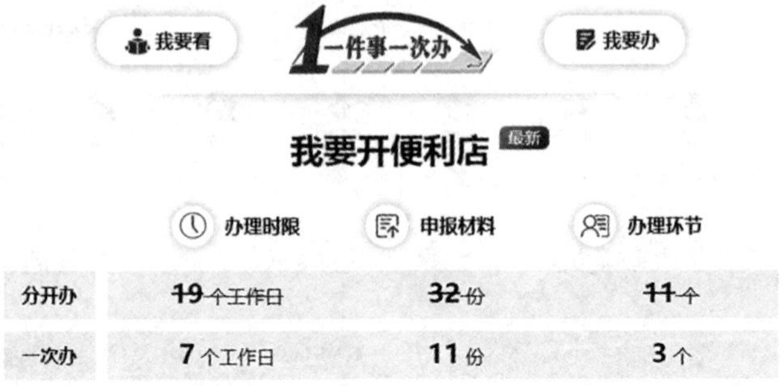

图 5　“分开办”与“一次办”区别展示

（二）拓场景，为政务服务做“加法”

小程序上线后不断丰富服务、叠加功能，致力于实现“平台互联、场景互嵌、数据互通、拓客互助”；2021 年新增 40 个应用，重点上线社保医保缴费、高考成绩查询、堵路移车等高频热门服务；新冠疫情期间，小程序再次升级健康码，实现与防疫行程码“两码合一”、核酸检测结果及疫苗接种信息“一键展示”；开通“婚姻登记预约”、两会“金点子”提交、“民生三湘”投票服务；接入电子身份证、电子驾驶证在旅馆住宿登记、银行服务验证等应用场景，优化公共缴费功能……通过对服务的一次次打磨，让“掌上办”更加便利。

（三）拓渠道，服务下沉到村镇

湖南省紧抓国家建设“智慧城市、数字政府”的机遇，携手建设银行以政银合作模式，提升政府的精准治理能力。湖南建行充分发挥自身在金融科技、互联网、人才以及跨界融合等方面的优势，助力打造良好的智慧政务生态体系。一方面，将高频政务服务加载到银行网点的 STM 终端，同步推出多个智慧政务特色旗舰网点，完成高频政务服务事项在银行渠道的延伸；另一方面，借助银行渠道将“全省通办”的政务服务向乡村服务点延伸，并部署至全新智慧终端设备，全面进入全省 2.4 万多个乡村综合服务中心，

图 6　“一件事一次办”新上线热门服务

将政务系统与乡村信用信息系统对接，在政务移动端上线乡村积分申报查询服务，赋能乡村振兴。

三　突出探索创新，全面丰富服务应用

（一）搭建省级统一支付平台

历经 22 次迭代升级和精心打磨，打造出全国先进的支付体验。平台实现：全费项接入，公共服务、非税、社保板块均接入缴费项目；全渠道覆盖，支持所有银行卡、微信、支付宝等支付方式在门户网站、手机 App 和微信公众号多渠道支付；全行业拓展，拓展了税务、卫健、教育、公安、监狱等平台，输出统一支付能力；全省域触达，银行网点上线社保二维码缴费，11 个市州政务平台开立统一支付账户，为市州政府一体化平台赋能；全流程对接，在长沙、常德、郴州、张家界、湘西土家族苗族自治州地方政

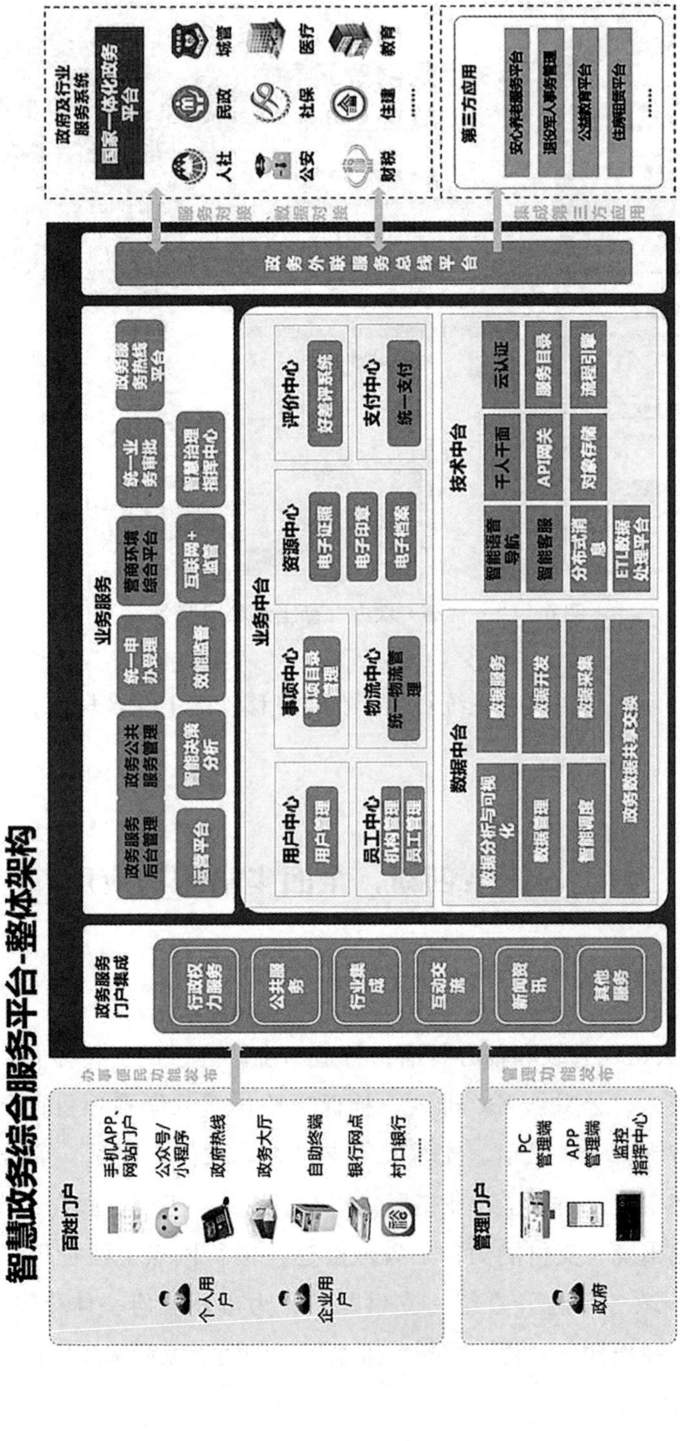

图 7　政务综合服务平台构架

务 App 上线社保缴费。依托“五全”特点，平台交易笔数及交易量稳步增长。2021 年底，统一支付累计交易笔数达 1411 万笔，交易金额达 62 亿元。平台建立了统一支付系统对接规范标准，支持各家银行、支付机构“开放、共享”的接入，开了“大政务”支付生态圈的先河。

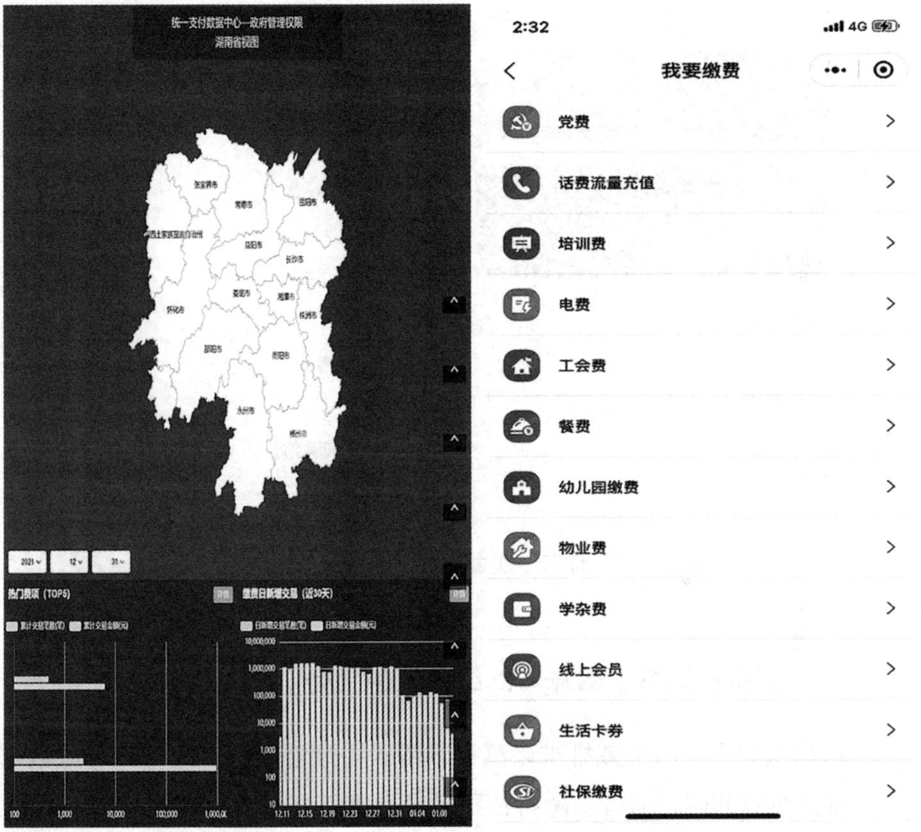

图 8　政务统一支付平台运营展示

（二）丰富数字人民币应用

湖南省委、省政府高度重视数字人民币试点工作，2021 年以来，以用户需求为导向，在“一件事一次办”小程序探索数币场景全流程建设，通过畅通数币钱包开立渠道、丰富数币支付场景双轮驱动，倾力打造数字人民币专区，目前已涵盖 5 项服务，创下多个全国首家的记录：首家在政务平台设置数币专区，首家在政务平台接入数币钱包开通入口，首家实现数字人民币优惠券领取功能……形成可复制、可推广的数币“湖南模式”。

图 9　“一件事一次办”数字人民币专区展示

（三）创新打造基于碳账本的绿色金融服务

为解决低碳生活场景减排难以测算、消费端绿色金融产品缺乏有效数据支撑等痛点难点问题，通过金融科技赋能打造基于“碳账本”的个人低碳生活服务，为个人低碳场景提供减排计量、权益兑换等综合金融服务。利用多方数据学习等技术将出行、零售、政务、住房等多种生态场景低碳数据进行融合分析，在充分保障用户隐私安全的前提下实现数据跨主体应用；构建基于人工智能、大数据等技术的碳减排计量模型，准确测算消费者低碳生活水平，为形成“碳账本”提供支撑；采用云计算等技术搭建涵盖碳减排测算、“碳账本”运营、权益兑换等内容的 SaaS（软件即服务）平台，提升低碳场景综合金融服务水平，探索多元化碳普惠机制，引导绿色低碳美好生活理念。

四　重技术革新，科技支撑稳系统

秉承“以客户为中心、以数据为基础、以技术为驱动”的原则，助力建设良好稳定的智慧政务生态体系，提升安全保障能力。省级政务服务移动端自正式对外发布以来，始终基于“跟进客户需求变化，不断融入场景、整合优化功能、解决民生问题”的宗旨进行小程序迭代升级和运行维护。

（一）技术革新提升移动端功能

一是政府联合银行端共同投入相关资源，部署大数据分析模块，提供二维码推广及统计功能，进行“专业化、精准化、联动化和标准化”的宣传推广。二是开展“一件事一次办”标准化升级，完成相关改造的技术储备。三是在“apm+zabbix”全方位智能监控的基础上，创新引入 ELK 技术，弥补现有体系缺乏日志分析工具的短板，有效提升运维能力。四是突出新技术应用，力争“更亲民”，引入语音导航、千人千面、用户画像、人工智能、区块链、大数据等前沿技术，提供主动服务，让群众成为真正主体；同时运用了等保三级的安全标准，关键核心技术达到等保四级，最大程度保障了数据安全。

（二）安全运营支撑移动端稳定

一是综合利用密码技术、安全审计等手段强化“一件事一次办”微信小程序的安全保障和风险防控能力，构建全方位、多层次、一致性的防护体系，切实保障小程序安全平稳高效运行。二是强化用户隐私保护，严格规范用户信息采集，保障用户知情权、选择权和隐私权，确保数据安全管理；三是加强网络安全保障队伍建设，健全跨地区、跨部门网络安全保障协同工作机制，制定完善应急预案，不断提升日常防护、监测预警和应急处置能力。

五　重视用户反馈，体验式诊断优化

办事堵不堵、跑腿苦不苦，只有自己亲自去办理、去体验，才能感受其中的“酸甜苦辣”。印发《关于组织开展政务服务事项体验式诊断工作的通知》，组织各市州围绕“一件事一次办”开展线上、线下的“体验式”办理，并形成诊断清单。针对发现的一些问题，及时整改、持续完善、定期沟通反馈，解决了一批技术性、操作性难题，办事的“速度”、服务的“温度”明显提升，让“身在湖南、办事不难”成为常态。

六　布运营宣传，线上线下齐发力

湖南省各市州普遍高度重视小程序宣传推广工作，从拓展线上线下宣传渠道，协调公共媒体、公共场所资源，工作人员主动引导等方面，开展了多种形式的宣传推广。比如，长沙市积极行动，及时在我的长沙 App、政府门

图 10　“一件事一次办”宣传推广展示

户网站转发宣传资料；邵阳市专门召开了小程序应用推广工作部署会，对任务进行具体分解、强力推动；张家界市利用张家界政务通、武陵源政务通等微信公众号常态化推送“一件事一次办”微信小程序宣传文章；郴州市将易拉宝、宣传手册、宣传画报等宣传资料布置到了村级便民服务点；等等。从 4 月起，湖南政府牵头开展了社保缴费、健康码、我有“金点子”等 9 期“一月一热点”活动宣传，发布推文 13 期、海报 7 期、视频 6 期、宣传折页 2 版。通过宣传推广将政务服务“掌上办、指尖办”送到企业群众身边，提高小程序使用率、减轻办事窗口服务压力、缩短群众办事等待时间，使得小程序公众知晓度大为提升，小程序注册用户数不断增加。

参考文献

刘笑雪：《擦亮政务服务“金字招牌”》，《湖南日报》2020 年 4 月 2 日，第 3 版。

桑梓勤：《建设智慧城市平台　创新政务服务模式》，《中国经贸导刊》2019 年第 1 期。

黄志凌：《智慧政务建设与政银合作》，《中国金融》2019 年第 14 期。

刘笑雪、彭艺：《迎难而上推动“一件事一次办”改革》，《湖南日报》2019 年 6 月 2 日，第 2 版。

陈智慧：《一窗受理“五圈”惠民》，《岳阳日报》2021 年 7 月 4 日，第 1 版。

B.22

政务民生大小事，尽在掌上“e冰城”

哈尔滨市营商环境建设监督局

摘　要： 哈尔滨市综合运用人工智能、大数据、云计算等新兴互联网技术，构建基于“e冰城”App和“e冰城”微信小程序的政务服务体系。现有以下成果：一是以群众为中心，打造全市掌上综合服务。聚焦民生热点，为群众办实事，打造政府、社会、企业、市民四位一体的移动服务平台。二是以需求为导向，量身定做便民利企服务。做到政务服务随身办、随时办，生活服务集成享、快速享，操作使用智能化、简易化。三是以效率为原则，打造冰城特色服务。通过“创业安家智图”“企业开办直通车”“网点大管家”“敬老极简版”等功能模块，提高服务质量，改进公共管理品质，优化政务工作流程，提升政府效能并最大限度地利企便民。

关键词： “e冰城”　数字政府　政务服务

哈尔滨市以习近平新时代中国特色社会主义思想为指导，坚持把满足群众和企业的需求作为政务服务工作的理念和使命，持续优化营商环境，不断拓宽服务渠道。以“互联网+政务服务”为基础，深入推进全市一盘棋、平台一体化改革，初步建成了“一网办、一窗办、一次办”的政务服务体系。哈尔滨市营商环境局持续优化服务效能，以为群众办实事为目标，为群众提供智能、简易的融合城市服务和政务服务的一体化平台。“e冰城”App于2021年上线运行，作为移动政务服务的总入口，可实现全市90%的个人政务服务事项和 70%以上的法人政务服务事项“掌上办理”。“e 冰城”App 通过“创业安家智图”“企业开办直通车”“网点大管家”“敬老极简版”等功能模块，为企业和群众提供套餐式的服务，集网上预约、随时申报、全程联办、事项查询、办事导航、网上投诉于一体，实现事项办理的“一网一窗一次”，让企业和群众充分体验政务服务“指尖办”“掌上办”的便利性和高效性。

一　以群众为中心，打造全市掌上综合服务

（一）聚焦民生热点，为群众办实事

哈尔滨市高标准开展优化营商环境工作，以打造服务型政府为目标，围绕民生热点，探索切实有效的改革措施，着力解决群众办事跑多次、流程复杂、周期长的问题。着力于解决民生热点问题，如：以往的 PC 端政务服务平台导致用户网上办事受地域空间限制；政务服务平台存在多个入口，用户办理不同的事项需要登录不同的平台；事项标准不统一，导致数据无法共享、协同业务办理困难、用户办一件事需要跑多次。哈尔滨市强化顶层设计，围绕“市民用一个移动平台畅享全市综合服务”的核心理念，融合政务服务和公共服务，以“网上办事一网通办、生活服务一站知晓”为总体目标，打造一体化的移动服务平台，从以往的“线下跑”“分头办”转变为今天的“网上办”“协同办”。不断拓展政府服务渠道，持续整合和挖掘全市各行业、各区域的特色业务，使服务全部覆盖市、区县、街道（乡镇），不断升级和更新平台内容，逐步做到服务的智能化和精准化，让市民和企业只用一个移动端即可高效“办”成事，使事项办理更加顺畅便捷。

（二）优化城市服务，提高群众幸福感

“e 冰城”App 在哈尔滨市政务服务标准化的基础上，集中办理政务事务和公共事务，实现从“办一件事跑一个部门”到“一个平台办所有事”

的转变。同时，利用人工智能、信息技术等构建集智能问答、智能导航、智能审批、智能感知、智能推送于一体的创新政务服务模式，进一步提高了政府服务水平。“e 冰城”实现了“零跑腿审批”“无纸化审批”等便民高效方式，成为市民掌上办事的最佳工具。

“e 冰城”App 与省政务服务平台对接和同步信息，各地各部门强化整体联动，实现共享、共建。目前，“e 冰城”App 累计注册达 16273 人，累计办件量达 63673 件，好差评满意率趋近 100%。从实效看，“e 冰城”App 已逐渐成为企业和群众办事的首选。仅需在“e 冰城”App 注册和登录一次，即可高效办成事，实现了政务事项“网上办”“指尖办”，让数据“多跑路、群众少跑腿”，提高了群众的幸福感。

二 以需求为导向，量身定做便民利企服务

（一）政务服务随身办、随时办

顺应“互联网+”的发展，“掌上”办事逐步成为群众首选。“掌上”政务服务使民众不再需要窗口“跑腿”，并有效减少了使用 PC 端对地域空间的限制，移动互联网“网随人走”，极大地减少办事时间、提高了群众办事的舒适度和满意度。

“e 冰城”App 紧扣百姓所需所想，为群众打造“随身办”“随时办”的政务服务平台。“e 冰城”App 涵盖特色服务专区、办事、生活等领域，具有覆盖市、区县、乡镇街道、社区的政务服务能力。为用户提供多元化的登录方式。提供统一身份认证接口，多项服务事项只需登录一次即可完成。同时，针对企业和市民的办事需求，推出了上新服务、高频服务专区、企业服务。上新服务涵盖了城市区域分布查询、疫情防控、开具临时身份证明、网点大管家、“自己查自己”等；高频服务专区涵盖医保、人社、税务、公安、卫健、残联等；企业服务涵盖个企通办、利企服务、企业开办直通车等，最大限度地为市民和企业提供更好的政务服务。基于小

e 智能化客服，市民通过与小 e 智能客服进行语音或关键字输入交互方式，由小 e 智能定位推送服务内容，做到全天 24 小时不间断服务，快速响应市民需求。

推行“办好一件事”重点领域高频集成套餐服务。打造 18 个 e（易）服圈，推出“办好一件事”事项链 144 个。集成全生命周期的“办好一件事”套餐服务包含出生、退休、高校毕业生落户、不动产登记与水电气联办、住房公积金贷款、异地就医备案等。144 项“一件事”实行集成服务后，相关服务事项办理承诺时限缩减 40. 9%，环节数量压缩 66. 5%，材料数量精简 38. 8%，跑动次数减少 42. 7%。

“e 冰城”App 为市民提供了“掌上”政务服务新渠道，用户只要携带智能手机，就可以随时随地接入网络，获取政府为公众提供的各种便捷服务，突破了物理空间条件的限制。“e 冰城”App 适应移动互联网发展趋势，开创了哈尔滨市“掌上政府、指尖服务”的政务服务新模式。

（二）生活服务集成享、快速享

随着移动端应用的发展，各种 App 和小程序层出不穷。用户需要根据办理事项的不同，下载不同的 App，这样就涉及多次注册和登录。有的甚至是同一件事，但是需要多个部门的联合审批，用户需要注册多个 App 或数据平台，这样使事件办理的流程非常复杂，导致办事效率极低。“e 冰城”App 从群众角度出发，整合现有的各大政务服务平台，创立移动政务共享平台，协同处理跨部门政务，为广大群众打造全方位、全流程的政务服务。用户通过一次身份认证入驻所有公共服务，实现一证通办。公众不必反复跑、窗口排长队和“进多站、跑多网”，极大地提高了群众办事效率。

接入与日常生活密切相关的生活服务。将非政府提供但与市民生产生活密切相关的公用事业服务接入“e 冰城”App，如交通出行、疫情防控、医疗健康服务、婚育收养、文化教育、科教文卫、旅游服务、社区生活服务等公共服务事项。通过掌上“e 冰城”，使群众生活更便利、更高效。

提供市民信息随时查功能。市民通过“自己查自己”可以按需检索 200 类数据，实时调用各种数据接口，享受 VIP 的办事体验。市民可随时掌握自己的信息，如身份证、护照、驾驶证、户政、学历、执业资格证、结婚证、社保、卫健、残联、不动产以及车辆等信息。可逐步实现实名用户对个人信息和相关证件信息的获取，避免现场查询，极大节约经济和时间成本，并杜绝造假现象发生，通过“自己查自己”实现为市民“记录一生、管理一生、服务一生”。

（三）操作使用智能化、简易化

随着新兴科技的快速发展，人类迎来了“人机物”三元融合的万物互联时代。“e 冰城”App 充分运用高新技术，实现了集智能问答、智能搜索、智能审批和智能推送于一体的智能立体感知体系。

智能问答通过机器人为群众提供零人工的事项办理服务，实现材料预审、复审、流转、回复及最终批复的自动化。智能搜索给公众提供其迫切需求的界面，为公众查看办事指南、掌握政策文件、在线申请事项、查询办事进度提供便利。同时，智能搜索可以采用输入关键字和输入语音等多种方式。智能审批对各种政务服务事项可以实现“自主申报、自主承诺、自动勾选、快速审批、自助发照”的全程电子化流转，使业务办理“全天候”“零见面”“无纸化”，达到无人工干预的“秒批”。智能推送根据用户以往的查询和办事痕迹，实时感知和精准预判用户的所思所想，及时推送定向信息。“e 冰城”App 提供的智能化服务使群众真正享受到了高科技带来的便利。

为了避免模糊查询和多次搜索，简化网上办事第一步，即“找到事项”。推出“政务简码”，将每个事项以区划+部门+事项代码组合生成唯一 7 位编码，实现群众办事精准查询，受理咨询时可直接告知工作人员“简码”。推出敬老极简版，采用简化界面、大字体，语音提示等方式，让老年人线上办事变得轻松、快捷。推出“刷抖音”式的“秒懂政务”，用生动的小视频代替传统的文字指南。以上这些服务的推出使群众办事更简易，给了群众更好的办事体验。

三　以效率为原则，打造冰城特色服务

（一）创业安家智图，提供决策全信息

创业安家智图是哈尔滨市为鼓励广大市民创业打造的地理信息+创业生活信息平台。该平台以人工智能汇聚全市信息，以大数据精准研判，助力群众投资创业、帮扶人才选择理想的家园。创业安家智图可快速通过营商环境分布功能考察周边环境，哈尔滨市位于高纬度地区，冬季时间较长，最低气温可达到-30℃，实地考察周边环境受外界环境限制，创业安家智图提供了新方式。“e 冰城” App 通过大数据，默认定位手机当前位置或指定位置的 1.5 公里，通过选择设施类型一类、二类、三类内容进行结果查询，可通过智能搜索查看指定范围内的人口、企业、商铺、客流、设施等数据，全方位展示周边营商环境，帮助创业者提前发现商机、把握创业方向、提高创业成功率。想在哈尔滨安家的朋友，可以在地图上选择一个位置，智图将呈现该位置 1.5 公里范围内的小区、物业、商业设施、交通设施等，以此判断此地是否易居。创业安家智图让用户在舒适的环境下就可以高效、便利地完成创业和安家这两件人生大事。

（二）企业开办直通车，跑出冰城加速度

企业开办的难易、快慢与企业运行成本息息相关，哈尔滨市不断探索企业高效便利开办的实施路径，为在哈尔滨开办企业的市民提供优质体验。通过线上线下联动、部门业务协同，打造多维度、全方位的企业开办直通车 2.0，提供市场主体注册登记、印章刻制、税务发票申领、用工社保登记、医保登记、公积金开户登记、银行预约开户 7 项业务的一站式服务，实现企业开办“一口受理、一口送达、全程联办、全程网办、全程免费、承诺即办”。2021 年企业开办平均用时 130 分钟，企业开办便利化水平迈入全国前列，彻底解决了原来企业开办存在的“流程复杂、办理时间

长、费用高”等问题，有效降低了企业开办成本，激发了群众创办企业的热情。

（三）网点大管家，给出办事最优解

网点大管家汇聚、融合和分析各类网点数据，为群众实时呈现网点状态。构建集线上预约、办事指南、路线导航、标签分类于一体的智能服务平台。网点大管家可以根据用户指定位置或者要办理的事项主题快速查询最优网点。根据主题分类或智能化搜索后展示办事网点并且根据距离由近及远进行排序，申请人可选择服务网点，根据申请人选择的服务网点，展示当前网点距离、网点名称、办理地点、服务时间、联系电话、路线导航等。服务网点展示当前网点所提供的服务事项清单，申请人也可以根据当前服务事项清单进行搜索，查询事项的办事指南，并且清单中提示该服务事项是否允许跨区通办，服务网点也可以展示当前网点的实时视频，并查看视频中人流情况。网点大管家结合线上线下优势，变“单线跑”为“融合办”。如该网点支持预约办理，全面开通线上预约，同步推送事项样表和办结实例，通过服务前移让群众既能合理安排线下“办事时间”，又可以线上先行一次性提交所有材料，智能预审、提示和自动办理，实现事件办理的最多跑一次。

（四）敬老极简版，方便老人“指尖办”

哈尔滨市老年人数量不断增加，老年人存在行动不便、视力减退、不会和不敢使用 App 等问题。“e 冰城”App 最大限度地为老年人消除“智能鸿沟”“数字鸿沟”，推行敬老极简版。一方面通过专栏集中展示与老年人息息相关的高频政务服务事项，包括老年人健康、出行、疫情防疫等，设置“银发专区”，方便老年人查找和浏览。对于候鸟老人、随迁老人异地办事面临的“多地跑”“折返跑”等问题，有序推进社会保险待遇资格认证、津贴补贴领取、医疗保险异地就医直接结算事项等“跨省通办”和“省内通办”。另一方面不断提升适老化水平，简化界面交互操作、加粗加大标题和正文的字体，促进老年人敢用、会用和能用“e 冰城”App。通过人工智

能、语音识别等高新技术，让老年人以语音交互的方式说出需求，然后通过操作提示和语音导航等优化功能，让老年人体会到“e 冰城”App 的好用，使老年人真正享受数字信息发展成果，感受高科技带来的新体验和新变化。

参考文献

《国务院办公厅关于印发全国一体化政务服务平台移动端建设指南的通知》，国办函〔2021〕105 号，2021 年 9 月 29 日。

《哈尔滨市加快推进“一网通办”工作实施方案出台》，《黑龙江日报》2019 年 7 月 29 日，第 3 版。

B.23
“一件事一次办”助力沈阳政务服务 App 更“好用”

沈阳市营商环境建设局

摘　要： 近年来，沈阳市响应国家要求，积极推动政务服务移动端建设。沈阳市通过强化行政驱动力，将顶层统筹、骨干聚合、分布创新相结合，实现政务服务应用省市互联、多端互通、数据共享、标准统一；以“元数据”和“人工智能”为依托，实现“一件事一次办”，提高服务效率，保障服务供给，拓宽民声渠道，有效提高政务服务水平。

关键词： 政务服务移动端　“一件事一次办”　沈阳政务服务

政府的服务意识和办事效率，直接关系着一个城市的宜居程度、营商环境以及整体竞争力，互联网政务服务是重要的观察窗口之一。截至 2021 年底，我国网民总体规模超过 10 亿，其中使用手机上网的比例高达 99.6%。移动互联网已深度渗透到人们的日常工作和生活中，正在成为企业和群众办事的主要渠道。城市政务服务发力移动端，是适应移动互联网迅速发展的迫切需求，也是持续不断提升利企便民水平的主动选择。

国务院办公厅电子政务办公室于 2018 年印发一体化政务服务移动端建设指引文件，部署各级政务服务移动端建设工作，2021 年印发《全国一体化政务服务平台移动端建设指南》，明确推动各地区各部门政务服务平台移动端标准化、规范化建设和互联互通，全面提升移动政务服务能力和水平，最大限度利企便民。

沈阳市积极响应上级要求、顺应用户需求，于 2019 年初推出“沈阳政务服务”App，3 年来历经多次建设模式创新、交互界面改版、功能升级优化，逐步形成省市联合建设、横向应用集中、多端同步输出、服务类型共融的沈阳发展模式。“沈阳政务服务”现有 7 个板块、290 余项特色应用，日均活跃用户 20 万人次，月均服务调用量 300 万次。特别是 2021 年以来，沈阳市充分发挥移动端便利性，以“一件事一次办”为切入点，全面推进移动端建设，累计上线 34 项“一件事”服务，其中“新生儿一件事”“商品房不动产转移登记”等多项服务在全国较早上线。

一　强化行政驱动力，以上率下推动全面改革

（一）坚持顶层统筹，总体设计改革方略

沈阳市委、市政府高度重视移动政务服务建设，自 2019 年起在历年政务服务建设方案中均大篇幅、多维度部署移动端建设工作。一是领导高位推动。2020 年成立全市“一网通办”领导小组，由市长任组长，38 个市直部门、14 个地区人民政府为成员单位，全面推进一体化平台及移动端建设。2020 年 10 月“一网通办”百日攻坚活动以来，移动端应用能力建设始终是核心推进任务之一，市长每月、分管副市长每周调度工作推进情况，对省级专网系统打通等重点难点工作，市领导躬身入局、以上率下，为各部门持续推动应用建设注入强心剂。二是业务技术并行。移动端建设过程中，业务和技术是应用上线的两条铁轨，一长一短就会导致进度迟滞。针对这类问题，市领导专门为移动端项目落地开辟绿色通道，各部门依据技术开发进度拟定业务梳理进度表，合理配备业务人员，双轨并行确保应用及时上线。三是智能服务为先。移动端作为面向群众的服务前沿阵地，具有“随时、随地”的服务特性，为确保移动端应用“好用、易用”，沈阳市确定了“便民事项、智能服务”的应用建设总基调，以市数据底座为支撑，全面应用数据共享能力，确保移动端应用“24 小时不打烊”。

（二）聚合骨干力量，确保举措落地落细

为保证移动端建设全马力推进，领导小组抽调市营商局、市大数据局、市信息中心20余名骨干人员，组建事项梳理、数据共享、运营上线三个工作专班，为各地区、各部门建设移动端应用提供支撑。事项梳理专班主要负责协助责任部门优选拟上线事项，完成标准化事项要素设定，优化部门内工作流程，按需协调多部门召开工作推进会，确定部门间联合工作模式。数据共享专班主要负责按照“减材料、减环节、减时限”的标准，确定系统对接、数据共享需求。按照具体需求，推动一体化平台与自建系统对接工作，协调数据生产部门细化数据共享内容及时效性，快速完成数据交付。运营上线专班主要负责按照移动端应用发布标准，指导部门完成交互页面设计，填写用户须知、申报条件、适用人群等内容，并依据需求推动条件预检等功能技术开发工作，在应用上线后及时收集用户意见，会同责任部门推动功能优化升级工作。

（三）分布应用创新，形成良好改革氛围

38个市直部门、14个地区人民政府分别成立攻坚小组，按照市政府分配指标，在本部门职能范围内确定移动端应用内容，结合自身工作特点，分布式开展创新工作。各攻坚小组设置部门联系人，负责对上联系工作专班提供支撑、横向沟通配合部门推进工作，定期梳理总结工作成果，并报领导小组办公室汇总。会同市委组织部将移动端应用建设情况纳入年度绩效考核内容，促进各责任部门主动创新、全面创新的工作劲头，领导小组办公室每季度发布优秀成果案例，营造“比、学、赶、帮、超”的良好改革氛围。2021年以来，各攻坚小组累计召开工作推进会500余场，推动上线创新应用40余个。

案例：人社局创新建设人才平台，统一提供人才服务

按照《沈阳市人才认定办法》（沈人社发〔2021〕26号），在工作方式

上谋创新，以一体化平台及移动端为总入口，全面搭建人才认定线上管理平台，主要包括人才直接认定、评审认定、自主认定、认定升级、信息维护等线上申报与管理功能模块，推广人才认定线上办理，结合人才窗口线下服务，构建立体化人才服务网络。进一步缩减办结时限、减少申报成本，人才满意度显著提升。

二　强化平台支撑力，内延外联构建能力核心

（一）探索省市联建，两端应用同源共用

市级政务服务移动端先于省级移动端建设，为确保应用向省级集中，同时避免重复开发、资源浪费，按照国家移动端建设指南要求，沈阳市创新工作方式，积极推进省、市一体化政务服务平台移动端联动建设。省、市移动端共用统一后台，对接各部门业务系统，前端采用统一开发标准、交互逻辑，有力破解重复建设、多端体验不一致等难题，实现“一方开发、两端上线”，持续推动与企业群众日常生产生活密切相关的事项“应上尽上、上必好用”，确保同步接入、应用同源、服务同质、数据同步，打造多方参与、共建共享、互利共赢的良好局面。现已向“辽事通”输出 146 个高频服务应用，累计上线公积金提取、异地就医申请、婚姻登记预约等 292 项高频便民服务应用，为群众提供超 1100 万次“掌上服务”。

（二）广泛连通系统，助推事项并联办理

以一体化政务服务平台及移动端为总门户，对各级政务服务前端、业务自建系统等实行多层面、深层次整合，最大限度实现网上服务集中提供、政务信息集中公开、数据资源集中共享，为企业群众提供线上“一站式”服务。以统一受理和办结为目标，制定沈阳市一体化政务服务平台数据接口标准，对接入系统的数据查询、数据核验、数据写入进行全面严格规范，提升

业务实施精准度和可延展性。从企业群众办事视角出发，优化线上办理流程，对“一件事”中联办事项实行“前端统一受理、后台智能分转，部门并联审批、结果一次发放”。上线表单中心，实现由“多张表单、多份材料”向“一张表单、一套材料”转变，申请人填写信息和提交材料后，后台系统自动分转相关信息至相关审批部门，并行完成业务办理。截至2021年底，累计完成38个市级，17个国家、省级自建系统功能对接。

（三）统一发布标准，横向融合高频应用

沈阳市信息化工作开展较早，医保、社保、公积金等部门为便利企业群众，先期分别建设了本部门独立移动端。为解决此难题，沈阳市确定了“标准统一、独立建设、应用共享”的整合思路，组织各部门移动端对接省统一身份认证系统，确保企业群众不重复注册，同时按照统一发布标准改造现有应用，以H5形式共享上线。同时为保证工作推进效率，优先完成高频办理应用的转化工作，配套的咨询、评价等功能同步向市政务服务移动端整合，确保应用的完整性。截至2021年底，已完成智慧医保、沈阳公积金等8个移动端56项应用的融合工作。

（四）拓展办事渠道，服务辐射“两微一端”

秉承便民应用“一端上线、各端可查、多端可办”的服务原则，将群众热切关注的便民服务应用同步输出多个热点应用端。群众可通过手机随时随地查看和办理政务服务事项，及时查看办理进度，真正实现动动手指即可享受一键即达的服务体验。目前，沈阳政务服务应用已在微信和支付宝应用端同步上线，更多服务渠道将陆续上线。

案例：“沈阳政务服务”小程序入驻支付宝市民中心

近年来，随着“支付宝”App各项服务的不断完善，大量用户已形成通过“支付宝”App获取各项生活服务的使用习惯，从方便用户获得政务服务的角度出发，启动政务服务上线“支付宝”App工作。2021年7月，

“沈阳政务服务”小程序正式上线支付宝市民中心，用户无须再次登录，50余项政务服务应用可在“支付宝”应用端一键获取，最大程度减少群众多次注册、反复登录问题。一是实现账户信息互通互认，依托“支付宝”App实名认证和生物识别能力，作为“沈阳政务服务”应用上线“支付宝”App的身份认证体系补充，实现两平台间身份互认，确保线上业务办理人员身份的真实性；二是完成首批服务上线应用，梳理高频便民服务事项，结合平台已上线服务，接入社会保险、医保、公积金和住房等领域服务应用，实现小程序应用可查、服务可达、办理可用；三是探索多渠道应用汇聚，聚焦疫情防控、学历查询、证照查询等热点服务，充分利用支付宝端内服务资源，将多渠道便民服务应用集中至“沈阳政务服务”小程序中，为群众提供“一站式”掌上服务。截至2021年底，“沈阳政务服务”支付宝小程序总访问人数达97.7万，已提供655万次的线上服务。

三　强化应用服务力，数字赋能创建服务品牌

（一）场景内数据共享，强化一件事零材料申报

聚焦企业和群众全生命周期的办事需求，将关联性强、办事需求大、办事频率高的多个事项有机组合成为“一件事”场景，实行“一次告知、一表申报、一窗受理、一次办好”。通过梳理业务需求、再造办事流程，形成数据需求清单和路径，打通数据堵点、聚合应用能力、统一服务支撑，基于场景实现数据流动。一是固化沈阳市一体化政务服务平台与各业务自建系统的标准化对接模式，将跨部门“一件事”中的联办事项全部集中到一体化政务服务平台统一受理、一次办结，联办事项中申请材料与审批结果互用共享。二是依托市信息共享交换平台，通过数据在线核验、调取电子证照等方式加强数据共享，推动可在线核验材料、电子证照材料、历史提交材料、证明材料均免于提交，同时提高申请的真实性与可靠性。跨部门“一件事”

可至少减少 50%以上的数据填报与提交材料，申请材料全部在线获取核验的可实现“零要件、掌上办”，极大增强群众获得感。

案例：公积金提取实现“掌上办、零要件、零跑动、秒到账”

对公积金提取进行业务梳理和技术分析，分类确定具体提取业务，优化再造“掌上申请、免除材料、集成服务、一站办结”的新流程。申请人通过“沈阳政务服务”App 刷脸成功提交申请后，系统将根据职工身份信息及婚姻信息，以家庭为单位核算职工住房消费支出，自动完成审核，可核验出职工是否符合提取条件、可提取的最大额度，并且通过联网核验，减免了身份证、户口本、残疾证、退休证、购房合同、结婚证、房产证、不动产证等 20 余项申请材料，申请人可提取的公积金通过全国住房公积金资金结算平台同步到账至职工个人银行卡中，在家即可办理，资金秒到账。截至 2021 年，已实现“提前偿还公积金贷款提取、偿还商业贷款本息提取住房公积金、偿还组合贷款商贷部分提取、购买自住房提取住房公积金、无房职工租房自住提取住房公积金、退休提取住房公积金、集中封存提取、单位注销封存账户提取、完全丧失劳动能力提取公积金、委托按月偿还公积金贷款提取”10 种情形“掌上办、零要件、秒到账”。

（二）元数据在线核验，助力政务服务秒批办理

探索“无人工干预”审批方式，固化审批经验、优化办理流程、强化数据共享，通过“AI+一网通办”赋能，推动政务服务事项自动审批。申请人在填写申请表单和上传申请材料的过程中，可以通过刷脸或其他合规方式授权登录，由系统自动读取个人或企业电子证照信息及相关后台数据，自动填充表单信息、自动推送电子材料，从而实现办事信息少填或不填、申请材料少交或不交，实现“秒报”。在受理审批环节，充分发挥数据驱动作用，通过数据分析、数据挖掘、横向比对、耦合处理等手段，推进部门业务系统交互、自动比对、在线核验，实现基于标准化规则的全流程不见面、零跑

动、全自动的“秒批”服务新模式，进一步落实了减材料、减跑动、减环节的改革理念，打通了数据壁垒，从过去办事“以人为主”转变为“以计算机为主”，彻底消除了自由裁量，做到审批的公平和公正。

2021 年，依托“沈阳政务服务”App 已实现残疾人证件信息等 52 项自动核验应用，实现不动产登记信息、户口本全量信息、结婚登记信息等 20 余项无人工核验功能，累计调用 21.2 万次；依托“沈阳政务服务”App 与一体化政务服务平台多端同源输出，已有新建商品房不动产转移登记、保障住房登记、低保发放等高频事项实现“秒批”办理。

案例：新建商品房不动产转移登记实现“掌上办、秒审批”

对办理不动产登记的环节逐一研究、反复论证、模拟申报，实现全流程“线上自助秒批”的办理模式。一是打破线下窗口审验模式，升级改造不动产登记系统，与一体化政务平台深度对接，以接口数据交互实现信息网上自动填写。二是完成税务、房产等业务系统与不动产登记系统实时业务数据获取和自动校验，减免身份证、购房合同、完税证明等 5 项申请材料。三是对接财政局非税系统，实现不动产登记费在线缴纳。申请人仅填写询问人、联系方式、地址 3 项表单信息，系统自动审核、获取合同信息、核验缴税情况、完成登簿，自动生成网上缴费码和自助打证码，缴费后使用任意自助打证机均可打印不动产权证书。2021 年“新建商品房不动产转移登记一件事”已在沈阳政务服务网和“沈阳政务服务”App 同步上线，并且将自助打证机延伸服务到园区，真正实现百姓办理商品房登记不出园区、随时可办。

（三）电子化能力应用，推动线上服务体验升级

一是率先建设电子营业执照应用服务器，依托一体化政务服务平台，推进全国范围电子营业执照的调用、授权、认证等功能应用。二是电子证照方面，对身份证、驾驶证、行驶证、社保卡等高频次证照，加快推进存量转

化，推动办件自动生成，全市累计制作电子证照模板 495 类，上传至国家平台 165 类，累计发放 2433.6 万册，实现全省领先。三是电子印章方面，市一体化平台与省电子印章系统完成对接，明确调用逻辑，327 个部门的政务服务过程文书应用电子印章在线出具。依托一体化平台用户空间上线“我的印章”功能，为企业群众提供电子印章申请、签署、验证等服务。已率先实现市、区部门电子印章 100%覆盖，累计制作国办备案电子印章 1836 枚，调用 7 万余次。四是建设一体化平台移动办公端，签批人可通过电子签名方式远程和实时完成意见签署，实现“不见面”签批。五是广泛开展“智能咨询”“云勘验”“在线评审”，通过人工智能、远程交互减少申请人跑动次数，推动“不见面办、不找人办”。

案例：燃气优惠政策申请实现合同“线上签署”

在个人一件事专区上线“燃气用量优惠政策一件事”，提供“使用燃气热水器、燃气壁挂炉及一户多人口（5 人及以上）优惠政策”的“掌上办”服务。办理燃气热水器用气优惠时，系统自动核验用户是否已签订用气合同，如未签订，通过本人刷脸授权，申请人和燃气公司双方应用电子签名在线签订合同，实现燃气优惠政策“不见面办”。

（四）链条式服务延伸，实现后置政策便利兑现

聚焦高频民生领域，紧紧围绕各类便民惠民政策，将服务链条不断向纵深延伸，为企业群众提供全生命周期的“掌上服务”。在服务供给上，覆盖婚姻生育、教育考试、求职就业、医疗健康、住房保障、养老服务等高频服务领域，实现人生各阶段便民服务一站式获取。在政策联动上，重点关注各项惠民新政，从人才引进、人才认定到补贴落地，各项服务紧密关联，为利企便民提供能力支撑。2021 年，平台已上线就业、创业等相关惠民政策类服务应用超 40 项，办理量达 1846 件。

案例：上线“大学生首次购房补贴”为人才引进添砖加瓦

自2017年以来，沈阳市陆续出台各项人才补贴政策，为吸收引进人才提供强有力支撑，其中包括高校毕业生的首次购房补贴政策，为高校毕业生在沈就业创业提供生活保障。聚焦高校毕业生群体，“沈阳政务服务”App先后上线“就业创业证申领”、“社保参保证明查询”、“新建商品房转移登记”及“大学生首次购房补贴”应用，为高校毕业生提供从就业创业到安家落户全链条闭环服务。“大学生首次购房补贴”办理所需学历证明、就业证明、房产等相关材料均通过系统调取政府内部数据在线自动查验，实现“零材料”办理，为高校毕业生提供足不出户的掌上政务体验。功能上线以来，累计为在沈求职学子提供214次服务，已顺利发放补贴资金642万元。

（五）多渠道汇集民声，促进好用程度快速上升

从服务为民、服务便民的角度出发，持续优化升级已上线的服务应用，促进服务从“可用”向“好用”迭代升级。在传统热线电话端、电脑网页端、App操作端及新媒体视频端同步开通建议收集渠道，由服务团队实时解答问题、专业人员综合研判分析、技术团队持续优化升级，为简化平台应用操作、优化业务流程办理等方面提供工作方向指引，切实提升群众办事便利度和获得感。

案例：意见征集——取群众所盼、促平台之便

依托一体化政务服务平台及移动端，设置平台意见反馈总入口，统一收集群众意见建议，第一时间获得群众对平台功能建设、操作体验和业务办理等方面的反馈，同步上线对服务部门和服务应用的评分评价功能，在广泛收集群众意见的同时精准定位问题，为平台优化升级提供决策参考。2021年，平台已收集各类反馈意见1.86万件，累计评分4.68万次，服务部门和服务应用平均得分均在4.8分以上。2021年以来，沈阳市大力推进“一网通办”工作，持续提升“一网通办”服务效能，启动“一网通办”工作意见征集

活动。2021 年 12 月 20 日至 31 日，在沈阳政务服务网、“沈阳政务服务”微信公众号、“沈阳政务服务” App、“沈阳政务服务” 官方抖音账号多端发布意见征集宣传文案，公开向社会各界征集 2022 年“一网通办”工作意见，活动开展期间，社会反响好、群众参与度高，累计 1800 余人参与活动，获得有效意见建议 1826 件，涉及一体化政务服务平台功能设置、事项业务办理流程优化、营商环境持续提升等多个领域焦点问题，已有 58 个建议被纳入 2022 年“一网通办”工作计划。

参考文献

徐佳婷：《互联网+政务服务：让百姓生活更便捷》，《沈阳日报》2022 年 2 月 10 日，第 6 版。

刘民安、刘润泽、巩宜萱：《数字空间政府：政务服务改革的福田模式》，《公共管理学报》2021 年第 2 期。

吴妍淼：《市营商局部署推进“一网通办”和“一件事一次办”工作》，《沈阳日报》2021 年 3 月 7 日，第 1 版。

《沈阳市人民政府关于印发沈阳市“只提报一次”改革实施方案的通知》，沈政发〔2021〕1 号，2021 年 1 月 7 日。

B.24

精准高效智能，基层探索指尖上的人才申报

——珠海市香洲区人才补贴申报系统

珠海市数字政府建设发展课题组*

摘　要： 香洲区人才申报系统，依托全国一体化政务服务平台和广东省“粤系列”平台，积极应用人工智能、大数据等技术，实现了人才身份信息、学历学位、社保、医疗、劳动合同等多部门十多种信息自动共享提取、验证核实，实现香洲区人才“刷脸”即可移动办事、材料“零提交”、审核“全自动”、待遇“秒落实”，人才申报、企业确认、政府审核、补贴发放等业务实现全程在线办理。

关键词： 刷脸认定　直享直达　免申即享　人才补贴　珠海市香洲区

人才是强国之本。党的十八大以来，党中央作出人才是实现民族振兴、赢得国际竞争主动的战略资源的重大判断。习近平总书记在2021年9月召开的中央人才工作会议上强调“深入实施新时代人才强国战略，全方位培养、引进、用好人才，加快建设世界重要人才中心和创新高地”“要充分发挥主观能动性，增强人才服务意识和保障能力”。前总理李克强明确指出“要优化项目申报、评审、经费管理、人才评价和激励机制，不断提升人才

---

* 课题组成员/作者：周迪松、郑大鹏、高晓燕、苗奇峰、唐华翠、李伟、宋汝良、于铭杰、黄永林。

工作水平”。

珠海市香洲区深入贯彻习近平总书记关于人才工作的重要指示批示精神，全面落实“人才强区”战略，创新出台“香山人才计划”，促进人才优先发展。同时依托全国一体化政务服务平台总枢纽公共支撑能力，充分发挥广东省省级统一身份认证平台和“粤系列”平台集约化优势，按照“好用、易用、管用”的目标导向和服务理念，快速开发上线香洲区人才申报系统，以信息化手段便利人才申报审核，大幅提升政策兑现速度，实现人才补贴申报“网上办”“掌上办”“指尖办”，让在香洲干事创业的人才既享受宏观政策带来的获得感，又享受微观落实到位的舒适感。新华社、《南方日报》等媒体对香洲区人才奖励创新工作进行了报道。

一　基本情况

（一）出台香山人才计划，完善人才奖励机制

珠海市香洲区委深入贯彻习近平总书记关于人才工作的重要指示批示精神，结合广东省、珠海市围绕人才工作制定的“南粤英才”“珠海英才”等一大批人才计划，创新出台《珠海市香洲区关于实施“香山人才计划”促进人才优先发展的若干措施》，提出坚定不移实施人才强区战略，打造人才创新创业热土，构建更加开放的引才育才机制，完善更高水平的留才兴才保障，营造更加浓厚的重才爱才氛围。2021 年，全区引进各类人才 5000 余名、兑现奖补资金超过 2 亿元。

（二）按照集约化建设要求快速搭建香洲区人才申报系统

人才申报系统以《国务院办公厅关于印发全国一体化政务服务平台移动端建设指南的通知》（国办函〔2021〕105 号）为指导，依托全国一体化政务服务平台总枢纽的支撑作用，运用广东省“粤系列”平台等数字政府改革建设成果，按照集约化建设要求快速搭建香洲区人才申报系统，不重复

建设新的移动端应用，基于“粤省事”“粤商通”等平台对外提供一体化服务，完成个人（企业）申报服务模块、智慧辅助审批子系统、用户专属服务空间以及可视化决策分析子系统四大核心功能模块建设。

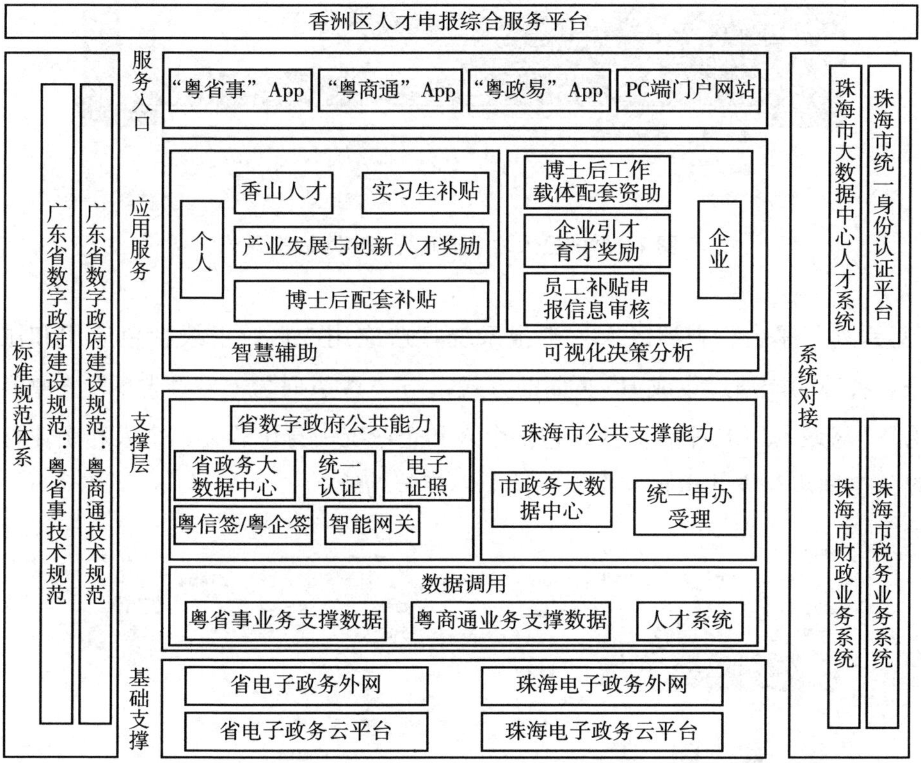

图1　香洲区人才申报系统架构

人才申报系统主要通过两个载体对外提供一体化服务，分别为平台 PC 端门户网站和“粤系列”平台相关专题应用。

PC 端门户网站：基于广东省政务服务网统一公共服务能力支撑，门户网站香洲区人才申报系统对外提供服务，是人才服务的重要窗口，也是人才申报成果公示、互动交流和信息共享的应用平台。

“粤系列”平台相关专题应用：系统坚持以用户为中心的理念，整合政务服务资源和流程，提供个性化移动政务服务，实现一站式办理。基于

图 2　香洲区人才申报系统门户网站首页

“粤系列”平台，香洲区人才申报系统打造应用专区，上线特色应用和服务。各项功能通过集成 H5 页面的方式，与“粤系列”（“粤省事”“粤商通”“粤政易”）平台集成，包括个人和企业统一身份认证、个人和企业材料信息同步、人才申报和全流程网上办理等功能。

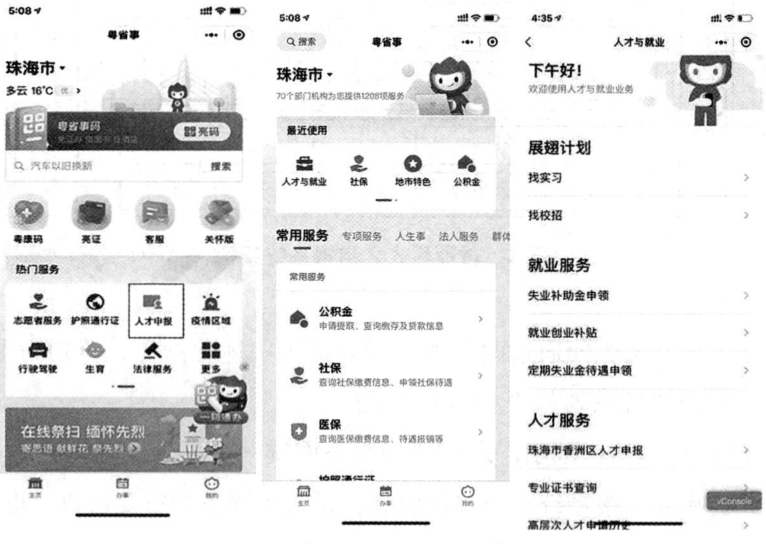

图 3　“粤省事”人才申报页面

在实际操作中，人才可登录广东省政务服务网香洲区人才申报系统门户网站或“粤省事”小程序，根据相关奖励政策及自身实际情况进行申报，其中个人身份信息、社保信息等所需申报材料将由平台自动获取。重点发展产业、重点企业在收到人才申请后，可登录广东省政务服务网香洲区人才申报系统门户网站或“粤商通”App，审核人才申报信息。最后根据人才补贴政策及发放条件，由系统基于AI计算自动判断申报信息是否符合条件，生成补贴待遇并将审核结果以短信和消息通知的形式实时推送至申报人。人才管理部门将由原先的审核人员的角色逐渐转变为政策发布者和系统综合管理者的角色。

业务办理流程

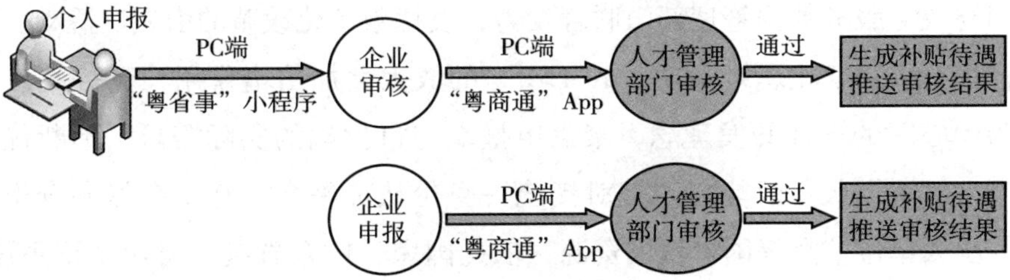

图4　业务办理流程

二　主要实践与做法

（一）依托全国一体化政务服务平台总枢纽，充分运用“粤系列”平台服务优势

一是依托全国一体化政务服务平台总枢纽。香洲区依托全国一体化政务服务平台总枢纽，主动运用全国统一身份认证体系、跨省电子证照、全国人才数据等公共支撑能力，有效推动人才申报补贴等业务数据高效共享和跨省办理。二是充分运用广东“粤系列”平台集约化服务能力。香洲人才补贴申报系统创新运用广东省数字政府建设成果，拓展“粤系列”政务服务平

台应用广度和深度，除传统的网页版外，还在“粤省事”和“粤商通”微信小程序上建立了移动端。香洲申报人才补贴业务，群众只需一部手机登录“粤省事”就能轻松完成，企业负责人对本企业人才申报只需通过手机登录“粤商通”即可轻松审核，省去了来回递送材料、盖章确认等烦琐环节，真正实现了“数据多跑路，群众少跑腿”。

（二）全面建立人才数据共享机制，实现精准申办

以往进行人才申报，需由本人注册并上传身份证、社保、学历等大量证明材料，程序烦琐；资料上传后，人才主管部门还需对材料真伪逐项核实，审批时间较长。聚焦审批过程中“慢、多、繁”的问题，香洲区人才主管部门与政务服务数据管理部门联合发力，发挥数字化改革的引领、撬动、赋能作用，以数字化思维实现“1+1>2”的放大叠加倍增作用，坚持“以用户为中心”的设计开发理念，聚焦申报端与审批端的实际需求，不断优化香洲人才审批服务效能。一是对接统一身份认证平台。基于自然人身份信息、法人单位信息等国家认证资源，依托国家、广东省统一身份认证系统，人才申报过程中用户身份信息跨地区、跨部门互信互认，打通了网上政务服务的“最先一米”，实现“无感漫游”“刷脸认定”。二是着力推行“非接触式”政务服务，充分发挥数据汇集优势。进一步强化电子证照、电子签名和电子印章三大核心技术在人才申报业务中的全景化应用。实现人才申报业务时个人身份信息（身份证、户口簿等）、学历学位信息、社保信息以及劳动合同信息等涉及多个部门十多种信息后台自动提取、验证核实，变“人才注册”为“人才激活”、变“资料上传”为“平台获取”，变“材料审核”为“系统甄别”。加速打通政务服务“最后一米”，为疫情期间企业群众在线办事增便利，全面提升人才认定工作效率。三是建设用户专属服务空间。建设完善政务服务平台移动端用户专属服务空间，集中汇聚展示用户电子证照、办件、投诉建议等数据，紧贴不同用户需求特点和关注重点，推动各项利企便民政策和办事服务直达直享、一站办理，实现精准化匹配和个性化推送，不断提升用户体验。

（三）支持人才申报运用创新，实现审批服务“秒批秒办”

一是多端融合，持续提升业务办理标准化、精细化水平。推动实现人才补贴相关事项在移动端（“粤省事”“粤商通”）、电脑端（PC 端）同源发布、统一管理。推进人才补贴事项标准化办理、标准化审核，基于广东省政务服务平台政务服务事项基本目录，编制发布人才补贴政策兑现类政务服务事项 9 项，按照政务服务标准化相关要求，明确申办条件、受理标准，规范办理环节和申请材料，消除模糊语言和兜底条款。不断优化人才补贴事项的审批流程、业务流转、补贴发放和服务反馈等工作环节，推进香洲人才补贴申报系统规范化、标准化。二是智能审批，推动实现人才补贴“秒批秒办”。基于人才补贴政策及发放条件的标准化梳理，实现了材料审查要点核验规则和事项审批规则标准化配置，通过引入 AI 识别技术以及电子证照应用，逐渐将原先复杂材料合规性、真伪性审核等“人工审”转变为智能识别和智能审批的“智能审”，实现系统受理后自动判断申报信息是否符合条件，自动进行数据比对。比对通过的办件，系统通过 AI 计算并生成补贴待遇，并将审核结果以短信和消息通知的形式实时推送至申报人，减轻工作人员审批工作量，缩短群众办事时长。最终实现“无感申办”“秒批秒办”，最大限度“减证便民”。

（四）强化系统和网络安全保障，确保平台稳定运行

系统基于“粤系列”一体化安全防护体系，一方面强化主机安全和网络安全的管理，另一方面采用国家密码管理局批准的密码算法，全链条强化密码服务，完善系统在身份识别、网络隔离、信息加密、完整性保护等方面的密码应用安全，打造数据运用安全闭环。

在此基础上，编制系统安全策略、流程规范、数据需求申请表、数据安全承诺书、应急响应等安全管理规范文件，加强平台数据归集、传输、储存、交换、使用、共享、销毁等数据活动监督管理，明确数据安全工作职责和工作流程，提高数据安全保障能力。

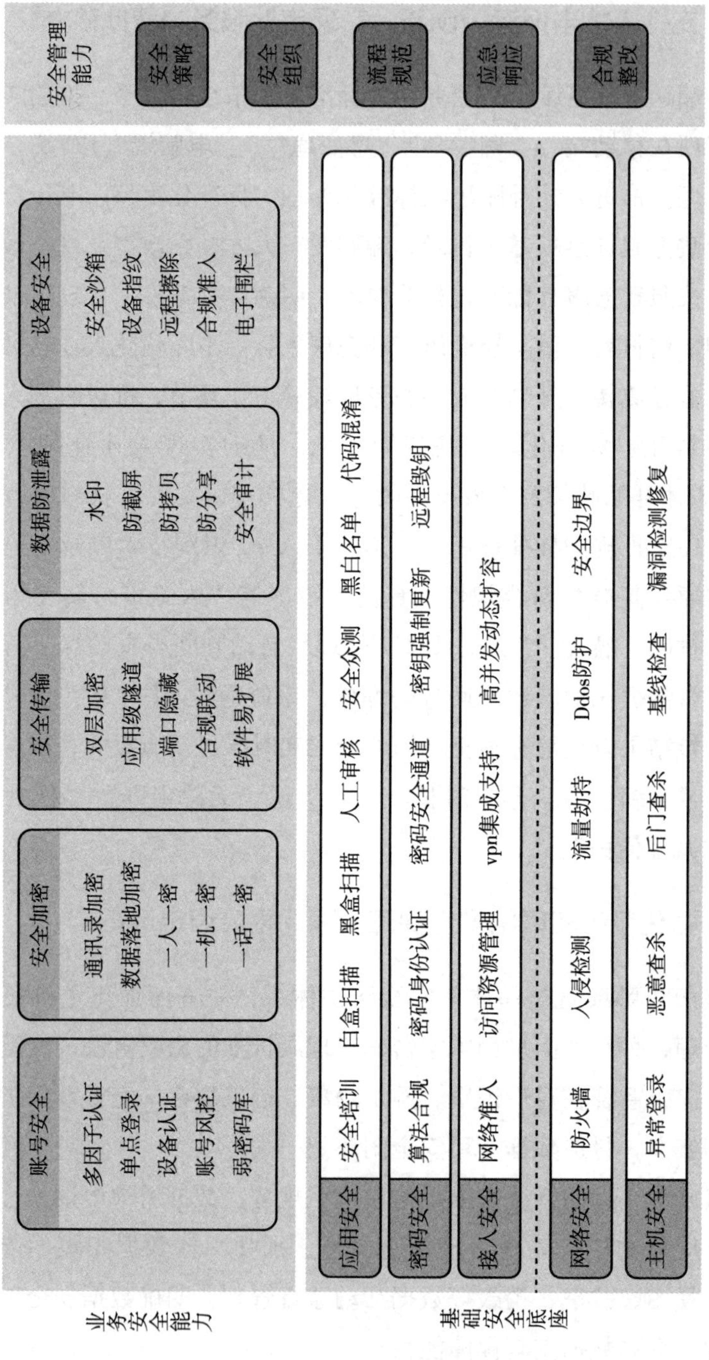

安全管理能力
安全策略
安全组织
流程规范
应急响应
合规整改
业务安全能力
账号安全
多因子认证
单点登录
设备认证
账号风控
弱密码库
安全加密
通讯录加密
数据落地加密
一人一密
一机一密
一话一密
安全传输
双层加密
应用级隧道
端口隐藏
合规联动
软件易扩展
数据防泄露
水印
防截屏
防拷贝
防分享
安全审计
设备安全
安全沙箱
设备指纹
远程擦除
合规准入
电子围栏
基础安全底座
应用安全
安全培训
白盒扫描
黑盒扫描
人工审核
安全众测
黑白名单
代码混淆
密码安全
算法合规
密码身份认证
密码安全通道
密钥强制更新
远程毁钥
接入安全
网络准入
访问资源管理
vpn集成支持
高并发动态扩容
网络安全
防火墙
入侵检测
流量劫持
Ddos防护
安全边界
主机安全
异常登录
恶意查杀
后门查杀
基线检查
漏洞检测修复

图5 安全能力架构

三　应用成效

济济多士，乃成大业；创新之道，唯在得人。在粤港澳大湾区建设高水平人才高地，对粤港澳大湾区进一步提升国际竞争力、实现转型发展、创新合作发展体制机制，打造国际一流湾区和世界级城市群具有重大意义和深远影响。香洲区坚持贯彻落实党中央和国务院关于人才优先发展的重大战略部署，为人才提供更多移动互联多渠道业务申办服务，对全区范围内线上、线下的人才服务相关的系统入口与办事操作进行整合，聚焦人才视角中跨部门的多业务协同流程再造和数字化平台化集成应用两大关键，抓制度根本，出台香山人才计划；抓集约建设，快速搭建人才申报系统；抓应用创新，推出“扫脸办事”“秒拍秒办”服务；抓普惠推广，助力企业、人才快速享受补贴。

以博士后进站补贴申报业务为例，在个人申报端，系统对接广东省统一身份认证平台，申请人可直接使用“粤省事”小程序扫脸登录，免去了使用密码登录的烦琐，在方便申请人的同时也确保了身份信息真实性；通过对接数据共享平台，系统可自动获取申请人学籍、职业资格证书等信息，在免去申请人手动填写相关信息的同时，确保了申报数据的真实性。在系统审核端，优化审核流程，免去了相关部门的机械人工审核操作，由系统自动计算生成补贴金额，一键发放补贴，实现秒批秒付。

对比人才申报系统上线前后办理情况的变化，办理时间由以往需要至少10个工作日压缩至现在仅需1个工作日，跑动次数由以往3~5次跑动变为0次跑动，大幅提升了人才补贴申报业务的工作效率，更好地发挥了信息化对人才补贴申报工作的有力支撑作用。

2021年8月18日，香洲区正式公布《珠海市香洲区关于实施“香山人才计划”促进人才优先发展的若干措施》，9月30日，面向全国上线人才补贴申报系统，截至2022年4月1日，平台累计服务访问量超过9万人次，上线9项标准化政务服务事项，累计办理业务812项。线上事前告知“零跑腿”，有效降低了行政运行和人才、企业申办成本，满意率达100%。系统

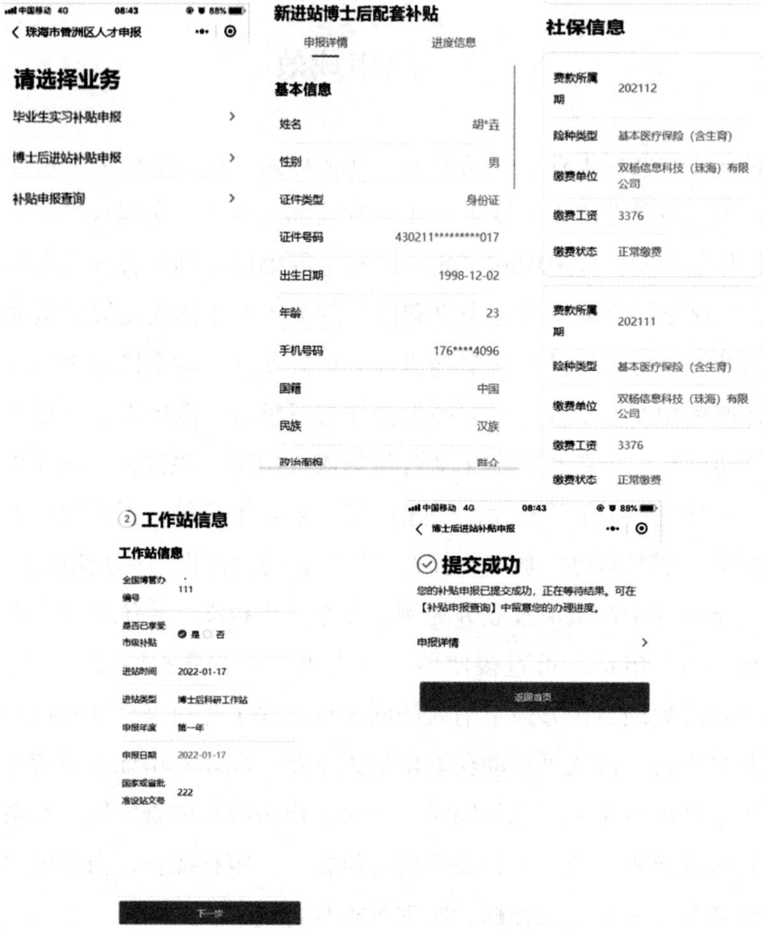

图 6 “粤省事”补贴申报页

上线后，得到新华社、网易、新浪等多家主流媒体报道点赞，各媒体积极向全国宣传推广香洲区便捷高效的人才服务工作。

表 1 补贴申报业务前后对比

项目	原流程	现流程
流程简述	1. 办理人访问相关网站，了解申报须知，下载申报表格 2. 办理人线下填写相关表格	1. 办理人通过粤省事进入珠海市香洲区人才申报系统并填写申报信息

续表

项目	原流程	现流程
流程简述	3. 办理人填写表格之后，让博士后接收单位在表格上盖章 4. 办理人将博士后进站单位盖章后的表格提交至相关部门 5. 相关部门收集、整理相关表格 6. 相关部门审核人员逐一核对申请人资料的真实性 7. 相关部门审核人员根据各申请人提交的资料，确认补贴名单 8. 相关部门公示补贴名单 9. 相关部门审核人员，通过银行系统，发放补贴	2. 办理人接收单位通过粤商通进入珠海市香洲区人才申报系统审核申报信息 3. 接收单位审核通过后，系统自动计算补贴待遇，在线发放补贴
事项办理时间	10 至 60 天	1 天以内
跑动次数	3~5 次	0 次

参考文献

《国务院办公厅关于印发全国一体化政务服务平台移动端建设指南的通知》，国办函〔2021〕105 号，2021 年 9 月 29 日。

习近平：《深入实施新时代人才强国战略　加快建设世界重要人才中心和创新高地》，2021 年 9 月 27 日在中央人才工作会议上的讲话。

《习近平出席中央人才工作会议并发表重要讲话》，新华社，2021 年 9 月 28 日。

黄小彪、胡诗敏、刘玉华：《创新机制集聚海外人才　助推建设粤港澳大湾区高水平人才高地》，《产业创新研究》2022 年第 4 期。

龚翠艳：《人才生态系统论视阈下的人才生态治理比较研究——以澳门特别行政区和珠海市为例》，《中国科技人才》2022 年第 2 期。

后　记

《中国电子政务发展报告（2021～2022）》和读者见面了，本书是我们组织编写的第15部反映我国电子政务发展状况的研究报告。

报告在分析总结我国电子政务发展十年来具有里程碑意义的重大政策文件、发展成效、当前进展、机遇挑战和建议举措的基础上，深入分析国际电子政务和全国一体化政务服务平台发展，并从政策解读、技术应用、实践创新等视角切入，深入解读《全国一体化政务服务平台移动端建设指南》（以下简称《建设指南》）文件精神，在梳理归纳各地区、各部门政务服务平台移动端发展状况和成果经验的基础上，详细地介绍了十年来国内外各地区电子政务发展的案例实践、发展趋势和经验启示。

党的十八大以来，以习近平同志为核心的党中央高度重视网络强国、数字中国建设和信息一体化发展工作，从推进国家治理体系和治理能力现代化的全局出发，科学总结“数字政府”建设的成果经验，做出了一系列重大决策部署。党的十九届四中全会通过的《中共中央关于坚持和完善中国特色社会主义制度　推进国家治理体系和治理能力现代化若干重大问题的决定》提出，要创新政府治理理念和方式、形成数字治理新格局，推进全国一体化政务服务平台建设和数字政府建设。党的十九届五中全会提出，要坚定不移建设网络强国、数字中国，加快数字化发展。党的二十大秉承一贯的发展建设思路，明确提出要加快建设网络强国、数字中国。《建设指南》从顶层设计层面对当前一体化政务服务移动端建设的痛点难点问题和未来发展路线做出规划部署。站在新的历史起点上推进数字政府建设，是落实“网络强国”战略、建设“数字中国”的重要组成部分，是加快转变政府职能，建设法治政府、廉洁政府和服务型政府，推进国家治理体系和治理能力现代化的重要途径。

本书的编辑和出版得到了中央和地方电子政务领域领导、国家电子政务专家委员会的大力支持，社会科学文献出版社皮书出版分社社长邓泳红女士、责任编辑桂芳女士一如既往地对本书的出版提供了大力协助，在此一并致谢。

皮 书

智库成果出版与传播平台

皮书定义

皮书是对中国与世界发展状况和热点问题进行年度监测，以专业的角度、专家的视野和实证研究方法，针对某一领域或区域现状与发展态势展开分析和预测，具备前沿性、原创性、实证性、连续性、时效性等特点的公开出版物，由一系列权威研究报告组成。

皮书作者

皮书系列报告作者以国内外一流研究机构、知名高校等重点智库的研究人员为主，多为相关领域一流专家学者，他们的观点代表了当下学界对中国与世界的现实和未来最高水平的解读与分析。截至 2022 年底，皮书研创机构逾千家，报告作者累计超过 10 万人。

皮书荣誉

皮书作为中国社会科学院基础理论研究与应用对策研究融合发展的代表性成果，不仅是哲学社会科学工作者服务中国特色社会主义现代化建设的重要成果，更是助力中国特色新型智库建设、构建中国特色哲学社会科学“三大体系”的重要平台。皮书系列先后被列入“十二五”“十三五”“ 十四五”时期国家重点出版物出版专项规划项目；2013~2023 年，重点皮书列入中国社会科学院国家哲学社会科学创新工程项目。

皮书网

（网址：www.pishu.cn）

发布皮书研创资讯，传播皮书精彩内容
引领皮书出版潮流，打造皮书服务平台

栏目设置

◆ **关于皮书**

何谓皮书、皮书分类、皮书大事记、皮书荣誉、皮书出版第一人、皮书编辑部

◆ **最新资讯**

通知公告、新闻动态、媒体聚焦、网站专题、视频直播、下载专区

◆ **皮书研创**

皮书规范、皮书选题、皮书出版、皮书研究、研创团队

◆ **皮书评奖评价**

指标体系、皮书评价、皮书评奖

◆ **皮书研究院理事会**

理事会章程、理事单位、个人理事、高级研究员、理事会秘书处、入会指南

所获荣誉

◆2008 年、2011 年、2014 年，皮书网均在全国新闻出版业网站荣誉评选中获得“最具商业价值网站”称号；

◆2012 年，获得“出版业网站百强”称号。

网库合一

2014年，皮书网与皮书数据库端口合一，实现资源共享，搭建智库成果融合创新平台。

皮书网　　“皮书说”微信公众号　　皮书微博

S 基本子库
SUB DATABASE

中国社会发展数据库（下设 12 个专题子库）

紧扣人口、政治、外交、法律、教育、医疗卫生、资源环境等 12 个社会发展领域的前沿和热点，全面整合专业著作、智库报告、学术资讯、调研数据等类型资源，帮助用户追踪中国社会发展动态、研究社会发展战略与政策、了解社会热点问题、分析社会发展趋势。

中国经济发展数据库（下设 12 专题子库）

内容涵盖宏观经济、产业经济、工业经济、农业经济、财政金融、房地产经济、城市经济、商业贸易等12个重点经济领域，为把握经济运行态势、洞察经济发展规律、研判经济发展趋势、进行经济调控决策提供参考和依据。

中国行业发展数据库（下设 17 个专题子库）

以中国国民经济行业分类为依据，覆盖金融业、旅游业、交通运输业、能源矿产业、制造业等 100 多个行业，跟踪分析国民经济相关行业市场运行状况和政策导向，汇集行业发展前沿资讯，为投资、从业及各种经济决策提供理论支撑和实践指导。

中国区域发展数据库（下设 4 个专题子库）

对中国特定区域内的经济、社会、文化等领域现状与发展情况进行深度分析和预测，涉及省级行政区、城市群、城市、农村等不同维度，研究层级至县及县以下行政区，为学者研究地方经济社会宏观态势、经验模式、发展案例提供支撑，为地方政府决策提供参考。

中国文化传媒数据库（下设 18 个专题子库）

内容覆盖文化产业、新闻传播、电影娱乐、文学艺术、群众文化、图书情报等 18 个重点研究领域，聚焦文化传媒领域发展前沿、热点话题、行业实践，服务用户的教学科研、文化投资、企业规划等需要。

世界经济与国际关系数据库（下设 6 个专题子库）

整合世界经济、国际政治、世界文化与科技、全球性问题、国际组织与国际法、区域研究 6 大领域研究成果，对世界经济形势、国际形势进行连续性深度分析，对年度热点问题进行专题解读，为研判全球发展趋势提供事实和数据支持。

法律声明